분석심리학과 모래놀이치료

한미현 지음

창지사

머리말

융의 분석심리학을 처음 접한 건, 대학시절 인간발달이라는 교과목에서였다. 헤아려 보니 어언 40년 전이다. 그때에는 융의 이론에 별다른 호감을 느끼지 않았었다. 갓 대학에 입학하여 넓은 세상이 마냥 설레고 신기하기만 하던 그 시절에는 알아야 할 많은 이론 중 하나에 불과했다. 그로부터 20년 후 중년기로 접어들면서 모래놀이치료와의 만남을 통해 다시 열어본 융의 분석심리학은 내 삶의 지팡이와도 같았다. 융의 이론은 해를 등지고 이제껏 보지 못했던 낯선 모습인 나의 그림자를 보게 해주고, 새로운 삶의 길을 볼 수 있는 지혜와 그 길로 한 걸음씩 내딛을 수 있는 용기를 주었다. 삶의 절묘한 지점에 만나 지금까지 나의 삶을 안내해주고 지탱해 준 힘이 된 것이다. 분석심리학을 치료기법에 적용한 모래놀이치료는 이미지를 통해 더 구체적으로 자신을 만나게 해주고, 내면으로 인도하는 신비로운 체험을 가져다준다. 그래서 많은 사람들이 단 한 번의 모래놀이치료 경험으로 그 세계에 매료되고 빠져들곤 한다. 그렇게 저자도 모래놀이치료를 접하면서 바로 빠져들었고, 지금까지 긴 시간 함께하고 있다.

모래놀이치료실에서의 언어는 손끝에서 나온다. 시각과 촉각을 바탕으로 만지고, 만들고, 세우고, 지우는 과정을 지나다 보면 어느 새 가장 깊은 이야기가 모래 위에 탄생된다. 모래를 두 손에 쥐는 순간 우리는 말을 잘하지 못해도, 그림을 잘 그리지 못해도, 이야기를 잘 지어내지 못해도, 쉽게 나만의 내면과 세계관을 표현해낼 수 있다. 또한 모래놀이치료는 그 어떤 치료법보다 편안하게 다가갈 수 있는 치료법이다. 우리가 어려서부터 흔히 가지고 놀던 추억 속의 장난감이자, 지금도 우리가 쉽게 만지고 느낄 수 있는 자연물이 바로 '모래'이기 때문이다. 치료실에 준비되는 고운 모래, 거친 모래, 뭉쳐지는 모래와 같이 다양한 질감을 가진 모래들을 만지다 보면, 우리는 인위적이지 않은 자연스럽고 편안한 느낌으로 치료에 빠져들게 된다. 이런 이유로 근래 들어 모래놀이치료에 관심을 갖고 배우고자 하는 사람들이 많이 늘고 있다.

본 서는 저자가 20년 가까이 모래놀이치료에 빠져 배우고, 연구하고, 임상현장에서 직접 모래놀이치료를 적용하면서 깨닫고 얻은 결과물들의 집합체이다. 모래놀이치료와 함께 걸어온 그 시간들의 결정체이기도 하다. '신비한 모래놀이치료의 세계'라는 과목명으로 국가에서 주관하는 KMOOC(한국형 온라인 강좌)에 선정되어 그 간의 자료들을 정리하는 계기가 되었고, 3년간 온라인 강의를 제공하면서 좀 더 알고 싶다는 수강생들의 요구와 열망의 소리에 본 서를 집필하기로 마음먹게 되었다.

이제, 이 친숙한 '모래'와 소품들을 가지고 진행되는 모래놀이치료가 어떤 것인지 본 서를 통해 자세히 소개하고자 한다. 먼저 1장과 2장에서 모래놀이치료의 정의와 발전과정, 심리치료적 속성과 매력 등의 기초적인 내용을 살펴본 후, 3장과 4장에서는 모래놀이치료의 이해를 위해 이론적 토대가 되는 분석심리학의 주요 내용을 기술하였다. 그런 다음, 모래놀이치료를 실시할 때 반드시 알아야 하는 구체적인 사항들인 환경구성과 실시방법, 치료자의 태도 등을 6장에서 소개하였고, 모래놀이 감상 시의 유의사항을 7장에서 다루었다. 다음으로 모래놀이치료의 분석을 위해 알아야 할 상징의 의미, 모래놀이 장면의 분석, 모래놀이 과정의 분석 등을 8장, 9장, 10장에서 각각 설명하였고, 마지막 장인 11장에서는 모래놀이치료의 효과를 구체적인 사례를 가지고 살펴보았다.

본 서를 다 읽고 나면, 그 어떤 치료법보다 모래놀이치료에 대해 깊이 이해하고 알 수 있게 될 것이다. 모래놀이치료가 얼마나 신비한 효과를 가져오는지, 그 장점과 매력을 느낄 수가 있을 것이다. 또한 소개된 실제 사례들을 통해서 모래 위의 세상에 대해 '아, 이게 이런 의미를 갖는구나' 하고 조금은 신기해하고 공감하면서 그 의미를 더 자세하게 알게 될 것이다. 특히, 본 서는 모래놀이치료를 처음 접하는 사람들도 쉽게 이해할 수 있도록 사례를 통해 구체적인 설명과 더불어 쉽게 저술하려고 노력하였다. 또한 모래놀이치료가 무엇인지, 그 이론적 토대와 실제적인 부분까지 모두 이해할 수 있게끔 전반적 내용을 담고자 애썼다. 그러나 초판이다 보니 미흡한 부분이 있을 것이다. 각자 스스로의 경험과 수련을 통해 깨달아야 하는 부분들도 많아 전달과 이해에 한계가 있을 것이다. 그럼에도 본 서가 모래놀이치료의 세계에 입문하는 분들에게 길잡이가 되고, 마음의 문제로 고민하는 분들에게는 새로운 시각을 제공하고 변화의 발판이 되었으면 하는 바램이다.

2020년과 2021년은 인류역사에서 잊혀지지 않는 시간일 것이다. 바이러스로 온 세계가 흔들리고, 사람들은 외출과 만남이 제한되어 각자의 공간에 머물러야 했다. 그 시간 방배골 연구실에서 한 줄 한 줄 써내려 갔던 원고가 이제 2022년을 맞아 세상 밖으로 나오게 되었다. 한 권의 책으로 완성되기까지 도움을 주신 모든 분들께 감사드린다. 먼저, 임상사례를 통해 저자에게 많은 통찰과 깨달음을 가져다 준 내담자들께 깊은 고마움을 느낀다. 아울러, 출판을 허락해주신 창지사의 김기섭 사장님, 긴 시간 인내와 믿음으로 기다려주시고 출판을 도와주신 이상대 전무님, 수차례 반복되는 교정작업도 세심하게 챙겨주고 우선적으로 편집과 출간을 위해 애써주신 이현남 선생님께 큰 감사를 드린다. 그리고, 이 길을 걸어오기까지 고단함과 부족함으로 주저앉고 싶을 때 언제나 응원과 격려로 든든한 버팀목과 삶의 원동력이 되어준 사랑하는 나의 가족에게 한없는 감사와 사랑의 마음을 전한다.

방배골 백석비전센터 연구실에서

2022년 2월

한 미 현

"자, 이제 여러분이 모래놀이치료실에 들어간다고 생각해보세요.

다양한 소품들을 가지고 어떤 세상을 만들어보고 싶으신가요?

모래상자라는 마음의 틀 위에 펼쳐보고 싶은 여러분의 이야기가 어떤 것인지 생각해보시면서,

모래놀이치료의 세계로 들어가 보도록 하겠습니다."

Contents

Ⅱ부 이론적 토대 : 분석심리학의 이해

Contents

Ⅲ부 모래놀이치료의 실제

Contents

I부

모래놀이치료의 기초

1장

모래놀이치료의 개관

1절 모래놀이치료의 소개

1. 모래놀이 장면의 감상
2. 모래놀이치료의 정의
3. 모래놀이치료실 소개

2절 모래놀이치료의 발전과정

1. 모래놀이치료의 태동
2. 모래놀이치료의 탄생
3. 모래놀이치료의 확산

3절 모래놀이의 유형

1. 정적 모래놀이
2. 동적 모래놀이
3. 상호작용적 모래놀이

1절

모래놀이치료의 소개

1. 모래놀이 장면의 감상

모래놀이치료의 세계로 들어가기에 앞서
먼저, 다양한 모래놀이 장면을 감상해 봅시다.
한 폭의 그림은 한 권의 책과도 같다고 합니다.
한 장면 속에 많은 이야기가 담겨 있지요.

이미지로 표현된다는 점에서 모래놀이 장면은 한 폭의 그림과도 같습니다.
게다가 모래놀이는 3차원적으로 표현될 수 있어
평면적인 그림보다 더 깊고 풍부한 마음세상을 보여준답니다.

모래놀이치료에 대해 아무 지식이 없는 상태에서
모래상자에 펼쳐진 세세한 장면들을 살펴보면서
그 장면의 의미를 생각해보고 느낌을 감상해 보시기 바랍니다.

어떤 부분에 시선이 머무나요?
어떻게 느껴지시나요?

충분히 감상하신 후,
여러분의 생각과 느낌, 궁금증에 대한 답을 찾는 마음으로
모래놀이치료의 세계로 들어가 봅시다.

그리고 이 책을 끝까지 읽은 후에 이 곳으로 돌아와
이 모래놀이 장면들을 다시 한 번 감상해 보시기 바랍니다.
이제는 어떻게 느껴지시나요?
어떤 부분이 보이시나요?

[장면 1] 5세 여아의 모래상자

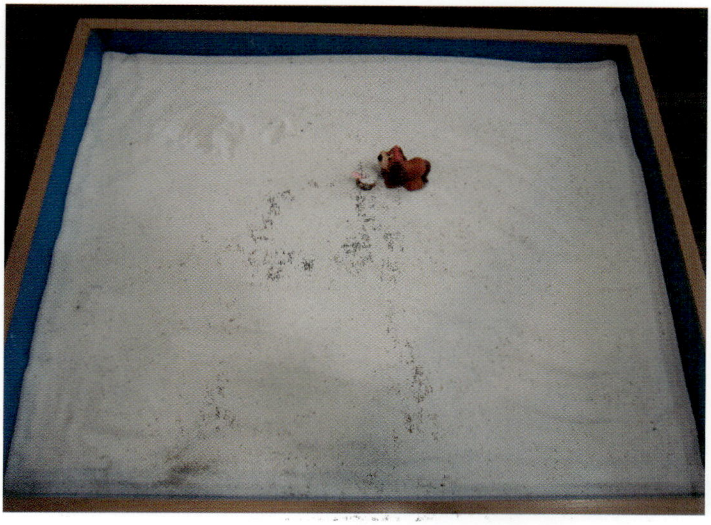

[장면 2] 5세 여아의 모래상자[1)]

1) 〈장면 1〉과 〈장면 2〉는 동일한 아동이 꾸민 상자임.

[장면 3] 초등 1학년 남아의 모래상자

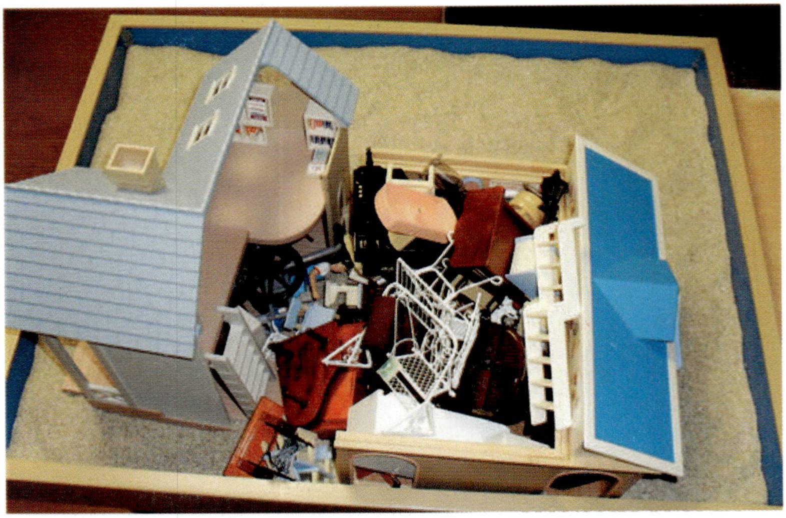

[장면 4] 초등 1학년 여아의 모래상자

[장면 5] 초등 4학년 여아의 모래상자

[장면 6] 초등 6학년 여아의 모래상자

[장면 7] 중학교 2학년 여학생의 모래상자

[장면 8] 중학교 3학년 남학생의 모래상자

[장면 9] 고등학교 1학년 여학생의 모래상자

[장면 10] 고등학교 1학년 여학생의 모래상자[2)]

---

2) 〈장면 9〉와 〈장면 10〉은 동일한 청소년이 꾸민 상자임.

[장면 11] 40대 초반 남성의 모래상자

[장면 12] 40대 초반 남성의 모래상자

[장면 13] 40대 초반 남성의 모래상자[3)]

[장면 14] 50대 중반 여성의 모래상자

3) 〈장면 11〉, 〈장면 12〉, 〈장면 13〉은 동일한 남성이 꾸민 상자임.

2. 모래놀이치료의 정의

상자 1

What is Sandplay?

It is a therapeutic method developed by Dora M. Kalff, in Zollikon, Switzerland. It is based on the psychological principles of C. G. Jung. Sandplay is a creative form of therapy using the imagination, "a concentrated extract of the life forces both physical and psychic." (C. G. Jung) It is characterized by the use of sand, water and miniatures in the creation of images within a "free and protected space" of the therapeutic relationship and the sand tray. A series of Sandplay images portrayed in the sand tray create an ongoing dialogue between the conscious and the unconscious aspects of the client's psyche, which activates a healing process and the development of the personality. This therapeutic method may be successfully applied to individual work with both adults and children(by definition of ISST).

상자 1은 국제모래놀이치료학회(ISST : International Society for Sandplay Therapy)에서 제시하고 있는 모래놀이치료에 대한 정의이다. 그 내용을 보면, 모래놀이는 도라 칼프가 개발한 치료 방법으로 융의 심리학적 원리에 이론적 토대를 두고 있다. 모래놀이는 "육체와 정신 모두의 활력 결정체"인 상상력을 활용하는 창조적인 치료 형태이다. 치료적 관계와 모래상자라는 "자유롭고 보호받는 공간" 안에서 모래와 물, 모형들을 사용하여 이미지를 창출해내는 것을 특징으로 한다. 모래상자에 펼쳐진 일련의 모래놀이 이미지들은 정신의 의식적 측면과 무의식적 측면들 간에 진행되는 대화를 만들어내며, 이것이 치유의 과정과 성격발달을 활성화시킨다. 이 치료방법은 성인과 아동 모두에게 성공적으로 적용될 수 있다(ISST 정의).

20세기에 들어서면서 내면세계를 탐색하는 다양한 심리치료 방법이 개발되어 활용되고 있는데, 그중에서도 인간의 무의식에 관한 관심이 매우 높다. 모래놀이치료는 외적 현실과 내적 현실 사이에 위치한 경험을 놀이라는 형태로 표현하는 기법으로서, 영국의 정신분석가 로웬펠트(M. Lowenfeld)가 창안한 세계기법에서 힌트를 얻어 여류심리학자 칼프(D. Kalff)가 심층심리학인 융의 분석심리학적 개념을 도입하여 개발한 심리치료기법이다.

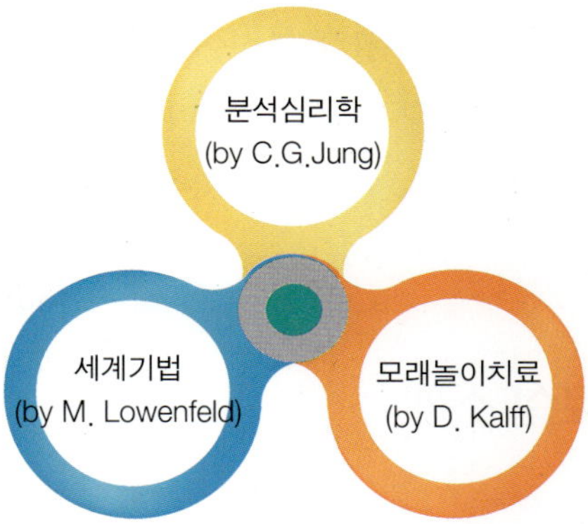

[그림 1-1] 모래놀이치료의 발달

심리치료란 치료자가 내담자의 내면세계에 대해 세심한 배려를 함으로써 내담자 스스로 자신의 내면세계의 상태와 기능을 회복해가는 것이라고 할 수 있다. 모래놀이치료에서 치료자는 모래상자, 물, 여러 가지 소품과 재료들을 제공하고, 내담자는 모래상자라는 마음의 틀 안에 창조력을 발휘해서 자신의 세계를 만든다. 모래가 담긴 상자에 여러 가지 모형들을 자유롭게 사용하여 하나의 작품을 만들고, 그 작품을 치료자와 함께 감상하며 이야기를 나누면서 내면적 치료가 일어나는 치료 양식이다.

따라서 모래놀이치료란, 모래상자와 상징물을 사용하여 내담자가 내면세계의 이미지를 구체적인 형상으로 만들어가는 과정을 통해 내면세계를 재현하고 스스로의 힘으로 변화를 추구하는 심리치료기법이라고 정의할 수 있다. 즉 세상을 상징하는 여러 가지 소품들을 이용하여 모래상자 안에 자신의 사고와 감정, 상황 등을 표현하고 표현된 상징물과 이미지의 의미를 숙고하면서 스스로 심리적 상처의 치유를 도모하고 내면의 역동성에 대해 자각하고 통찰을 얻어 자신의 전체성을 향해 변화되도록 돕는 치료기법이다.

모래놀이치료는 모래상자와 다양한 모형물(miniature)만 있으면 실시할 수 있는 간단한 놀이치료 양식 중의 하나이다. 모래놀이를 할 때 내담자는 아무런 기술이나 능력을 발휘할 필요가 없으며, 경우에 따라서는 아무런 말을 하지 않을 수도 있다. 내담자의 입장에서 이렇게 쉽고 간편한 반면, 효과면에서는 매우 강력한 치료적 힘이 있어서 모래놀이치료에 관한 관심이 점차 높아지고 있다. 오늘날 모래놀이치료는 임상현장에서 널리 활용되고 있으며, 아동은 물론, 성인, 부부, 가족, 집단 등 광범위한 연령과 대상에 효과적으로 사용되고 있다.

3. 모래놀이치료실 소개

모래놀이치료는 모래상자와 실생활에서 흔히 볼 수 있는 작은 모형물 등 기본적인 치료도구가 필요하다. 자세한 사항은 6장(1절. 모래놀이치료의 준비)에서 다루도록 하고, 본 절에서는 간단히 모래놀이치료실의 모습을 소개하고자 한다.

[그림 1-2] 모래놀이치료실

출처: 국제모래놀이치료학회(ISST)

모래놀이치료실의 모습은 [그림 1-2]와 같다. 모래가 담겨 있는 모래상자가 있으며, 키높이를 고려하여 아동용 모래상자와 성인용 모래상자를 준비한다. 또한 마른 모래를 담을 수 있는 상자와 젖은 모래를 담을 수 있는 상자를 함께 비치하여 내담자가 원하는 상자를 고를 수 있도록 한다. 벽면에는 내면세계를 표현할 수 있는 작은 모형물, 즉 피규어(figure)들이 한눈에 잘 보일 수 있도록 선반장을 구비하여 진열해 놓는다. 모래와 물, 모래상자, 소품이 모래놀이치료에 필요한 기본 도구가 된다.

• 모래와 물

모래는 우리를 아득한 어린 시절의 놀이로 이끌게 하여 적절한 퇴행을 촉진시킨다. 또한 만물의 근원이 되는 대지와 연결되는 기초가 되기도 한다. 모래는 감각자극, 퇴행 촉진의 과정을 통해 의식에서 무의식의 세계로 자연스럽게 여행을 하게 하는 촉매제가 된다. 또한 물을 제공함으로써 모래에 물을 붓거나, 뿌리거나, 흘러내리게 할 수도 있다. 이와 같이 모래와 물은 내담자의 신체적, 심리적 경험을 시각적, 촉각적으로 표현케 하며, 모래접촉을 통한 촉각적 경험은 뇌로 바로 전달되어 그 자체로 치료적 경험이 된다. 모래에 적당한 양의 물을 부으면 아주 섬세하게 만들어진 점토가 되기도 하며, 반대로 손가락 사이로 흘러내리는 마른 모래는 어린 시절의 감촉을 불러일으킨다.

• 모래상자

모래상자는 틀이다. 상자는 그 안에서는 어떠한 표현도 허용된다는 자유를 보장하는 보호의 역할을 하기도 하며, 때로는 지나치게 과격한 표현이나 경계를 넘어서려는 마음에 대한 적절한 제한을 제공하기도 한다. 상자의 바닥은 물이 나오는 느낌 또는 하늘의 느낌을 줄 수 있도록 파란색으로 칠한다. 크기는 칼프, 로웬펠트 등 학자에 따라 약간씩 차이가 나지만 기본형태는 직사각형이며, 허리 높이로 놓았을 때 한 눈에 들어올 수 있는 크기가 적당하다. 모래놀이치료의 창시자인 칼프는 49.5㎝×72.5㎝×7㎝ 크기의 모래상자를 테이블 위에 올려놓고 사용했다. [그림 1-3]은 도라 칼프가 실제로 모래놀이치료를 행했던 치료실의 모습이다.

[그림 1-3] 도라 칼프의 모래놀이치료실

출처: 미국모래놀이치료학회

전 국제모래놀이치료학회장이었던 루쓰 암만(Ruth Ammann)은 모래상자는 마치 '영혼의 정원(a soul garden)'과도 같다고 말했다. 모래상자는 내담자의 정신생활을 나타내기 위한 용기(container)로서, 내담자의 내면세계와 외적 생활이 발전하고 나타날 수 있는 '중개자적인 공간(in-between-space)'이라고 하였다.

모래상자는 자유로운 빈 공간으로 내담자는 그곳에서 자신의 세계를 만들면서 새로운 통찰을 얻게 되고 현재의 세계를 변용시킬 수 있는 기회를 갖게 된다. 치료자는 안전하고 수용적인 환경을 제공하고, 내담자는 그러한 자유롭고 보호받는 환경에서 자신의 내면의 소리를 낼 수 있게 된다. 의식적, 무의식적 내용들이 나타나서 화해를 이루며 구체화되는 이 '중개자적인 공간'은 치료자와 내담자의 공간이며, 치료자와 내담자의 의식과 무의식이 만나서 상호작용하는 공간이기도

하다. [그림 1-4]를 보면, 치료자가 앉아있는 위치 바로 앞에 넓고 커다란 물, 이른바 생명수가 형성되어 내담자가 위치해 있는 상자 하단으로 흘러내린다. 치료자가 있는 곳으로 부터 내담자가 있는 곳으로 생명에너지, 즉 리비도가 흐르는 모습이다. 물줄기 주변으로 싹이 나고, 그 물줄기가 다다른 곳에서는 어린 나무가 자라고, 새끼 돼지들이 어미 젖을 먹고, 닭이 알을 낳은 모습이 펼쳐진다. 새로운 변화와 탄생이 일어나고 있는 모습이다.

[그림 1-4] 모래놀이 장면

• 모래놀이치료의 소품

모래상자 안에서 사용하는 소품들은 실제 모형의 축소품들로 내적 세계를 표현하는 상징물이 된다. 크고 작은 여러 개의 소품들을 중심으로 상징물은 우리를 무한한 이미지의 세계로 이끌어가는 소재가 된다. 자연과 인간 세상에 존재하는 모든 것을 나타내는 상징 모형으로서, 다채로운 표현을 가능케 하는 것은 무엇이든지 소품으로 활용할 수 있다. 너무 많은 선택 가능성으로 내담자가 압도당하지 않도록 해야 하지만, 어떠한 주제도 자유로이 표현할 수 있도록 충분히 준비하는 것이 좋다. 사용 가능한 소품이 많을수록 내담자의 어휘는 그 만큼 더 풍부해지고 창조적이 될 수 있다.

반드시 있어야 할 기본적인 소품으로는 사람, 동물, 식물, 광물, 탈것, 건물, 다리, 울타리, 괴수 등으로 내면의 이야기를 맘껏 펼쳐낼 수 있도록 한다. 또한 심리적, 창조적 감각을 자극하기 위하여 질 좋은 모형을 준비하고, 내담자의 관심을 끌고 취하고 싶도록 소품은 매력적이어야 한다.

소품의 전시방법은 다양하게 개발할 수 있으나, 질서 없이 배열하는 방법은 내담자를 혼란스럽게 하므로, 연관성이 있게 범주별로 잘 정돈하여 진열하는 것이 좋다. 일반적으로 정신의 층과 일치하여 맨 위의 칸에는 의식적인 생활영역의 소품을 진열하고, 하단으로 내려갈수록 무의식적인 소품으로 배열하는 것이 좋다. 가령 맨 위의 칸에는 인간과 일상생활 소품을 놓고, 그 밑 칸에 캐릭터, 그 밑으로 동물, 그리고 그 아래에 좀 더 깊은 무의식 수준인 광물과 관련된 소품을 진열하는 것이 적절하다.

2절 모래놀이치료의 발전과정

모래놀이치료는 최근 들어 임상장면에서 널리 이용되고 있으며, 이를 주제로 한 논문과 책들도 출간되고 있다. 본 절에서는 오늘날의 모래놀이치료가 탄생되기 이전 나바호 인디언들에게서 행해지던 모래놀이의 치료적 활용부터 분석심리학적 모래놀이치료가 체계화되기까지의 태동과 탄생, 발전과정을 살펴보고자 한다.

1. 모래놀이치료의 태동

• 나바호 인디언의 모래치료 의식

모래놀이가 치유의 의미로 시작된 뿌리는 아주 오래 전 아메리칸 인디언인 나바호(Nanajo)족의 치유 의식으로 거슬러갈 수 있다. 나바호 인디언들은 치유 의식으로 모래그림을 그리고 난 후 의식을 치르고, 물로 혹은 바람으로 날아가게 하면 환자의 병이나 고통도 우주로 날아가 낫는다고 믿었다. 부족의 주술사는 모래에 상징적인 그림을 그려 치유의 수단으로 이용하였는데, 그림은 일반적으로 원(round)이나 만다라(Mandala)의 형상이었다. 병들거나 상처 입은 사람들이 만다라의 중앙에 앉으면, 주술사는 악마를 쫓아내기 위해 치유 주문을 외운다. 만다라의 한 쪽은 항상 열려 있는데, 이는 악마가 환자에게서 도망치는 출구를 만들어

준다는 의미이다. 나바호 인디언들은 모래 그 자체가 환자를 괴롭히는 악마의 영(spirits)을 물리치고, 선한 영을 불러들이는 효능이 있다고 믿었다.

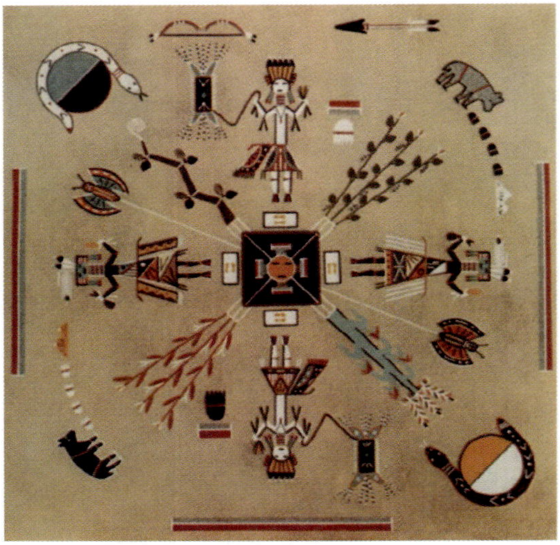

[그림 1-5] 나바호 인디언의 모래그림

출처: theojac.org

• 마가렛 로웬펠트의 세계기법

치료 도구로서 모래상자를 사용한 것은 1920년대 후반으로 거슬러 올라간다. 1950년대 스위스의 융 분석가인 칼프(D. Kalff)가 모래놀이치료라고 하기 이전에 모래에 소품들을 사용해서 상자를 꾸미는 기법은 이미 이 때 시작된 것이다. 1929년 영국의 소아과 의사 로웬펠트(M. Lowenfeld)는 '세계놀이(Worldplay)'라고도 알려진 '세계기법(World Technique)'을 창시하였는데, 이 세계기법이 모래놀이치료의 모태가 된다.

1920년대에 로웬펠트는 정통 소아과에서 아동정신과로 옮겼다. 옮긴 목적은 어린이들에게 매력적인 매체를 발견해서 치료자와 어린이가 대화할 수 있는 수단을 제공하기 위해서였다. 언어 이전 단계인 생애 초기의 깊은 생각과 감정을 드러내는 데는 장난감을 사용하는 것이 효과가 있다고 생각했다. 이러한 생각은 로웬펠트 자신의 경험에서 나온 것이었다. 보수적인 아버지와 진보적인 어머니 사이에서 태어난 로웬펠트는 어린 시절 병약하였고 13세 때 부모의 이혼과 어머니의 권리 양도 등, 불행한 어린 시절을 보냈다. 이러한 개인사가 로웬펠트의 사고의 배경이 된 것이다. 로웬펠트 자신의 어린 시절 고뇌 경험은 아동의 내적인 삶에 관심을 갖게 하였으며, 아동들의 깊은 내면의 감정을 전달하는 데 언어가 반드시 필요한 것이 아니라는 것을 느꼈다. 아동심리치료는 아동을 실제 있는 그대로 관찰하는 것부터 시작해야 한다고 주장하며, 정신분석 위주의 아동분석에 비판하면서, 해석이나 전이없이 치료할 수 있는 방법을 모색하기 시작하였다.

이 때 로웬펠트는 젊었을 때 우연히 읽었던 웰스(H.G. Wells, 1911년)의 『마루게임(Floor Games)』에서 아이디어를 얻었다. 웰스는 나무조각들, 종이, 점토, 사람과 동물모형 등이 있는 방에서 두 아들과 함께 게임을 하고 도시와 섬을 만들며 놀이를 하였다. 이렇게 놀이했던 활동들을 『마루게임』에 소개하며 발명과 창조적인 상상력을 조장하는 재료들과 놀이의 힘을 보여주었다.

로웬펠트는 자신의 경험적인 배경을 토대로 어린이들과 대화하고 이해하기 위한 방법을 찾는 과정에서 웰스로부터 영감을 받았다. 아동은 사상, 감정, 감각, 관념, 기억이 엉켜져 있어서 이것을 충분히 표현하기 위해서는 시각과 촉각의 감각적 요소를 발휘할 수 있는 기법이 필요하다고 생각하였다. 아동은 성인과는 다른 복잡한 정신적 요소가 얽힌 존재이며, 그것을 이해하기 위해서는 시각, 촉각과 같은 감각요소를 포함한 기법이 효과적이라는 것이다. 감각적인 경험을 할 때 아동은 자신이 느끼고 있는 세계를 자유롭게 표현할 수 있다고 생각하였다. 이에 모래상자와 작은 상징물을 제공하면 아동은 자신의 내면세계를 적절히 표현할 수 있을 것이라는 의미에서 세계기법(world technique)이라 부르는 치료기법을 고안하였다.

로웬펠트는 작은 장난감들, 작은 모형들을 모아서 박스에 보관하였는데, 아이들은 이것을 보고 '신기한 상자(Wonder Box)'라고 이름을 붙였다. 그리고는 두 개의 아연상자를 만들어 한 상자에는 모래를 담아 두고, 또 한 상자에는 물을 담아 두었다. 아이들은 상자 안에 소품을 자발적으로 선택하여 배열하면서 세계를 묘사하였다. 상자 안에서 표현되는 놀이활동을 보면서 어린이들은 언어 대신 경험과 생생한 이미지로 생각한다는 것을 관찰하였고, 모래상자에서 의식적인 생각들과 무의식적인 생각들이 대화한다는 것을 발견했다. 아동들이 언어로 표현할 수 없었던 내면의 느낌을 모래놀이에 투사하며 의식과 무의식적 사고를 말하고 있음을 알게 되었다.

[그림 1-6] 로웬펠트의 세계기법

(R. L. Bowyer, 1970)

이와 같이 로웬펠트는 웰즈(Wells)가 저술한 『마루게임(Floor Game)』(1911)이라는 저서에서 힌트를 얻어 '세계기법(World Technique)'을 만들었지만, 웰스와는 다른 형태의 치료기법을 고안했다. 즉, 웰즈의 마루게임에서는 주로 장난감을 바닥에서 가지고 놀았는데, 로웬펠트의 세계기법에서는 상자 안에서 모래와 물을 가지고 장난감을 사용하여 스스로 작품을 만들어 나가는 새로운 기법이 개발된 것이다. 로웬펠트가 개발한 새로운 시도는 세계놀이(Worldplay) 또는 세계기법(World Technique)이라고 불리면서 '세계'라는 명칭이 사용되기 시작하였는데, 1929년부터 세계기법이라는 이름이 공식적인 명칭으로 자리잡았다.

로웬펠트는 1928년 말 런던에 아동을 위한 치료기관을 개설하고, 1929년에는 아동심리연구소(Institue of Child Psychology)를 설립하여 아동치료를 활발히 이어 나갔다. 아동을 중심으로 발전시킨 모래놀이를 이후 청소년들에게도 확장하여 적용하였다. 그리고는 1939년 발표에서 19세 청년에게 실시한 사례를 발표했으며, 1979년 저서에서는 연령에 상관없이 성인들에게도 모래놀이를 실시할 수 있음을 주장하였다.

2. 모래놀이치료의 탄생

• 도라 칼프의 모래놀이치료

1950년대에 이르러 융 분석가였던 도라 칼프는 로웬펠트의 세계기법과 융의 분석심리이론을 연계시키는 작업을 하여 새로운 치료기법을 발전시키고, 이를 '모래놀이치료(Sandplay Therapy)'라고 명명했다. 칼프는 융의 딸을 통해 융을 알게 되고 융 분석가 과정에 들어가 분석심리이론을 접하였다. 어느 날 융은 손자들이 융의 이웃이었던 칼프의 집에서 놀이하는 것을 보고는 칼프의 남다른 능력을 발견하게 되었다. 1937년 국제정신분석학회에서 융은 로웬펠트의 아동을 위한 모래놀이에 대한 강연을 듣고는 깊은 감명을 받고, 칼프에게 아동심리치료에 대해 공부하도록 권유하면서 로웬펠트를 소개해주었다.

로웬펠트에게서 세계기법을 배운 칼프는 융의 이론을 접목시켜 모래놀이치료를 시도하게 되었다. 융의 이론에서는 상징과 이미지가 강조되는데, 그런 상징과 이미지에 대한 부분을 모래놀이치료에 가미를 하였다. 즉, 로웬펠트의 모래놀이에서는 아이들이 놀이의 형태로 여러 가지 내적인 부분들, 내면세계를 표현하는 것이었지만, 칼프는 상징과 이미지의 시각으로 모래놀이치료를 개발하게 된 것이다. 모래놀이라는 공통된 매체이지만 각자의 이론적인 토대가 달라지면서 이후 로웬펠트와 칼프는 각자의 전문성을 확립해나가고, 결국 도라 칼프는 자신의 모래놀이치료를 완성하게 되었다. 오늘날의 모래놀이치료는 바로 칼프가 완성한 모래놀이치료이다.

칼프의 모래놀이치료는 '정신은 전체성과 치유를 향해서 움직이도록 활성화될 수 있다'는 융의 신념에 기초한다. 모래상자 안에서 이루어지는 상징놀이는 의식적 정신과 무의식적 정신 간에 대화를 만들어내면서 정신의 전체성을 향해 나아가게 한다고 보았다. 내담자는 치료자가 제공하는 안전하고 보호된 공간 안에서 화해와 전체성을 상징하는 이미지들을 만들어내며 자아(ego)와 자기(Self)의 연결을 재확립하게 된다. 모래놀이치료를 통하여 내담자는 치료자와의 모자일체성을 체험하며 자기 내면세계의 표현 및 치유의 과정을 경험하게 된다는 것이다. 이 때 언어가 수단이 되지 않고 '보호된 장면에서의 상징 체험'에 의해 치유과정이 이루어지므로 상징의 의미를 굳이 언어적으로 해석하지 않아도 된다. 특히, 아동의 경우 실제 어떠한 해석도 필요하지 않다고 보았다. 이처럼 칼프의 모래놀이치료는 치료기법의 외형적이며 형식적인 부분보다는 지지받고 보호받는 안전한 공간을 통해 내담자 스스로 돌아보게 하고, 자기 스스로 깨우치고 치료하는 힘을 중요시 여긴다.

[그림 1-7] 도라 칼프의 모습

(D. M. Kalff, 2012)

칼프는 국제적으로 많은 융 분석가들에게 모래놀이에 대해 강의를 하고 훈련시키며 모래놀이를 광범위하게 사용하게 한 촉매자였다. 칼프는 마른 모래상자와 젖은 모래상자, 즉 두 차원의 모래상자를 사용하였으며, 상자의 바닥과 측면들은 하늘과 물을 나타내도록 푸른색으로 하였다. 내담자가 모래상자 만드는 것을 방해하지 않도록 치료자는 침묵해야 하며, 여러 개의 상자를 만들 때까지 섣부른 해석을 하지 말아야 함을 강조하였다.

지금까지 기술한 바와 같이, 웰즈가 소개한 『마루게임』(1911년)에서 힌트를 얻어 1929년 로웬펠트가 세계기법(World Technique)이라는 치료기법을 창안하였는데, 1950년대 이르러 스위스의 칼프는 이 세계기법에 융의 분석심리학적 개념을 도입하여 '모래놀이치료'를 개발하였고, 오늘날 아동과 성인 모두에게 효과적인 치료기법으로 발전시켰다. 세계기법과 달리 융의 분석심리학에 바탕을 둔 모래놀이치료는 모래상자의 표현을 상징적으로 고찰하는 길을 열었다는 점과 치료자와 내담자 간의 관계에서 모자일체감과 같은 관계의 중요성을 제시하였다는 특징을 지닌다.

3. 모래놀이치료의 확산

현재 영국, 스위스, 일본 등을 중심으로 모래놀이치료가 심리치료의 한 수단으로 활발하게 활용되고 있다. 일본에서는 1965년 스위스의 융 연구소에서 교육받은 심리학자 가와이 하야오가 '모래상자요법'이라 명칭을 정하고 일본 전역에 모래놀이치료를 소개하였다. 이후 단기간에 심리치료연구자들과 현장에서의 치료자들에게 받아들여지면서 수천 명의 거대한 학회로 성장하였다. 가와이 하야오는 그림은 잘 그려야 한다는 강박감 때문에 성인들이 기피하는 경향이 있으나 모래놀이는 누구나 손쉽게 시작할 수 있는 장점이 있다고 하였다.

칼프가 모래상자의 상징과 해석에 의미를 더 부여한 것과 달리, 가와이 하야오는 모래상자의 전체성과 조화에 초점을 두고, 해석보다는 모래장면을 감상한다는 마음으로 모래상자를 볼 것을 강조하였다. 치료자는 내담자의 작품을 해석하기보다는 내담자가 표현한 작품 그대로의 모습과 작품 전후의 맥락 및 흐름 속에서의 연결관계 등에 따라 파악해야 한다는 것이다. 내담자 각자가 꾸미는 상자는 모두 다르고 상투적인 해석이 존재하지 않으며 그 하나하나에 대하여 의미를 두어야 한다고 주장하였다. 또한 모래상자는 내담자가 자기 자신의 내부로 들어갈 수 있는 문이며, 치료자에게 내담자 자신의 집안으로 들어갈 수 있도록 열어주는 통로이므로 치료자와 내담자 간의 깊은 전이관계는 치료에 도움이 된다고 하였다.

[그림 1-8] 가와이 하야오의 모습

최근 들어 모래놀이를 적용하고자 하는 치료자들이 많이 늘고 있다. 칼프에 의해 창립되고 현재 스위스에 본부를 두고 있는 국제모래놀이치료학회(International Society for Sandplay Therapy)는 오늘날 세계 각지의 회원국들로 확산되어 연구와 치료자 양성과 관련된 활동을 하고 있다.

모래놀이는 치료적인 환경인 모래 위에서 다양한 놀이방법을 허용한다. 경직된 규칙을 세우지 않으며 해석을 하지 않는 추세이다. 또한, 보조물로서 언어적 접근과 비언어적 접근을 모두 사용한다. 내담자와 치료자의 창조성으로부터 펼쳐지고 많은 경험을 구체화해주는 모래놀이치료는 이론적으로나 경험적으로 치유와 성장에 매우 유익한 치료기법으로 평가되고 있다. 현재 정신건강시설, 개인진료소, 기관, 학교 등 여러 분야에서 모래놀이치료가 활용되고 있으며, 남녀노소 누구에게나 적용이 가능하다는 장점을 지닌다.

3절
모래놀이의 유형

모래놀이의 유형은 3가지 종류로 나눌 수가 있다. 정적 모래놀이, 동적 모래놀이, 상호작용적 모래놀이가 있다. 성인이나 청소년의 경우는 정적 모래놀이가 일반적이나, 아동의 경우 다양한 형태로 나타난다. 특히, 어린 아동들은 동적 모래놀이나 상호작용적 모래놀이를 많이 한다. 본 절에서는 모래놀이의 3가지 유형에 대해 살펴보고자 한다.

1. 정적 모래놀이

정적 모래놀이란 모래상자 안에서 놀이활동을 하기보다는 어떠한 장면을 꾸민 후 표현된 장면을 함께 감상하고 이야기를 나누는 것이다. 도화지 위에 그림으로 어떠한 장면을 표현하는 것과 같이 모래상자 안에 원하는 모래장면을 꾸미는 방법으로, 놀이행동보다는 하나의 장면을 꾸미는 것이 목적이므로 정적 모래놀이라고 한다. 주로 성인이나 초등학교 이상의 고연령 아동, 청소년들이 주로 하는 모래놀이 형태이다.

[그림 1-9] 11세 여아의 정적 모래상자

[그림 1-9]은 생후 초기부터 아동양육시설로 보내져 보호를 받는 11세 여아가 꾸민 모래상자이다. 이 내담아동은 양육시설 내에서의 생활을 거부하며 가출을 반복하여 의뢰된 사례였다. 상자를 보는 바와 같이, 3층으로 된 집의 내부와 집마당을 꾸몄다. 거실과 주방, 침실 등 여러 기능의 방이 있고, 마당에는 파라솔과 의자, 그네, 나무 등, 집 안과 밖으로 모든 것이 다 갖춰진 집의 모습이다. 생애 초기 부모로부터 떨어져 시설에 오게 되면서 양육 초기 부모와의 애착을 통해 형성되는 마음의 집이 제대로 구축되지 못했던 것 같다. 그래서 이 아동에게는 내면에 이러한 온전한 집을 구축하는 것이 필요했던 것으로 보인다. 이 집을 자세히 살펴보면 3층에 병원과도 같은 치료실이 보인다. 또한, 각 층에 소화기가 놓여져 있다. 자신에게 필요한 마음의 집이 만들어지고, 아픈 상처들을 치료하는 치유의 작업이 이뤄지고, 화재 시 불을 끌 수 있는 소화기들을 비치해 둠으로써 자신의 감정을 스스로 조절하는 장치가 마련된 것이다. 이 내담아동은 모래놀이치료 과정을 통해 정서적으로 안정되고 분노 조절의 문제도 개선되어 학교 생활에 잘 적응함은 물론, 시에서 운영하는 음악단원으로 참여하며 활동하는 놀라운 변화를 보였다.

정적 모래놀이를 한 경우에는 상자를 다 꾸민 후 치료자와 내담자가 함께 감상하고 이야기하는 단계를 갖는다. 이 때 치료자는 완성된 모래장면을 음미하고 감상하며 내담자의 내적 여정을 탐구하는 공동탐구가가 되고, 내담자의 탐험과정을 지켜보고 반영하는 목격자와 거울의 역할을 해야 한다. 아동내담자인 경우에도 성인의 경우와 마찬가지로 경험을 나누는 단계를 갖는다.

이야기를 마친 후에는 모래놀이 장면의 보관을 위해 사진으로 기록을 남기는 것이 필요하다. 어떤 모래놀이치료자는 내담자가 간 후에 사진을 찍고, 또 어떤 치료자는 내담자가 있을 때 찍는다. 선택은 치료자가 무엇이 적절하다고 판단되는지와 담아두기의 문제이다. 내담자가 떠난 후에 사진 찍기로 선택한 치료자는 사진을 찍는다는 것을 내담자에게 알려주는 것이 중요하다. 또한 치료가 끝난 후 모래놀이 사진을 함께 되돌아 볼 수도 있음을 알려주도록 한다. 아동내담자 앞에서 즉석사진을 찍을 경우, 아동이 그 사진을 가져갈 수 있느냐고 묻기도 한다. 어떤 치료자는 주기도 하지만, 직접 주기보다는 "그것을 마음으로 떠올려보며 네 마음 속에 살아 있도록 해보자."라고 말할 수 있다.

모래놀이 회기를 마친 후, 모래상자는 그대로 두고 떠나도록 한다. 이렇게 하는 것이 융 학파 모래놀이치료의 규칙이다. 내담자가 보는 앞에서 상자를 정리해서는 안 된다. 모래상자에 펼쳐진 장면은 내담자의 보이지 않고 인식되지 못했던 내면세계의 상징들이 3차원적 형태로 드러난 것이다. 구체적인 형태로 나타난 그 상징들은 의식적인 지각 저 너머에 있는 내담자 정신의 심층을 보여주는 것이다. 이제 막 드러낸 내담자의 심층을 그 앞에서 치우는 것은 바람직하지 않다. 사라지지 않고 남아 있는 상태로 떠나도록 해야 한다. 자신의 뒤에 무언가, 특히 매우 의미 있고 개인적인 어떤 것을 남기고 떠난다는 것은 치료적 작업에 강력한 영향을 줄 수 있다.

아동은 간혹 모래상자에 만들어놓은 작품을 부모에게 보이고 싶어 하기도 한다. 이것은 다루어야 할 도전적인 문제이다. 부모에게 보여주려는 동기가 무엇인지 그 이유를 파악할 필요가 있다. 단순히 자신의 놀라운 창조물을 부모에게 보여주고 싶은 이유에서일 수도 있고, 또는 부모와의 관계에서 아동이 자율성을 가지지 못한 경우나, 모래놀이의 상징들로 부모와 긴급하게 소통하고 싶어 그럴 수도 있다. 아동이 부모에게 모래놀이 작품을 보여주길 요청할 때는 "우리는 대체로 여기서 네가 한 모래놀이를 부모님께 보여주지 않는단다. 그게 비밀이어서가 아니라, 다른 사람이 어떻게 생각할지 염두에 두지 않고서 오직 내가 하고 싶은 대로 할 수 있는 나만의 장소를 필요로 하기 때문이란다."라고 말할 수 있다.

2. 동적 모래놀이

동적 모래놀이는 어떤 한 장면을 완성하기보다는 모래상자 안에서 놀이활동을 하는 과정을 통해 진행된다. 즉, 모래상자 안에서 두꺼비집을 만들며 놀이 한다거나, 포크레인으로 소품을 집어 올리는 놀이, 바닷속을 연출하고 물고기를 낚아 올리는 놀이를 하는 등 지속적인 움직임과 활동을 통해 모래놀이를 하는 유형이다. 어린 아동들에게서 많이 나타난다.

아동들은 정적 모래놀이뿐 아니라 동적 모래놀이를 많이 하는데, 고연령의 아동과 청소년은 주로 정적 모래상자를 만드는 반면, 유아 또는 많은 에너지를 소비할 필요가 있는 아동은 동적 모래상자를 만든다. 동적 모래놀이는 아동 자신이 창조한 드라마를 연기하는 단계가 된다. 드라마는 많은 에너지와 끊임없는 변화를 필요로 한다. 이야기가 진행됨에 따라 대개 아동은 옛 것을 부수고 새 것을 창조하는 것을 여러 번 반복한다. 도미니코(De Domenico)는 동적 모래상자를 만드는 아동은 변화에 매우 흥미가 있고, 결과가 아니라 변용에 초점을 맞춘다고 하였다. 또한, 여아보다는 남아들이 동적 모래놀이를 더 많이 한다는 것을 발견하고는 6세 남아의 사례를 일례로 소개했다.

이 내담아동은 많은 동적 모래놀이 상자를 만들었다. 그의 부모는 내담아동에 대해 걱정이 많았다. 자동차 사고가 나서 어머니가 매우 심각하게 다친 이후로 매우 활동적이던 내담아동이 더 이상 다른 아동들과 놀지 않고 학교에도 가기 싫어했기 때문이다. 어머니와 떨어질 때 발로 걷어차고 소리를 질렀다. 내담아동은 치료과정 초기에 길과 자동차와 트럭들을 가지고 놀았다. 놀 때 많은 소리를 내며 움직였다. 어느 날 그는 차끼리 서로 부딪치게 했다. 그 이후 그는 헬리콥터를 가지고 왔다. 헬리콥터는 차에 있는 사람들을 구조해서 병원으로 데리고 갔다. 의사는 수술하고 밴드를 붙여주었다. 내담아동은 계속해서 여러 회기 동안 이 장면을 반복해서 만들었다. 어느 날 그는 건강하게 집으로 가는 사람들을 놀이장면에 등장시켰다. 그 다음 회기에 모래놀이를 하고 싶지 않다고 말했다. 모래놀이가 지루하다고 말했다. 그래서 치료자와 함께 게임을 하기로 결정했다. 이 때 그의 어머니는 내담아동이 다시 친구들과 놀기 시작했으며 어머니와 떨어지는 것을 덜 힘들어한다고 말했다.

아동이 동적 모래놀이를 할 때 비디오카메라가 아니라면 모래놀이 과정을 기록할 수 없을 것이다. 아동은 정지된 상태가 아니라 자신의 내적 문제들을 해결하기 위해 끊임없이 움직이고 변화를 만들어내기 때문이다. 이러한 변화를 통해서 아동은 자동적으로 진보하게 된다. 대부분의 아동은 소리를 내면서 드라마를 만든다. 어떤 아동은 이야기가 전개되는 것처럼 계속해서 대화하고 이야기하면서 상자를 만든다. 놀이를 방해하지 않기 위해서는 질문을 하지 않는 것이 좋다. 질문하게 되면 과정이 정지되기 때문이다. 대신 놀이를 하는 동안 의미 있는 변화가 있고 소리를 내고 말을 계속 할 때 치료자는 아동의 말이나 행동을 반영해주면서 아동에게 주의를 기울여야 한다. 이렇게 하면 아동은 자신의 놀이과정을 관찰하고 의식할 수 있게 된다. 아동이 실제 삶에서의 경험과 비슷한 차사고를 만든다면, 치료자는 그의 놀이에서 본 것과 들은 것을 말할 수 있다. 아동의 감정내용을 사용하면서 보고 들은 것을 반복할 수 있다. 이 때 치료자 자신의 생각이나 해석을 아동의 놀이에 투사해서는 안 된다.

동적 모래놀이가 끝난 후 치료자는 마지막 장면을 살펴서 소품들의 마지막 위치와 아동이 만든 패턴을 탐구한다. 그러나 놀이하는 과정에서 많은 움직임이 있고 작업이 이루어지기 때문에 마지막 장면은 제한되어 있다. 이럴 경우, 아동이 그 상황을 상기하도록 돕기 위해 질문을 할 수도 있다. 예를 들어, 상자에 있는 인물들이 차사고가 났을 때 어떠했는지를 기억해보도록 하고 상자 밖에서 그 사고를 재연하라고 할 수도 있다. 이 때 표현을 더 많이 하게 하고 근육운동도 더 하게 하며 제한은 최소한으로 한다. 아동이 차사고를 더 충분히 다루어야 한다고 생각되면 사고가 난 인물들을 다시 상자에 가져와서 서로 대화하게 할 수도 있다. “차사고가 났을 때를 기억하니? 차들을 다시 상자로 가져와서 사람들로 하여금 자신들의 생각과 느낌, 말하고 싶은 것에 대해서 서로 대화하게 하겠니?”라고 말할 수 있다.

치료 회기를 다 마친 다음, 아동에게 마지막 장면을 사진 찍고 싶은지를 묻는다. 그러나 치료자와 내담자가 마지막 장면을 사진 찍는다 하더라도 상자의 의미는 이 안에 있는 것이 아니라 과정 안에 있다는 것을 기억해야 한다. 동적 모래상자는 마지막 상자보다 과정이 더 중요하므로 사진보다 비디오 녹화가 유용하다.

[그림 1-10]는 5세 남아가 작업한 동적 모래놀이의 마지막 장면이다. 마른 모래에 물을 부어 젖은 모래로 만든 후 삽으로 모래를 퍼내어 항아리 소품에 담아 꾹꾹 손으로 눌러 단단히 다져놓고, 꽃잎 위에 물을 주듯 모래를 뿌려 담는 등 회기 내내 놀이 활동과 움직임을 보여준 사례이다. 심한 정서적 불안으로 유치원에 가지 못하고 또래 관계에서의 어려움으로 의뢰되었던 이 사례의 아동에게는 자아 강도(ego strength)를 강화시키기 위한 상징적 행동으로 단단하게 다지는 놀이행위가 필요했던 것으로 볼 수 있다. 이와 같이 어린 아동의 경우에는 동적 모래놀이를 통해 스스로 필요를 채우고 재경험하면서 치유의 과정을 거치게 된다.

[그림 1-10] 5세 남아의 동적 모래상자

3. 상호작용적 모래놀이

아동내담자는 다른 놀이치료 상황에서 하는 것처럼 모래놀이에서도 치료자에게 적극적인 역할을 해달라고 초대할 수 있다. 모래상자 안에서 치료자와 내담자가 함께 대결을 벌인다거나 무언가를 함께 구축하는 등 상호작용하는 모래놀이가 있다. 특히 8세 이하의 어린 아동들은 치료자의 참여를 많이 요구한다. 때로는 청소년도 이것을 요구하기도 한다.

일반적으로 치료자는 모래놀이에 개입하지 않는 것이 좋지만 예외가 있다. 동적 모래상자에서 아동의 놀이가 고정되어 있는 것 같아서 지도해 줄 필요가 있다면 도와주어도 되는지 혹은 상자의 어떤 인물의 역할을 해 주어야 하는지에 대해서 물을 수 있다. 치료과정에서 계속되는 투쟁을 함께할 필요가 있다고 생각되면, 놀이장면에서 치료자가 어떤 사람의 역할을 하기를 원하는지를 먼저 묻는다. 아동이 이런 갈등을 분명하게 나타내는 장면을 만들었다면 "내가 너와 함께 놀아도 괜찮겠니? 내가 저 사람(아동의 적대자)의 역할을 해도 되겠니?"라고 말할 수 있다. 이와 같이 모래상자에 펼쳐진 내담자의 세계에 들어가기 전에는 항상 내담자의 허락을 얻는 것이 매우 중요하다.

한편, 모래상자 안에서 아동을 나타내는 인물의 역할을 선택할 수도 있다. 아동의 변화를 돕기 위해서 아동이 배우고 싶은 행동의 모범을 보일 수도 있다. 아동의 변화를 촉진시키기 위해 행동의 모범을 보이고 싶다면, 이 때에도 아동을 나타내는 인물의 역할을 해도 되는지를 물어본 후에 행할 수 있다. 모래놀이 세계에서의 책임자는 아동이다. 그러므로 아동의 요구에 응해서 참여할 때는 신중해야 한다. 또한 행동의 모범을 보여줄 때 아동의 발달과정과 관계되는 것에 맞추는 것이 중요하다. 상자에 치료자의 가치를 강요하지 않도록 조심하도록 한다(예 나쁜 사람을 좋은 사람으로 만들기). 도덕이나 공정에 대해서도 가르치지 않는 것이 좋다. 치유를 위해 내담 아동에게 필요한 경험을 할 기회를 주도록 하는 것이 중요하다.

2장

모래놀이치료의 특성

1절 모래놀이의 심리치료적 속성

1. 만지고, 보고, 경험하는 통합적 감각체계가 작동된다.
2. 무의식과 퇴행으로의 통로를 제공한다.
3. 언어를 초월한 상징과 이미지의 세계이다.
4. 치료자와 내담자가 함께 하는 여정이다.
5. 자기 치유의 과정이다

2절 모래놀이치료의 매력

1. 즐겁다!
2. 쉽다!
3. 안전하다!
4. 볼 수 있다!
5. 만질 수 있다!

3절 모래놀이치료의 적용 및 평가

1. 모래놀이치료의 적용
2. 모래놀이치료의 평가

1절

모래놀이의 심리치료적 속성

모래놀이치료의 신비한 효과는 어디서 오는 것일까?
모래놀이의 치료적 힘은 무엇일까?
다른 치료기법과 구별되는 점은 무엇인가?

대부분의 사람들이 어린 시절 모래에서 놀았기 때문에 모래는 곧바로 어린 시절의 어떤 기억으로 돌아가게 한다. 융은 마음의 심상을 표현하는 작업의 의의는 무의식을 활성화하고, 동시에 그 곳에 묻힌 창조적 기능을 자극하여 내담자의 무의식에 내재된 자기치유 능력을 발휘하게 하는 데 있다고 하였다. 본 절에서는 신비한 치료적 힘을 가져오는 모래놀이치료의 속성에 대해 살펴보고자 한다.

1. 만지고, 보고, 경험하는 통합적 감각체계가 작동된다.

모래놀이가 다른 형태의 치료와 구별되는 점은 모래놀이는 자신의 손으로 직접 꾸미면서 내면의 생각과 감정을 구체적으로 보고 느낄 수 있는 세계로 표현케 한다는 것이다. 모래놀이치료에서는 자신의 세계를 자신의 손으로 직접 만들면서 촉각을 통해 즉각적으로 전달되는 감각을 느낌과 동시에, 가시적인 이미지로 표현된 내면의 사고나 감정을 객관적으로 바라보고, 만지고, 경험할 수 있다. 또한 원하는 대로 세계를 변화시키고, 이야기를 나누고, 사진을 찍어 기록으로 남길 수도 있다. 어떤 내담자들은 자신이 겪은 삶의 경험이나 트라우마를 표현하고 객관화할 필요가 있는데, 대부분의 다른 치료기법들은 실제적인 물리적 형태를 사용해서 자신의 경험들을 창조하고 재창조하는 데 제한이 있다.

융에 따르면 인지적 수단으로 이해하고 해결할 수 없는 감정적 경험들은 눈에 보이는 형태를 만듦으로써 다루어 줄 수 있다고 한다. 모래, 물, 소품, 손을 사용해서 모래상자를 만들 때 매혹적인 어떤 것이 일어나고 내담자의 무의식만이 아는 해결책이 내담자의 손으로 전달된다. 통합된 실체가 모래상자에 나타나고, 내담자는 '아하' 경험을 하게 된다. 모래놀이를 통해 무의식적인 재료들을 객관화함으로써 현실과 통합하게 되는 것이다. 다른 형태의 치료방법으로 문제를 해결할 수 없을 때 또는 감정과 행동의 원인을 몰라서 당혹스러울 때 만지고, 보고, 경험할 수 있는 모래놀이가 해결책을 줄 수 있다.

또한, 모래놀이는 치료자들이 현재 사용하는 기법들의 보조물이 될 수도 있다. 모래놀이는 그 자체로 강력한 치료기법이 되지만, 다른 접근들과 함께 사용될 때는 하나의 도구로 사용될 수 있다. 모래놀이는 3차원적인 상징과 이미지를 사용하기 때문에 다른 기법들로 심리내적 경험의 전체성과 복합성을 표현하기에 적당하지 않을 때 모래놀이가 적합할 수 있다.

[그림 2-1] 40대 초반 남성의 모래놀이 장면

[그림 2-1]은 40대 초반의 남성이 꾸민 모래장면이다. 양손으로 모래를 중앙으로 쌓아올린 후, 여러 모습과 표정을 지닌 군상을 가운데 올려 놓았다. 한참을 바라보다가 "나의 모습들인 것 같아요. 내 안에 이런 모습들이 있어요. 모두가 다 나네요."라고 하면서, 모습 하나하나를 찬찬히 살펴보며 삶의 이야기들을 쏟아내기 시작하였다.

[그림 2-2] 10대 후반 입양청소년의 모래놀이 장면

[그림 2-2]는 10대 후반의 청소년이 꾸민 상자이다. 이 내담자는 출생 직후 시설에 입소되어 보호를 받다가 3살 무렵 입양되었다. 신앙심이 깊고 작은 기업을 운영하는 유복한 가정에서 별 문제없이 잘 성장하였는데, 10대 후반으로 접어들면서 심한 반항과 분노 표출로 의뢰된 사례였다. 물이 흔건히 담긴 모래상자의 중앙에 둥근 산이 만들어져 있다. 태내기의 자궁과 양수를 연상시키는 이미지이다.

모래놀이치료는 언어보다는 감각과 경험을 통해 치유의 과정을 체험케 한다. 비언어적인 모래놀이는 내담자로 하여금 시간과 장소를 초월하여 많은 차원의 사건을 동시에 표현할 수 있다. 내담자는 통합적 감각체계가 작동되는 모래놀이를 하면서 무의식으로부터 의식으로, 내면세계로부터 외부세계로, 정신세계로부터 신체로, 비언어적인 것으로부터 언어적인 것으로 가는 다리를 만든다. 그 반대로 가는 다리로도 만들 수 있다. 왜냐하면 무의식이 이미지로 객관화될 때 내적 변화가 촉진되기 때문이다.

2. 무의식과 퇴행으로의 통로를 제공한다.

모래놀이는 내담자로 하여금 깊은 감정의 핵심 혹은 깊은 정신에 접근하도록 도와준다. 특히 내담자는 모래와의 연결을 통하여 치유가 필요한 곳으로 퇴행하게 된다. 일반적으로 모래놀이는 어린 시절의 어떤 기억으로 돌아가게 한다. 이는 대부분의 사람들이 어린 시절에 모래와 흙을 만지며 놀았기 때문이다. 이처럼 모래놀이는 좀 더 깊고 초기 수준의 정서에 접근하게 해 주어 내담자의 외상, 관계문제, 개인의 성장, 자기와의 통합과 변형 같은 다양한 삶의 사건을 다룰 수 있게 해준다.

내담자가 일상세계 속에서 생활하다가 치료실에 들어와 모래상자를 만나고 작품을 만들게 되면 그것은 무의식으로 가는 통로가 되며, 내담자는 그것을 통해 내면의 자기와 외부현실을 연결시킬 수 있게 된다. 내면의 소리가 표현하고 있는 것을 구체화시킴으로써 내담자는 자기 자신과의 관계를 외적 현실로 가져오게 되고 무의식의 내용이 드러나게 되는 것이다. 즉, 잠재된 내면의 모습들을 객관적으로 관찰할 수 있는 3차원적 이미지로 구체화함으로써 지금까지 억압되었던 미지의 것을 의식화할 수 있게 된다.

상징물 역시 무의식으로 들어가는 입구를 제공한다. 상징물을 사용해 대인관계의 갈등이나 어린 시절 해결하지 못한 부모자녀관계와 같은 무의식적인 내용을 나타내기도 한다. 때로는 개인적 무의식을 넘어선 집단무의식과 관련된 문제를 표현하기도 한다. 이처럼 모래놀이치료는 암시적이므로 놓인 상징물의 이미지를 상징적으로 접근하는 것이 중요하다. 상징적인 접근이란 내담자가 만든 모래장면에 대해 치료자가 해석을 하는 것이 아니라 치료자가 내담자에 의해 만들어진 작품의 이미지와 그 흐름 속에 자신을 맡기면서 작품을 이해하는 것을 의미한다.

[그림 2-3] 30대 후반 미혼여성의 모래놀이 장면

[그림 2-4] 30대 후반 미혼여성의 모래놀이 장면

[그림 2-3]은 30대 후반 미혼여성이 꾸민 첫번째 모래상자의 장면이다. "아기때 엄마 등에 업혀 밤길을 가던 순간이 떠올라요. 집들이 늘어서 있었고, 가로등이 있었어요."라며 아기 때의 생애 초기로 퇴행한 장면이다. 수십 년을 살아오면서 많고 많은 기억 중에 엄마 등에 업힌 아기적의 순간이 제일 먼저 떠오른 것이다. [그림 2-4]도 동일 내담자가 꾸민 모래상자이다. "어린 시절 놀이터가 생각나요, 그네 앞에서 아이들이 노는 모습을 보는 이 어린아이(빨간옷을 입은)가 바로 저예요."라며 유아기로 퇴행된 장면을 꾸몄다. 이와 같이 모래놀이치료는 의식과 무의

식 간의 통로 역할을 함으로써 깨닫지 못했던 깊은 내면의 나를 만나게 해준다. 또한 퇴행으로의 길을 열어줌으로써 한 순간에 타임머신을 타고 잊혀졌던 과거 어린 시절의 그 순간과 재회하게 해준다.

3. 언어를 초월한 상징과 이미지의 세계이다.

모래놀이에서 사용되는 소품과 모래는 그 자체로서 언어가 된다. 즉, 상징물로서 공통 언어의 기능을 한다. 모래와 물은 태어나기 전 그리고 생애 초기, 언어 이전의 의식을 두드리는 재료이기 때문에 정신의 표현을 이해하는 데 굳이 언어적인 기술이 필요한 것은 아니다. 그래서 모래놀이는 언어, 문화, 인종, 나이, 발달 수준을 초월해서 사용될 수 있다. 세계의 많은 문화에서 흙과 상징을 친숙하게 사용한다. 특히 어린 아동들은 자신들에게 일어나고 있는 것을 언어적으로 구체화하고 이름을 붙일 능력이 없는데, 모래놀이는 언어 없이도 가장 깊은 내면의 생각과 감정을 표현할 수 있는 방법을 제공한다.

이와 같이 모래놀이치료는 언어를 초월하여 상징과 이미지를 통해 무의식과 연관된 체험을 현실에 반영해서 나타낼 수 있다. 모래놀이는 자기 내면을 이미지를 통해 상징적으로 표현하는 것으로, 언어화하지 않더라도 표현하는 그 자체로서 치료적 효과를 가진다. 지나치게 말을 많이 하는 것은 오히려 치료과정을 방해할 수 있다. 끊임없이 말을 하고, 문제를 지성화하며, 회피적인 언어를 사용하는 내담자들에게 모래놀이는 이성적인 마음을 단념케 하고 무의식으로 하여금 지금 여기에서의 이야기를 하게 한다. 그러므로 모래놀이는 비언어적인 구체화라고 할 수 있다. 깊은 내면의 경험들이 내담자와 치료자에게 상징적으로 표현되고 전달될 수 있으며, 이러한 깊은 내면의 경험들을 함께 나눔으로써 치료자와 내담자 간에 친밀한 유대가 형성될 수 있다. 이러한 유대관계는 언어적으로는 만들기 어렵다.

모래놀이치료란 언어와 합리성을 잠시 떠나 모래놀이치료가 제공하는 말없음의 길을 따라 자신을 표현하는 방법이다. 즉, 의식적 마음을 잠잠하게 함으로써 무의식을 표현할 수 있는 기회를 주어 치유와 변화가 일어나게 하는 방법이다. 따라서 모래장면 만들기가 끝났을 때 치료자는 단지 "어떠셨어요?"라고 묻는다. 이러한 질문은 치료자가 말없음으로 내담자에게 내면으로 침잠할 수 있도록, 그리고 설명보다 경험을 말할 수 있도록 격려한다. 지금 이 순간 바로 의식화하기보다는 곰곰이 숙고하며 무의식이 건네는 메시지에 귀를 기울이도록 한다. 머리에서 머리로 가는 것은 머리에 머물지만, 의미 있는 경험은 움직임과 변화를 가져온다. 자신이 만든 모래장면에 내담자가 잘 모르겠다 할 때조차도 내면에 시간을 주고 기다린다면 그 의미가 떠오르는 것을 경험할 수 있다(Steinhardt, 2013).

[그림 2-5] 초등학교 6학년 여아의 모래놀이 장면

[그림 2-5]는 양육시설에서 보호받고 있는 초등 6학년 여아가 꾸민 모래상자이다. 장면의 제목은 '겨울'이라고 하였다. 하얀 눈 위에 눈덩이들, 그리고 얼음집과 얼음산이 놓여져 있다. 굳이 언어적으로 설명하지 않아도 이미지만으로 내담아동의 추운 내면세계를 볼 수 있다.

4. 치료자와 내담자가 함께하는 여정이다.

모래놀이치료자는 자유롭고 보호된 공간인 모래상자를 제공하고, 내담자는 이곳에서 안정된 기반을 경험함으로써 비로소 자기 자신을 표현할 수 있으며 내면을 확실하고 명확하게 구체화시킬 수 있다. 모래상자는 내담자의 정신생활(Psychic life)을 나타내기 위한 용기(container)로서, 내담자의 내적 생활과 외적 생활이 발전하고 나타날 수 있는 '중개자적인 공간(in–between–space)'이 된다.

모래상자는 자유로운 빈 공간으로 내담자는 거기에 자신의 세계를 만들면서 새로운 통찰력을 가지고 현재의 세계를 변용시킬 수 있는 기회를 갖게 된다. 치료자는 안전하고 수용적인 환경을 제공하고, 내담자는 그러한 환경에서 자신의 내면의 소리를 낼 수 있게 된다. 의식적, 무의식적 내용들이 나타나서 화해를 이루며 구체화되는 이 '중개자적인 공간'은 치료자와 내담자의 공간이며, 치료자와 내담자의 의식과 무의식이 만나서 상호작용하는 공간이기도 하다.

치료자는 내담자가 안전하게 자신의 내면의 소리를 내도록 보호하고 수용하는 자세가 기본적으로 요구된다. 또한, 판단하지 않는 자세로 내담자의 창조적인 세계를 만드는 과정을 주의깊게 경청하며 관찰하는 능력을 보여야 한다. 아울러, 치료자는 내담자와 내담자의 모래상자를 결합(bond)시키고 연결(link)시키는 역할을 해야 한다. 내담자로 하여금 자신이 만들고 있는 세계나 장면이 무의식에 있는 심리 내용 중 어떤 것을 어떻게 나타내는지를 보도록 도와준다. 그럼으로써 모래놀이과정에서 내담자는 깊은 감정을 느끼고 통찰을 얻으며 내면에 감추어져 있던 것을 구체적으로 볼 수 있는 의식의 차원으로 가져오게 된다. 내담자가 떠오르는 감정과 기억을 경험하고 다룰 때 치료자는 내담자의 도우미와 지지자(helper/supporter)의 역할을 해야 한다.

모래놀이는 내담자가 자신의 내면을 탐험하는 여정이다. 치료자는 이 탐험의 여정에서 공동탐구가이다. 치료자와 내담자는 정신지형학을 통하여 함께 움직인다. 단, 의미를 찾는 데 있어 주도권은 내담자가 갖는다. 치료자는 내담자의 주도권을 따르면서 질문을 던지고 제안하고 인내하면서 내담자의 이야기가 나타나도록 하는 것이 중요하다. 치료자는 내담자의 탐험을 자극할 만큼만 적극적인 공동 탐구가가 되도록 해야 한다. 암만(Ammann)은 내담자와 치료자의 관계에 대하여 "내담자의 정신과정을 담는 그릇이 불꽃 위에서 요리되고 있는데 불이 밖으로 나가지 않도록 치료자는 그 불꽃을 잘 돌보아야 한다."라고 이미지로 묘사하면서 관계의 균형을 설명했다.

치료자는 내담자의 탐험과정을 지켜보고 반영하는 목격자(witness)와 거울(mirror)의 역할도 해야 한다. 자신이 새롭게 통찰한 것을 확신하지 못하는 내담자가 많이 있다. 이 때 치료자는 내담자가 거울에 비친 자신을 볼 수 있도록 내담자의 경험을 반영해주는 역할을 한다. 치료자가 단순히 반영만 해주어도 내담자에게는 모래상자의 세계를 자신의 삶에 적용하는 데 있어 한 발자국 나아가게 되는 계기가 된다.

[그림 2-6] 40대 초반의 남성의 모래놀이 장면

[그림 2-6]은 40대 초반의 남성이 꾸민 첫 번째 모래상자로, "두 명의 도사가 마주 앉아 남들은 모르는 그들만의 대화를 나누고 있다."고 장면을 소개하였다. 치료자와 내담자가 함께 하게 될 그들만의 심리적 여정에 대한 기대감을 짐작케 한다.

5. 자기 치유의 과정이다.

내담자는 모래놀이를 통해 자기 치유력을 끌어낼 수 있다. 대부분의 내담자들은 모래를 만짐으로써 자기 방어적 태도에서 벗어나 내면세계를 구체화해 나간다. 따라서 치료가 잘 진행된다면 모래놀이를 통해 자아의 통제를 벗어난 이미지를 전개하게 된다. 내담자는 치료자가 고치는 것이 아니라 스스로 낫게 된다. 자기 치유(self healing), 즉 내담자가 자신의 힘으로 낫는 것이다. 내담자가 스스로 낫기 위해서는 무의식 속에 잠재되어 있는 자기치유력이 활성화될 수 있도록 노력해야 하는데, 이를 돕기 위해 치료자나 모래상자가 존재하는 것이다.

모래놀이치료자가 자유롭고 보호된 공간인 모래상자를 제공하면 내담자는 이곳에서 안정된 기반을 경험하게 되고 자신을 표현할 수 있게 된다. 내적 무의식의 세계를 반영하는 외적 이미지들을 만듦으로써 자신에 대해 더욱 폭넓은 이해를 하게 되며 내담자 스스로 치유 및 성장을 도모할 수 있다. 모래와 물을 사용함으로써 치유되고 통합될 필요가 있는 경험의 영역으로 자동적으로 돌아가게 된다. 모래놀이를 하면서 경험이나 트라우마는 자유롭고 보호된 환경 안에서 분명해지고 수용이 가능해진다. 아무런 판단 없이 사람과 창조의 세계를 존중할 수 있는 치료자 앞에서 이런 과정이 일어나게 된다. 망가진 내면의 상들을 변화시키고 수정할 수 있게 하는 심리적 인큐베이터를 제공하여 상처가 치유될 수 있게 심리적 재탄생을 도와준다.

모래놀이치료는 언어를 초월해서, 의식의 차원을 넘어선 치료의 형태로서, 인간의 정신은 적절한 상황이 제공될 경우 무의식적으로 스스로 치유하려는 자율적인 경향이 있다는 것을 기본 전제로 한다. 모래놀이는 타고난 무의식의 치유력을 활성화시켜서 희생자 의식으로부터 창조자라는 의식으로 옮겨가는 기회를 준다. 내담자가 창조한 세계에 대해 치료자가 주관적으로 해석하거나 설명하는 것이 아니고 내담자의 느낌을 존중하기 때문에 내담자 자신의 독특한 경험과 통찰이 중요하며, 내담자는 자신이 삶에 대해 책임을 지는 중요하고 존중받는 사람이라는 것을 깨닫게 된다.

모래놀이치료의 과정은 창조적인 퇴행을 통해 내면의 손상된 이미지의 회복을 가능케 하는 자궁과 같은 조건을 제공하여 손상된 자아를 치유하고 내적 세계를 회복하는 심리학적 재생을 가능하게 한다. 이 때 치료자는 내담자가 창조적 불확실성에 편안해질 수 있도록 하고, 우리 자신의 자연인 신체본능을 경험하게 하고, 모래를 통해 흐르는 신비를 느끼며 피규어를 자유롭게 선택하고 신체본능의 안내를 따르며, 마침내는 이미지의 의미를 체득하도록 돕는다. 이러한 과정을 통해 모래놀이치료 내담자와 치료자는 모래놀이에서 신성함(numinosity)과 치유를 경험하게 된다. 그 경험의 결과는 '개인적, 비계획적, 비인지적, 직관적 통찰뿐 아니라, 신성한 신비감을 가져다준다(Steinhardt, 2013).

[그림 2-7] 초등 4학년 여아의 모래놀이 장면

[그림 2-8] 초등 6학년 여아의 모래놀이 장면

[그림 2-7]은 초등 4학년 여아가 꾸민 모래상자로 제목은 "치료하러 가는 중"이라고 하였다. 집을 향해 의사가 맨 앞에, 그 뒤로 간호사와 2명의 사람이 오고 있고, 맨 뒤에 고양이 한 마리가 따라오고 있다. 등장한 모든 상징물은 내담자의 자아상으로, 내담자 내면의 자기치유력이 활성화되어 치유의 작업이 이뤄지고 있다.

[그림 2-8]은 초등 6학년 여아의 모래상자인데, "병원에서 치료받고 있는 중"이라고 설명하였다. 모래놀이치료과정에서 치료의 테마가 자주 등장하는 것은 치료 회기 중에 스스로 치유과정이 진행되기 때문이다.

2절
모래놀이치료의 매력

모래놀이치료란 모래상자와 상징물을 사용하여 내면세계의 이미지를 구체적인 형상으로 만들어가는 과정을 통해 내면세계를 재현하여 스스로의 힘으로 변화를 추구하는 심리치료 기법이라고 정의할 수 있다. 즉, 세상을 상징하는 여러 가지 소품을 이용하여 모래상자 안에 자신의 사고와 감정, 상황 등을 표현하도록 함으로써 내면의 역동성에 대해 자각하고 통찰을 얻어 자신의 전체성을 향해 변화되도록 돕는 치료기법이다. 모래놀이치료에서 치료자는 모래상자, 물, 여러 가지 소품과 재료들을 제공하고, 내담자는 모래상자라는 제한된 공간에 상상력을 발휘해서 자신의 세계를 만든다. 이러한 과정에서 모래놀이치료는 치료기법으로서의 다양한 매력을 느끼게 해준다. 본 절에서는 모래놀이치료가 지니고 있는 매력들을 살펴보고자 한다.

1. 즐겁다!

'자유로이 창조하는 즐거움'

모래놀이는 어린이들에게 자연스러운 형태의 표현이기 때문에 어린이들은 모래놀이에 끌린다. 모래와 물은 어린이들에게 자발적인 놀이를 초대하는 자석들이다. 어린이들은 모래놀이치료실로 들어오게 되면 즉시 모래상자와 많은 소품들에

마음이 끌리게 된다. 성인들은 어린이들보다 머뭇거리는 경향이 있지만 성인들 역시 모래놀이치료실을 보면 호기심을 느낀다. 대부분의 성인들은 어린 시절에 해변이나 모래놀이터에서 모래를 가지고 놀았던 경험이 있다. 그러므로 모래놀이는 과거 경험으로 연결시키고 그 시절을 생각나게 하는 역할을 한다. 어린 시절의 경험이나 기억으로 가는 지름길을 만든다. 모래놀이를 하면서 아동과 성인 모두 예술적인 기술과 문화적인 제한을 느끼지 않기 때문에 자기 비난 없이 자유롭게 창조하고 싶은 마음을 느끼게 된다. 모래놀이에는 잘못된 방법도 올바른 방법도 없다. 누군가의 모델링이 없어도 방해받지 않고 모래상자에 자신의 세계를 만들 수 있기 때문에 그 세계는 내담자의 진정한 내면세계가 된다.

[그림 2-9]

[그림 2-10]

한편, 모래놀이치료에서는 3차원적인 표현이 가능하다. 땅 위에 집도 짓고, 다리도 놓고, 산을 꾸미는 것은 물론, 깊은 바닷속을 표현할 수도 있다. 심지어 공중을 나는 새도 표현함으로써 육지와 바다, 해저의 세계, 하늘 등 원하는 세상을 얼마든지 꾸밀 수 있어 모두가 즐겁게 참여할 수 있다.

[그림 2-11] 바닷속 물고기를 기중기로 낚시하는 장면

[그림 2-12] 땅과 바다, 공중을 나는 새의 장면

2. 쉽다!

'누구나 쉽게 표현'

모래놀이는 쉽게 표현할 수 있으며, 수정하기도 편리하여 남녀노소 누구에게나 실시할 수 있다. 무의식의 심상들은 그림이나 작품 등 여러 모습 속에서 표현된다. 그런데 그림은 '잘 그려야 한다'는 부담감 때문에 기피될 수도 있지만, 모래놀이는 이미 만들어진 형상들을 사용하므로 쉽게 시작될 수 있다.

한 사례를 들면, 정신연령이 4~5세인 지적장애 30대 여성의 경우, 언어적으로 표현하기 어려운 생물학적인 성본능을 모래상자 안에서 표출하고 수로화하는 모습을 보였다. 융에 따르면 마음의 심상을 표현하는 작업의 의의는 무의식을 활성화하고 동시에 그곳에 숨어있는 창조적 기능을 자극하여 내담자의 무의식에 잠재된 자기치유 능력을 발휘하게 하는 데 있다. 그러기에 분석심리학적 치료자들은 모래상자놀이를 자유화와 마찬가지로 충분한 치료적 여건을 갖춘 것으로 본다.

[그림 2-13] 초등 1학년 남아의 모래놀이 장면

[그림 2-13]은 초등 1학년 남아가 꾸민 모래상자이다. 많은 소품들이 등장하고

구석구석에 많은 이야기들이 담겨 있다. 우측 상단을 보면 군인이 비행기 꼬리 위에 올라타 있고, 우측 하단에는 검은 복장의 남성이 계단을 타고 바위에 오르는데, 바위 꼭대기에는 빨간 모자가 올려져 있다[그림 2-13-1]. 이글루 위에 릴 호스가 놓여져 아래로 줄이 연결되어 있고, 이글루 속에는 팬더가 숨어 있다[그림 2-13-2]. 상자의 상단 중앙에는 팬더가 묘비 주위를 둘러싼 바위 뒤에 숨어서 바라보고 있는데, 무덤 뒤에는 보석들이 놓여 있다[그림 2-13-3]. 이렇게 세밀하고 입체적인 장면도 모래놀이에서는 쉽게 표현할 수 있다.

[그림 2-13-1]

[그림 2-13-2]

[그림 2-13-3]

3. 안전하다!

'내담자를 안전하게 보호'

모래놀이는 내담자를 안전하게 보호해준다. 어색한 분위기로 무슨 말부터 해야 할지, 어떻게 개입할지 고민할 필요없이 모래상자를 통해 편안하고 안전한 분위기 속에서 이야기할 수 있다. 내담자가 치료자의 질문에 대답하지 않고 어려운 상황으로 만들 때도 모래놀이치료는 언어적 치료기법보다 덜 불편할 수 있다. 모래놀이는 내담자로 하여금 덜 저항하고 방어를 적게 하며, 내담자의 관심이 침묵 중에 모래상자에 나타날 수 있다. 그런가 하면, 모래놀이는 저항하는 내담자의 마음을 건드릴 수도 있다. 예컨대, 가족문제를 이야기하라고 하면 부담스러워하고 위축될 수 있는 상황의 경우, 모래상자에서는 그러한 이야기들을 침묵 중에 드러내면서 이미지를 통해 내면세계를 만들고, 객관적으로 바라보는 과정에서 통찰을 가져다 줄 수 있다.

또한, 모래놀이는 내담자로 하여금 자신의 치료과정을 결정할 수 있게 한다. 내담자는 드러낼 것과 드러내지 않을 것을 스스로 조절하며 할 수 있는 만큼 드러낼 수 있다. 내담자가 다룰 준비가 되어 있는 경험이나 트라우마만이 의식화된다. 모래놀이를 통해 내담자는 스스로 선택한 이미지를 통해 숨어 있던 심리적 외상과 내적 무의식의 세계를 반영하면서 자기 자신에 대한 이해력을 확장시키고 이를 통해 치유와 통찰의 경험을 하게 된다.

[그림 2-14] 30대 중반 여성의 모래놀이 장면

[그림 2-14]는 30대 중반의 미혼 여성이 꾸민 모래장면이다. 연애를 지속하다가도 결혼 이야기가 나오면 관계를 중단하게 된다는 문제로 의뢰된 사례였다. 몇 회기가 지난 후, 이 장면을 꾸미고는 어린 시절 가까운 친척으로부터 당했던 성폭행 사건에 대한 이야기를 하였다. 그러면서 이제 깨끗이 씻어내고 있는 중이라며 좌측 하단의 욕조 안에 여자 아이 소품을 놓았다. 이제 비로소 자신의 트라우마를 다룰 수 있는 힘이 생긴 것이다.

4. 볼 수 있다!

'마음의 시각화'

모래놀이치료는 자기를 표현하는 치료이다. 모래놀이치료에서 작품을 만들 때, 대부분의 내담자는 처음 시작할 때는 무엇을 꾸밀지 생각하고 의도한 대로 작품을 만들려는 경향이 있다. 그러나 시간이 지나면서 자신의 의도를 넘어선 작품이 만들어졌다는 경험을 자주 하게 된다. 무의식에 이끌려 작품을 만드는 것이다. 때로 "내가 왜 이것을 만들었지?"라고 되돌아보는 자기반영의 계기가 되기도 한다. 자신이 만든 것을 스스로 바라봄으로써 자신을 새롭게 이해하는 경우도 있다.

시각적 상징을 중요하게 생각했던 융은 기분이나 문제를 형상화하거나 이미지를 재현함으로써 그 속에 내재된 감정을 경험하고 보다 깊고 분명하게 이해할 수 있다고 하였다. 모래놀이치료는 내담자가 모래놀이치료의 세계에 몰입하여 그 과정에 자신을 맡기는 동시에 그것을 밖에서 객관적으로 바라보며 이해해 가는 것이 가능한 치료이다. 즉, 모래상자에 펼쳐진 장면을 통해 자신의 마음속 세상을 볼 수 있게 되는 것이다.

한 예로 [그림 2-15]를 보면 내담자의 마음상태를 볼 수 있다. [그림 2-15]에서는 대부분의 소품들이 모래 속에 파묻혀 있다. 우측에 스핑크스와 파라오 등 오래된 고대 유물들이 모래 밖으로 살짝 모습을 드러내고 있다. 오래전 죽어 있던 깊은 내면의 무언가가 의식 수준으로 일부분 드러난 모습이다. 이것을 발굴해내는 공사가 진행되고 있지만, 공사차량들이 모두 어지럽게 모래 속에 파묻혀 있어 제대로 움직일 수가 없다. 내재된 자원은 있지만 제대로 기능할 수 없는 상태인 것이다. 두 대의 경찰차가 상자 중심부에 놓여 있고 왼쪽 하단에 앰뷸런스가 있는 것으로 보아 구조와 치료가 필요한 상황인데, 그나마 내면에 위험상황에 대처할 수 있는 자원이 있음을 보여준다.

[그림 2-15] 40대 여성의 모래놀이 장면

5. 만질 수 있다!

'손으로 깨닫는 내면세계'

인간이 다른 동물들과 구별되는 위치를 점할 수 있었던 이유 중 하나가 손이다. 영장류 중에서도 인간은 가장 정교한 손놀림을 구사할 수 있고 다양한 도구의 운용을 통해 사고를 확장해 나가면서 문명을 이루는 데까지 나아갈 수 있었다. 신체기관에 운동명령을 내리거나 전달된 감각신호를 수용하는 역할을 담당하는 대뇌피질의 약 30%는 손을 위해 봉사하고 있다. 신체 각 부위가 대뇌피질을 점유하는 면적에 따라 사람을 그려보면 손과 혀, 얼굴이 기형적으로 크게 나타난다[그림 2-16]. 인간의 생존과 번영에 각 신체기관이 기여해 온 역사가 고스란히 신경조직 구성에 반영되어 있는 것이다.

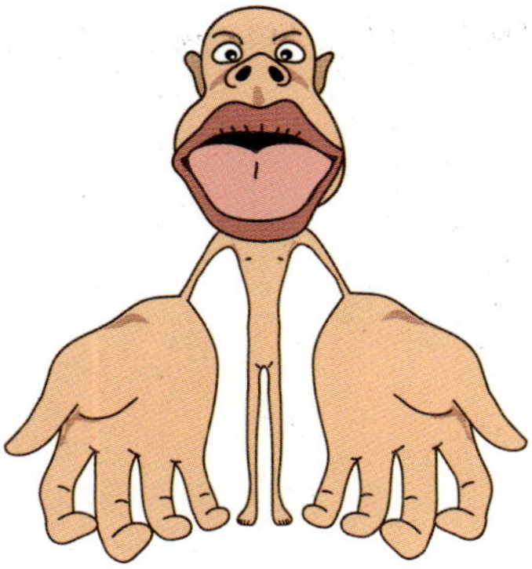

[그림 2-16] 뇌와 손

손은 수행기관으로서 뇌의 명령을 이행하기도 하지만, 반대로 바깥세계로부터 중앙에 적극적인 영향을 행사하면서 고차원적 정신기능에 자극을 주기도 한다. 손 끝의 어떤 부위에 자극이 오면 그 부위와 연결된 신경망을 통해 즉각적으로 뇌의 특정부위에서 반응을 보인다. 이와 같이 손은 손 끝까지 퍼진 신경을 통해 뇌와 신호를 주고 받는다[그림 2-17]. 뇌과학자들은 점점 마음(뇌)과 신체의 연결은 일방통행이 아니라 쌍방통행이라는 것을 밝혀내고 있다. 그중에서도 뇌와의 관계에서 가장 많은 지분을 소유하고 있는 손은 그야말로 뇌로 통하는 '핫라인'인 셈이다. 이런 이유로 손은 '제2의 뇌'로 여겨지고 있다.

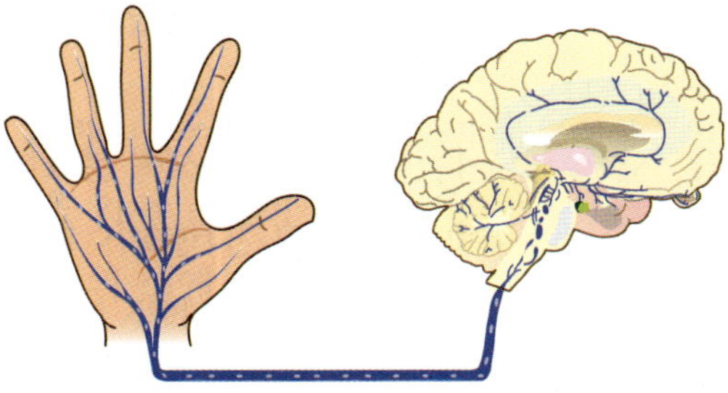

[그림 2-17] 뇌와 손

대뇌 위쪽 중앙에 인간의 운동과 감각을 담당하는 중요한 부분이 있는데 바로 여기에 손과 뇌의 비밀이 있다. 뇌에서 차지하는 영역은 신체 부위별로 다 다른데 [그림 2-18]에서와 같이 몸통과 얼굴에 비해 손이 차지하는 영역이 제일 크다. 뇌의 운동영역에서 차지하는 신체비율을 보면 머리는 16%, 입은 17%, 손은 무려 32%나 된다. 다른 어떤 영역보다 차지하는 영역이 크기 때문에 손을 움직이면 뇌의 많은 면적이 자극되어 뇌가 쉽게 활성화되는 것이다. 모래놀이는 손으로 행해지는 활동이다. 융은 "지성이 헛되이 풀지 못한 신비를 우리의 손이 해결한다."라고 하였다(Jung, 1984/2002).

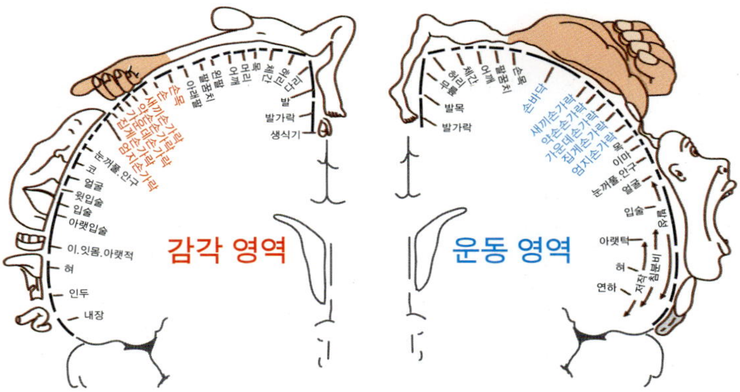

[그림 2-18] 뇌와 손

3절
모래놀이치료의 적용 및 평가

1. 모래놀이치료의 적용

오늘날 모래놀이치료는 다양한 분야의 사람들이 단독으로 또는 다른 치료법과 연계하여 사용하는 기법이 되었다. 융 분석가인 칼프는 언어로 이루어지는 분석을 돕기 위한 이미지 만들기 작업의 일환으로 모래놀이치료를 사용했으나, 현재는 모래놀이치료만으로 상담을 하기도 하고, 모래놀이치료의 보조 방법으로 언어적 치료를 병행하기도 하며, 그 반대의 방법으로 사용하기도 한다.

이런 이유로 모래놀이치료는 아동은 물론, 성인, 부부, 가족, 집단 등 광범위한 연령과 대상에 효과적으로 사용되고 있다. 대부분 성인들은 모래상자에 이미지를 만든 후, 이에 대해 언어적으로 설명하거나 이야기를 만들어 내는 경향을 보인다. 몇 개의 소품을 가져다 놓은 후, 소품과 연관된 경험이나 추억 연상들을 떠올리며 이야기를 풀어 놓기도 하고, 또는 주제를 담고 있는 이미지를 재현하고는 모래상자에 펼쳐진 장면을 감상하며 설명을 하기도 한다.

한편, 아동의 경우에는 어떤 한 가지 이미지를 만들어 내거나 모래장면에 대한 언어적 설명보다는 놀이라는 행위적 요소를 통해 노래놀이에 몰두하는 양상을 보인다. 또한 아동의 발달단계에 따라 모래놀이의 내용과 형태가 달라져서, 모래상자에서 보이는 놀이의 유형으로 아동의 발달 수준을 가늠할 수도 있다. 이에 본 절에서는 아동내담자를 위한 모래놀이치료에 대해 살펴보고자 한다.

1) 아동내담자를 위한 모래놀이치료

아동들은 모래놀이실에 들어가면 곧바로 소품이나 장난감과 모래상자에 끌려 관심과 흥미를 보인다. 놀이는 아동의 자연스러운 과정이고, 아동은 아직 상징적 의미를 잘 알지 못하며 치료자는 아동을 직면시키지 않기 때문에 모래놀이 전에 신뢰관계를 형성하는 것이 성인들만큼 필요하지는 않다. 대신 치료자가 모래상자를 수용하고 존중할 때 아동과 치료자 간에 신뢰감이 발달한다. 아동의 모래놀이 시간은 보통 한 시간 이내로 제한되어 있다. 이는 어린 아동들은 긴 시간 동안 집중할 수 없으며 집중시간이 길어지면 불안하고 산만해지기 때문이다. 아동의 집중능력이 약하다면 30~40분 정도로 줄일 수도 있다.

모래놀이를 소개하는 단계에서 아동, 특히 유아에게 모래놀이를 하는 이유에 대해서 간단히 설명한다. 말을 하지 않는 아동에게는 "때때로 아이들은 자신의 생각이나 감정을 말로 표현하기가 어렵단다. 생각과 느낌을 말로 하는 것보다 그림으로 나타내는 것이 더 쉬울 수 있단다. 너도 여기 있는 모래와 물과 소품을 사용해서 이 모래상자를 꾸밀 수 있어. 그러면 너의 마음속에서 일어나고 있는 것을 이해할 수 있게 되고 더 좋은 해결방법을 찾을 수 있단다."라고 설명할 수 있다.

모래놀이를 싫어하는 아동은 수줍음이 많거나, 완벽주의적이거나, 잘못된 것에 대한 두려움이 많은 경향이 있다. 이 경우 치료자는 시간을 가지고 아동이 모래놀이에 익숙해질 수 있는 환경을 조성하는 것이 중요하다. 아동이 계속해서 모래놀이 하는 것을 주저하고 불편해한다면 아동에게 모래놀이 이외에 다른 방법을 찾을 수 있다는 것을 알려준다. 그리고 원한다면 언제든지 모래놀이를 할 수 있다고 말해준다. 이럴 경우 대부분 그 다음 회기에서 모래놀이를 하곤 한다.

아동이 모래놀이를 하기 전에 자신이 원하는 대로 놀이할 수 있으며 옳은 방법도 잘못된 방법도 없다는 것을 알려준다. 아동에게 모래와 물과 소품을 보여준다. 치료실에서의 놀이규칙도 설명해 줄 필요가 있다. 치료자는 나름대로 자신의 규칙을 설정할 수 있는데, 효과적인 모래놀이를 위해서는 꼭 필요한 것 이외의 규칙은 만들지 않는 것이 좋다. 모든 놀이의 첫 번째 규칙은 아동이 자신이나 치료자를 어떤 식으로든 해칠 수 없다는 것이다. 아동이 모래상자 안에서 물과 모래를 가지고 놀 수 있으며, 소품장에 있는 소품은 무엇이든 모래상자에 가져와 놀 수 있다는 것을 알려준다. 과잉행동을 하거나 파괴적인 아동이 올 경우, 부서질 수 있는 소품들은 미리 치워 놓는 것이 좋다.

아동이 모래상자를 다 만들고 나면 성인 모래놀이에서와 마찬가지로 경험과 재배열의 단계로 간다. "이 모래상자는 마치 세계와 같다고 할 수 있어. 특별한 곳이야. 네가 이곳에서 산다고 가정해 보렴. 상자 주변을 걸으면서 여러 측면에서 이 세계를 볼 수도 있단다."라고 말할 수 있다. 어린 유아는 조용히 앉아서 음미하는 능력이 제한되어 있기 때문에 이 과정에 시간이 오래 걸리지 않는다. 아동과 청소년은 상상력을 발휘하여 자신이 이 세계에 살고 있다고 가정하면서 좀 더 오랜 시간이 걸릴 수 있다. 이 때 어떤 아동은 그 세계에 살고 있는 자신에 대해 자발적으로 이야기하기 시작한다. 이런 경우 이야기하는 것을 멈추지 말고 자연스럽게 치료의 단계로 흐르게 한다.

어떤 아동은 이 세계에 대해서 말하지 않으려고 할 수 있다. 이럴 경우 강요하지 말고, 대신 경험과 재배열의 단계 이후에 놀이를 끝낸다. 그러나 모래상자에 대해서 언제든지 이야기할 수 있다는 것을 알려준다. 아동이 모래놀이 과정에 익숙해지고 편안해지면서 모래상자에 대해 이야기하기 시작한다. 아동이 이야기하게 되면 계속해서 세계를 여행하는 단계로 나아가면서, 아동에게 그 세계에 대한 것과 세계에서 일어나고 있는 것을 이야기해줄 수 있는지 묻는다.

유아에게는 로웬펠트의 기법을 사용하면 더 광범위한 질문을 이끌어낼 수 있다. 로웬펠트는 자신이 아동의 생활방식에 대해서 아무 것도 모르며 다른 나라에서 온 방문객이라고 가정하라고 한다. 그런 다음, 세계에 있는 모든 것에 대한 의미와 그 세계에 사는 것이 어떠한지에 대해서 이해할 수 있도록 설명해달라고 요구한다. 치료자가 다른 행성에서 온 낯선 사람이라고 자신을 소개하면 아동은 더 자세하게 설명하는 경향이 있다. 아동이 자신의 세계를 설명하는 것을 주저하거나 어디에서 시작해야 할지 모른다면 상상력을 발휘해서 이야기를 만들라고 한다.

치료적 개입의 단계에서는 성인 모래놀이에서와 같이 아동에게 소품들로 하여금 서로 대화하게 하라고 말할 수 있다. 아동은 매우 폭넓게 대화할 수 있다. 또한 사이코드라마를 효과적으로 사용할 수도 있다. 일어나고 있는 것을 보여 달라고 요청할 수 있다. 예를 들어, "늑대가 토끼를 어떻게 괴롭히는지 보여주겠니? 토끼가 어떻게 도망가는지 보여줄 수 있니?"라고 요청할 수 있다. 그런 다음 모래상자에서 치료실로 옮겨, 그 상황을 재현해볼 수도 있다. 화를 표현할 때도 이 방법이 적용될 수 있다. 심상을 마음에 그리도록 하거나 상상력을 사용하는 것도 효과적인 기술이다. 왜냐하면 아동의 매일의 놀이나 작업에서 환상은 정상적인 부분이기 때문이다. "이 성에 왕이 살고 있는데, 내가 이 성을 방문했다고 가정하자. 나에게 이 성을 여행시켜줄 수 있는지 왕에게 물어봐 주겠니?"라고 말할 수 있다. 그런 다음 좋다고 하면 어떤 방들이 있는지, 그 방 안에서 무엇이 일어나고 있는지를 이야기해 달라고 한다. 이런 기술들은 아동에게 위협적이지 않고 즐기면서 치료자와 함께 놀고 대화하게 하는 동시에 중요한 정보를 끌어낼 수 있고 무의식적인 문제들을 해결하도록 도와준다.

대부분의 아동은 모래상자를 사진 찍고 싶어 한다. 문서화의 단계에서 아동에게 어디에서 사진 찍고 싶은지 물어본다. 아동이 직접 자신의 상자를 찍는 것도 좋은 경험이 될 수 있다. 아동에게 사진 찍는 법을 가르쳐 준 다음 자신이 원하는 각도에서 스스로 찍을 기회를 주는 것도 좋다. 아동은 사진을 소중히 여기고 상담하지 않을 때 치료자와 연결시키는 과도기적인 대상으로 사용할 수 있다.

아동이 모래상자를 감상하거나 탐구한다면 "상자를 만들면서 어떠했니? 모래상자에서 무엇을 기억하고 싶니?"라고 물을 수 있다. 모래상자에 어떤 문제상황이 제시되어 있다면 "실제 삶이라면 어떻게 할 수 있겠니?"라고 물어 볼 수도 있다. 어떤 아동은 이런 질문에 기꺼이 답을 구하려 하지만, 어떤 아동은 그렇지 않다. 그러나 아동이 상자의 의미와 자신 안에서 일어나고 있는 것을 아는 것은 그리 중요하지 않다. 우리는 아동의 무의식을 믿기 때문이다.

2) 아동 모래놀이의 양상

아동은 자극을 여과하고 내적인 한계를 정하는 능력이 성인보다 부족하다. 따라서 치료자는 아동의 모래놀이에서 분명한 한계를 정할 필요가 있고, 소품 사용에 있어서도 과도한 소품의 사용은 아동의 주의를 지나치게 자극하기 때문에 피하는 것이 좋다. 아동 모래놀이의 목적은 단순히 장난감 가게와 같은 것을 만들기 위한 것이 아니라, 아동의 의식과 무의식이 마음대로 표현되도록 언어를 제공하는 것이다. 쉽게 자극을 받고 산만해지는 아동에게는 소품장을 가리거나 소품의 수를 제한하는 것이 좋다.

많은 소품을 놓거나 매우 혼란스러운 상자를 만드는 아동들이 있다. 대부분 어린 아동들이 이런 상자를 꾸민다. 충동조절을 잘하지 못하거나 해소가 필요한 감정들로 가득찬 아동은 마구잡이로 소품을 놓는다. 치료자는 참을 수만 있다면 이를 허락하여 그 행동이 어떻게 자연스럽게 변하는지를 관찰할 수 있다. 아동은 이런 형태의 모래놀이를 할 필요가 없을 때까지 반복할 것이다. 충분히 해소가 되서 더 이상 그런 놀이가 필요치 않게 되면 스스로 행동에 변화가 일어난다.

아동을 위해서 외적인 한계를 정할 필요가 있다고 생각되면 소품의 수를 제한할 수 있다. 그 반대로 소품을 늘릴 수도 있다. 때로 너무 정돈되고 공허한 모래상자를 만들기도 한다. 아동의 심리적인 역사와 현재상황(예 결핍/빈곤, 혼란스러운 삶, 완벽주의), 발달단계, 충동조절 능력 등을 충분히 고려하여 그 의미를 평가하는 것이 중요하다. 어떤 아동은 지나치게 많은 소품과 여러 개의 상자를 사용한다. 이를 대비하여 치료자는 적어도 세 개의 상자를 준비해두는 것이 좋다. 아동은 여러 장면들을 구획으로 구분하곤 한다. 때때로 아동은 상상력으로 계속해서 상자를 확장해 나가고 다른 장면을 표현하기 위해 상자를 더 필요로 하기도 한다. 아동은 치료자가 자신을 구제해주거나 자신과 자신에게 일어나는 것을 조절해 줄 사람으로 생각할 때 전이 문제를 상자에 표현하게 된다.

물을 사용할 때 성인은 모래를 적시는 정도이지만 아동은 상자에 물을 많이 붓는 경향이 있다. 아동이 상자에 물을 많이 붓는다면 치료자는 이것을 허락할 것인지 아닌지를 결정해야 한다. 아동은 소품을 물에 띄우거나, 가라앉히거나, 소품을 물에 빠뜨리고 싶어 할 수도 있다. 이럴 경우 치료자는 빈 상자를 제공할 수 있는데, 아동은 빈 상자에 자유롭게 물을 채우거나 모래를 조금 놓을 수 있다. 소품을 가라앉히고 인물이나 다른 소품들을 물에 빠뜨리고 물에 움직이게 할 수도 있다. 상자에 물을 많이 붓는 것을 반복해도 치료자가 괜찮다면 이 행동을 계속하도록 허락할 수 있다. 물 붓는 행동을 조절시키기 위해 상자 하나를 변화시켜 놓을 수도 있다. 모래상자에 들어갈 수 있는 다른 그릇을 줄 수도 있다. 이 때 그릇은 소품들을 담을 수 있을 만큼 커야 한다. 육지로 둘러싸여 있는 물에 소품을 띄우거나 움직이게 하기도 한다.

어떤 아동은 그릇에 모래를 채운 다음 비우는 행위를 반복한다. 이런 행위를 함으로써 아동은 힘과 통제력을 얻을 수 있다. 아동은 상자에서 모래를 비워내고 다시 채우고 싶어 하기도 한다. 그래서 빈 상자를 준비해둘 필요가 있다. 비우고 다시 채우는 행위는 건설과 파괴를 반복하는 행위와 유사하다. 아동이 이런 활동을 하는 것은 흔한 일이다.

아동은 보통 한 상자에서 건설하고 파괴하는 행위를 반복해서 한다. 모래상자에서 건설, 변경, 파괴의 형태로 변화가 일어난다. 소품이나 모래를 가지고 건설한 다음 부수고 파괴하는 행위는 성인보다 아동에게서 흔하게 볼 수 있다. 일반적으로 이런 패턴은 분노와 힘의 욕구를 표현하는 것이다. 그런 패턴을 통하여 아동은 창조하고 파괴한 다음 다시 창조할 수 있는 능력이 자신에게 있다는 것을 알게 된다. 어떤 아동은 마지막에 모든 소품을 치우고 싶어 하는데 이는 자신의 세계를 지배하고 싶은 욕구를 나타내며, 아동은 세계를 창조한 다음 파괴하고 다시 창조하고 고칠 수 있는 능력이 자신에게 있음을 인식하게 된다.

아동은 상자의 소품을 묻거나 감추는 행위를 하기도 한다. 유아에게 이 행위는 대상영속성을 재경험하는 것을 나타낸다. 때로 아동의 문제가 무엇인지 몰라서 무엇을 봐야할지 모를 때가 있다. 일반적으로 감추어진 소품은 자신이 받아들이지 않는 면을 나타낸다. 소품을 드러내 놓는 것은 해결되지 않은 문제를 좀 더 기꺼이 보고 작업하겠다는 것을 의미한다.

아동의 모래상자에는 특별한 패턴들이 있다. 아동이 선택하는 소품의 유형과 소품 사용방법은 성인과 다르다. 아동은 성인보다 환상, 영화 캐릭터들, 선사시대의 동물들, 카우보이와 인디언, 군인들을 더 많이 사용한다. 전원풍경을 만들기도 한다. 전쟁, 힘 투쟁, 권위적인 인물과의 갈등 등은 아동의 상자에서 자주 등장하는 주제들이다. 아동은 힘이 있는 소품이나 권위적인 인물, 힘이 없는 인물을 상자에 놓는다. 발달의 입장에서 볼 때 아동이 삶에서 힘과 통제를 위한 내적, 외적 투쟁이 있을 때 개성화와 힘에 대한 욕구를 나타내는 상자를 만든다고 한다. 청소년의 상자에서는 자아정체성과 개성화에 대한 주제가 많이 나타난다.

모래놀이를 피하고 다른 치료방법을 선택해야 하는 경우가 있다. 예컨대, 아동이 모래를 던지거나 모래 속으로 기어들어가려고 할 때 치료자는 다른 방법을 선택할 필요가 있다. 이런 행동들은 모래놀이의 한계를 지킬 수 있는 능력이 없다는 것을 나타낸다. 아동이 발달 및 감정의 차원에서 모래놀이를 할 준비가 되어 있지 않다고 생각되면 다른 치료방법을 선택하는 것이 바람직하다.

3) 아동의 모래놀이와 발달단계

아동은 놀이와 모래에 자연스럽게 끌리기 때문에 모래놀이는 아동과 작업하기에 이상적인 접근방법이다. 모래놀이를 통하여 깊은 내면의 생각과 느낌들에 다가갈 수 있고 문제들을 무의식적으로 해결할 수 있게 된다. 로웬펠트가 발견한 것처럼 모래, 물, 소품들을 가지고 노는 것은 아동이 자신의 생각을 객관화할 수 있는 좋은 방법이다. 아동은 모래상자에 대한 자신의 생각을 명료화하면서 마침내는 완전히 알 수 있게 된다. 모래놀이는 아동이 명료화할 수 없는 의식적, 무의식적인 내용과 대화할 수 있게 하는 강력한 매체이기 때문이다.

아동의 발달단계를 아는 것이 모래놀이를 진행하는 데 도움이 된다. 치료자가 아동의 기능 수준을 평가하고 과정을 촉진하며 이끌어가기 위해서 기대해야 할 것이 무엇이며, 발달적 관점에서 아동의 놀이가 어떤 의미를 지니는지 알고 있는 것이 모래놀이치료를 하는데 도움이 될 수 있다. 발달단계에 대한 이해를 토대로 치료자가 어떠한 치료적 자세를 취해야 하고, 모래놀이 과정을 촉진시키기 위해 무엇을 해야 하는지에 대한 정보를 얻을 수 있기 때문이다. 그런데 한편으로 모래놀이를 통해 아동의 발달단계를 파악할 수도 있다. 모래놀이의 내용과 형태에서 아동의 발달단계가 나타나고, 단계가 진보하고 있는지에 대한 징표가 나타난다. 모래상자에서 보이는 놀이의 유형, 선택한 소품, 주제들을 통하여 아동의 성숙 수준과 발달지체를 알 수 있다.

칼프가 주장한 자아발달단계의 관점은 노이만(E. Neumann)의 이론과 맥을 같이한다. 모래상자에 표현되는 모래장면의 모습을 칼프의 발달단계 관점으로 보면, [1단계]에서 자아는 주로 동물이나 식물이 있는 장면으로 나타낸다. 이 시기에는 아직 자아가 분화되지 못하여 동물과 식물이 지배적으로 등장한다. [2단계]에서는 투쟁과 갈등, 전쟁이 많이 나타난다. 이 시기의 자아는 매우 강해져서 외부세력과 싸울 수 있고 대항하게 된다. [3단계]에서는 실제 삶을 표현하는 장면과 사회적인 시각이 많이 나타난다. 이 시기에는 집단으로의 통합이 일어나게 되며 자아는 한 사람으로서 환경에 받아들여지고 집단의 한 구성원이 된다. 아동의 모래상자에서 '동물–전쟁–공동체'의 모티브가 자주 나타나긴 하지만, 그렇다고 이러한 패턴이 항상 나타나는 것은 아니다. 그러나 대체적인 흐름과 패턴들이 내담자의 과정을 이해하는 데 도움이 될 수 있다. 일반적으로 아동의 자아가 성숙하고 발달해 감에 따라 혼돈에서 질서로, 공허에서 풍부함으로, 왜곡에서 정돈으로, 분할에서 통합으로 움직여 간다.

스튜어트(C.T. Stewart)는 노이만(Neumann), 에릭슨(Erikson), 피아제(Piaget)의 발달단계들을 종합해서 모래놀이 평가방법을 고안해냈다. 이 방법은 한계점도 있지만 아동의 모래놀이에서 발달단계를 탐구할 때 도움이 될 수 있다. 그러나 아동의 놀이유형이 생활연령적인 모델에 꼭 들어맞지 않는다는 점과 모든 문화에 적용되는지에 대해서도 충분히 검증되지 못한 상태임을 유의할 필요가 있다.

스튜어트의 패러다임을 보면 [1단계], 즉 유아기 II(7~10개월에서 2세까지)에서는 까꿍놀이와 숨고 찾기와 같은 나타나고 사라지는 게임들을 하게 된다. 일반적으로 2살 반 이하의 유아에게는 모래놀이치료를 하지 않는다. 왜냐하면 그들의 발달에는 한계가 있기 때문이다. 그런데 아동이 유아기의 트라우마나 방임 때문에 발육이 정지되어 이 단계에 머무르는 경우가 있다. 이러한 아동은 어머니와의 분리, 자신과 외부세계에 대한 신뢰에 있어 어려움을 느끼게 된다. 따라서 아동의 생활연령뿐만 아니라 놀이에서 발달양상이 어떻게 나타나는지 살펴보아야 한다. 어린 유아이지만 모래놀이치료를 하게 될 경우 유아기 단계에 있는 아동은 모든 소품을 가까이에 두고 상자를 채우는데, 소품들을 밀고 던지거나 묻고 찾는 행동을 보일 수 있다.

스튜어트의 [2단계], 즉 초기 아동기 I는 1, 2세에서 3, 4세까지이다. 이 시기는 발달의 차이로 인해 유아기 II와 겹친다. 이 단계에서는 질서와 무질서의 게임이 나타난다. 아동이 자율성을 획득하기 위해 애쓰게 되면서 내적 갈등이 일어난다. 부모의 양육에 대항해서 투쟁하고 있는 것이다. 부모의 통제에 반항해 싸우면서 독립과 의존의 갈등을 겪게 된다. 모래놀이는 안전하고 제한된 공간을 제공하기 때문에 이 단계의 아동은 모래놀이를 통해 자율성을 발달시킬 수 있다. 보유와 제거의 문제(예 보관하는 것과 내버려두는 것, 대극의 직면, 건설과 파괴)를 다루는 시기로, 창조와 파괴뿐만 아니라 많은 혼돈의 놀이모습을 보여준다. 실제 사례에서도, 몇 회기에 걸쳐 많은 소품을 사용하면서 혼란스럽고 파괴적인 모래상자를 만들던 아동이 이 시기를 지나면서 자신이 선택한 소품을 더 잘 구별하고 정렬하는 모습을 보여주기 시작하였다. 이 아동은 여러 회기 동안 이 활동을 반복했는데, 치료실 밖에서도 점차 질서를 잡아가기 시작했다.

스튜어트의 [3단계], 초기 아동기 II는 3, 4세에서 6, 7세까지이다. 이 시기의 아동은 놀이에 집중한다. 공격받고 도망가고 하는 행동들이 상자에 나타난다. 스튜어트는 공격하는 사람이 아니라 위험으로부터 도망가는 사람에 초점을 맞추어야 한다고 했다. 이 때의 공격이나 갈등은 그 이후의 시기에 나타나는 전쟁보다는 덜 조직적이다. 그러나 갈등의 중심인물이 더 분명하게 표현된다(예 중심인물이 나타나는 공격받는 집이나 사람, 울타리를 친 영역, 물이 있는 웅덩이). 이 시기의 아동은 부모로부터 분리되어 또래와 어울리면서 독립을 연습하게 된다. 한편 아동은 이에 대해 불안을 느끼게 된다. 이 단계에서 아동은 모래를 마루에 떨어뜨리고, 끝내야 하는 시간에 끝내려 하지 않는 것과 같은 행동을 보이기도 한다.

마지막 [4단계]는 중기 아동기인 6, 7세에서 11, 12세 까지이다. 초기 아동기 II에서 중기 아동기로 전환할 때, 서로 떨어져 있거나 마주보고 있는 것으로 나타나는 대립의 단계로 나타난다. 이 투쟁의 단계에서 치료자는 전쟁에 초대받는 데 적의 역할을 하게 될 수 있다. 이 시기에는 또래성 분화게임이 나타난다. 여아와 남아 둘 다 초기단계보다 자아가 통합되지만 남아상자와 여아상자가 의미 있게 달라지기 시작한다. 여아와 남아 모두 상자에 전쟁이나 위험을 나타내지만 남아들은 카우보이, 인디언들, 군인들을 등장시켜 전쟁하는 장면을 더 많이 나타내는 경향이 있다. 한편, 여아들은 반대세력과의 개인적인 투쟁을 더 많이 나타내며 무장한 세력 대신 위험한 동물들을 사용하는 양상을 보인다. 여아들의 상자는 대체로 조용하고 평화롭게 나타난다.

이 대립의 단계에서 땅덩이가 담, 울타리, 골짜기, 강에 의해서 서로 분리될 수 있다. 보호와 한계를 주는 울타리를 사용함으로써 경계를 치고 내적, 외적 갈등을 다루는 능력을 얻었다는 것을 시사한다. 그러나 점차적으로 장벽이나 다리를 없애고 상자 안의 영역들을 연결하게 된다. 이는 내담자가 자기 자신이 대립되는 부분들을 연결하고 있다는 것을 나타낸다. 이 전환기에 대극의 통합과 수용이 일어나면서 상자의 소품들은 점차 균형 잡히고 중심으로 가게 된다. 소품들은 점점 더 가까워지고 중심에 원을 형성하게 된다. 원은 일치와 치유를 위해 정신이 무의식적으로 시도하는 것이다. 브래드웨이(Bradway)와 맥코드(McCoard)는 "전환기에 우물, 음식, 가솔린 펌프 등과 같은 에너지의 원천이 나타난다."고 했다. 에너지의 원천뿐만 아니라 양육할동이 나타나기 시작한다. 9세 아동의 모래놀이 장면이 전쟁에서 음식을 만들어 파티를 여는 것으로 변화되기 시작하면 분명히 어떤 변화가 일어나고 있는 것으로 볼 수 있다.

스튜어트의 패러다임은 아동이 약 12세가 되면 끝난다. 칼프의 모델에 따르면 12세쯤 되면 집단에의 적응이 시작된다. 자아가 '집단'의 구성원이 될 수 있을 만큼 충분히 강해졌을 때 사회에서는 청소년의 위치에 대한 시각이 변화되기 시작한다. 10대 청소년들은 비밀이 많고 성인들을 잘 신뢰하지 않지만 성인 세계에서 자신들의 위치를 이해하기 시작한다. 청소년기는 친숙함과 편안함에 저항하는 때이다. 10대들은 아동으로 퇴행하는 것이 아니라 성인이 되어야 하는 딜레마를 겪으며 청소년들의 역할에 대해 부모들이 주는 혼합된 메시지를 받아들인다. 청소년은 모래상자에서 치료자에게 자신이 성장했다는 것을 보여주어야 한다고 생각한다. 청소년은 모래놀이를 유치하다고 생각하기 때문에 모래놀이를 하지 않으려 한다. 그러나 어쩔 수 없이 모래놀이를 해야만 할 때, 분리문제와 투쟁에서 변화되어 지배나 통제의 문제를 보여주곤 한다. 사회적 시각에 대한 측면도 모래상자에 나타난다. 이 시기에는 성차가 분명하게 나타나서 남성은 외부세계를 만들고 여성은 내부세계를 만드는 경향을 보인다.

2. 모래놀이치료의 평가

오랫동안 무의식에 대한 연구는 주로 꿈의 분석에 의존하였고, 주된 대상도 성인이었다. 그러나 무의식이란 성인들 못지않게 아동에게도 중요한 부분이다. 프로이트(S. Freud)에 의하면 현실관계에서 충족되지 못한 욕구가 꿈이나 공상을 형성하는데, 아동은 이와 같은 공상을 놀이라는 외적 현실을 통하여 표현함으로써 무의식에 내재된 문제를 해결한다고 한다. 외적 현실과 내적 현실의 중간영역에 위치한 경험을 놀이라는 형태로 표현하는 기법이 바로 모래놀이치료이다(야마나카·김유숙, 2005).

모래놀이치료는 자연과 인위적인 부분을 포함한 치료이다. 모래놀이치료는 그림처럼 추상적인 세계가 아니다. 모래를 만지는 행위는 신체적 감각과 연결되어 있는 그대로의 자연세계에 가깝지만, 모래놀이치료는 상징물을 이용하므로 상당히 인공적인 세계를 표현하는 만들어진 세계이다. 만들어졌다는 것은 작품이 의도적이라는 것을 의미한다. 모래놀이의 작품은 그림과 달리 쉽게 만들 수 있으며 적당히 만드는 것도 가능해서 자신의 주관적 영역과 전혀 관계없는 세계를 만드는 것도 가능하다. 어떤 목적으로 만들더라도 만든다는 행위 자체가 긍정적으로 작용할 것이다. 이처럼 모래놀이치료는 자연적인 것과 인공적인 것이 공존하는 양면성을 지니고 있다.

모래놀이치료는 로웬펠트(Lowenfeld)로부터 시작되어 칼프여사(D. Kalff)가 발전시켰고 융(C.G.Jung)의 분석심리학에 기초하여 해석한다. 내담자가 모래상자에 소품을 이용해 무언가를 만들고 놀면서 자아를 강화하고 자기실현으로 나아가게 하는데, '자유롭고 보호된 공간'인 모래상자에서 신비로운 치료적 힘이 생겨난다. 언어 표현능력이 미숙한 유아들일지라도 모래와 선택한 소품을 통해 무의식이 표현되고 치료자와의 친밀한 관계 속에서 사회관계에 대한 두려움을 없애고, 결국 긍정적인 자아를 형성해 갈 수 있게 된다. 이와 같이 모래놀이치료는 심리치료의 한 기법으로서 그 근원은 아동의 놀이이며(히로나카 마사요시, 2009), 언어표현이 힘든 어린이들이나 심리적 상처를 가진 사람들을 대상으로 재미있게 참여케 하는 효과적인 치료활동(Selder, 2008)이다.

모래놀이가 다른 형태의 치료와 구별되는 점은, 모래놀이는 내면의 생각과 감정을 구체적으로 나타내는 자신의 세계를 만들게 한다는 것이다. 자신의 손으로 직접 꾸민 세계를 객관적으로 보고, 만지고, 경험하고, 변화시키고, 토론하고, 사진을 찍어 기록을 남길 수도 있다. 융에 따르면 인지적 수단으로 이해하고 해결할 수 없는 감정적 경험은 눈에 보이는 형태를 만듦으로써 다루어 줄 수 있다고 한다. 모래, 물, 소품, 손을 사용해서 모래상자를 만들 때 내담자의 무의식만이 아는 해결책이 내담자의 손으로 전달되면서 통합된 실체가 모래상자에 나타나고, 내담자는 '아하' 경험을 하게 된다는 것이다. 그러므로 모래놀이를 하는 것 자체가 치유의 의미를 가지며, 몇 회기에 걸쳐 연속적으로 만드는 과정을 통해 자아가 발달하고 사회성이 발달하여 다른 사람과의 관계 개선이 이루어질 수 있다(야마나카 야스히로·김유숙, 2005). 이 때 치료자는 안정되고 보호받는 놀이상황을 제공하고, 모자일체성과 같은 관계로 내담자를 수용해야 하며, 이를 바탕으로 내담자는 치료자를 신뢰하게 되고 상호관계가 깊어지며 모래놀이치료의 치유력이 발생하게 되는 것이다.

일본의 모래놀이치료사 가와이 하야오는 모래상자에 표현된 심상은 치료자와 내담자가 만나는 통로이며, 의식과 무의식이 교차하는 영역에서 생겨난다고 보았다. 특히 유아의 경우 심상을 언어화하여 표현하는 것이 어렵기 때문에 모래상자에서 소품들을 가지고 표현하는 놀이를 통해 내면을 표현하게 된다고 한다. 이처럼 표현활동과 심상을 복합적으로 활용하는 모래놀이치료의 비언어적 특성은 언어표현력이 충분히 발달하지 못한 유아들에게 매우 유용하게 적용될 수 있다. 이러한 특성 외에도 모래놀이치료는 겉으로 드러난 표면적인 문제행동 이상의 유아들의 외상이나 무의식까지도 변화시킬 수 있는 신비한 마력을 지니고 있어(김보애, 2008) 오늘날 임상현장에서 널리 사용되고 있다.

임상사례를 통한 모래놀이치료의 적용 효과를 보면, 다양한 유형의 문제들을 변화시키는 데 매우 성공적인 것으로 보고되고 있다. 특히, 모래놀이치료는 언어사용을 강요하지 않아서 언어화가 어려운 유아, 증상을 특징짓기 어려운 장애를 가진 유아, 정서·행동장애를 보이는 유아를 대상으로 유용한 치료기법인 것으로 보고되고 있다(김경희·이명자, 2008; 이미숙, 2006). 선택적 함묵증, 반항성 장애, 분리불안, 주의력 결핍 등의 다양한 치료사례는 물론, 신체학대나 또래 간 성폭력을 경험한 아동, 외상 후 스트레스 장애를 보이는 아동, 저소득층 방임 아동 등 많은 유형의 사례에서도 모래놀이치료의 효과가 입증되었다(박지연, 2008; 곽영신, 2006; 이진실, 2005). 안정적인 애착형성을 하지 못하고 구강기에 고착된 비사회적 유아도 모래놀이를 통해 부모와의 긍정적인 애착관계를 형성하고 사회성이 향상되었다(장현숙, 2007). 또한, 모래놀이치료는 유아들이 거부감 없이 접할 수 있기 때문에 자기존중감이 낮은 유아, 불안이나 경미한 우울감을 보이는 유아, 수줍음이 심하거나 위축된 유아에게도 효과적이었다(박지연, 2008).

이와 같은 모래놀이치료의 놀라운 효과는 모래놀이를 통하여 자신의 내면을 언어보다 쉽게 표현할 수 있으며 안정감을 가지고 자신을 투사하며 감정을 표출하는 경험을 하기 때문이다. 즉, 모래놀이는 내담자에게 자신의 깊은 내면적 사고와 감정을 쉽게 표현하는 통로가 되므로 다른 어떤 치료기법보다 덜 위협적이고 방어를 누그러뜨려 저항감을 감소(Carey, 1999)시키기 때문으로 볼 수 있다. 또한 상상의 모래놀이를 통하여 아동의 자아가 튼튼해지고 자기치유력이 활성화되는 데서도 모래놀이치료의 신비한 효과를 볼 수 있다. 이런 이유로 오늘날 모래놀이치료는 놀이치료의 행위적 요소와 미술치료의 이미지와 상징적 요소가 결합된 효과적인 심리치료기법으로, 국내는 물론 세계적으로 널리 확산되어 활용되고 있는 추세이다.

Ⅱ부

이론적 토대 : 분석심리학의 이해

3장

C. G. Jung의 생애와 사상

나도 모르는 나의 속마음

나의 불안은 어디서 오는 것일까? 그 의미는 무엇일까?...

내가 가장 모르는 사람은 바로 나 자신일 수 있다.
다른 사람에 대해서는 엄격하면서도,
나 자신에 대해서는 관대한 이유가
나를 잘 모르기 때문이다.
우리의 눈은 밖으로 향해 있어
다른 사람의 모습과 행동특성, 습관들은 잘 볼 수 있지만,
정작 나 자신은 볼 수 없다.
그래서 나는 어떤 사람인지, 어떤 모습인지 잘 알 수가 없다.
심지어 내 마음도 잘 모른다.
다른 사람이 무슨 생각을 하는지, 왜 저러는지는 잘 파악하고 분석하면서도,
정작 내 불안이... 내 우울이 어디서 오는지, 그 이유가 무언지 잘 알 수가 없다.
이는 내 안에 나도 모르는 속마음이 있기 때문이다.
내 마음인데도 아무리 생각해도 잘 모르겠는 그 무언가...
나도 모르는 나의 속마음을 일컬어 '무의식'이라 한다.
내 마음인데도 내 맘대로 할 수 없는 이유가 바로 그 때문이다.

무의식의 중요성을 주장한 프로이트에 따르면, 인간의 정신세계는 바닷속에 잠겨 있는 거대한 빙산에 비유할 수 있으며, 우리가 의식하는 것은 바다 표면에 보이는 아주 작은 부분, 그야말로 빙산의 일각에 불과하다고 한다. 우리의 무의식은 바닷속에 잠긴 거대한 덩어리로 아무리 알려고 해도 의식화될 수 없지만, 정신영역의 대부분을 차지하고 있어 우리의 행동을 결정하

고 지배하게 된다는 것이다.

초창기 프로이트의 추종자였다가 결별한 이후 자신만의 분석심리학을 발전시킨 융도 프로이트와는 다른 견지에서 무의식의 개념을 제시하고 있긴 하지만 그 중요성에 대해서는 프로이트와 마찬가지로, 아니 오히려 더 강조하고 있다.

우리는 살아가면서 이유를 알 수 없는 우울감을 느끼거나, 불안에 휩싸이거나, 뭔가 모를 갈등으로 마음이 힘들어질 때가 있다. 이럴 경우, 심리적 혼란과 고통을 경험하며 정신적인 문제를 보이거나 외부의 무언가에서 해결책을 구하고자 방황할 수 있다. 그러나 그 답은 바로 내 안에 있다. 고통스러움과 불안은 내 안의 무의식에서 무언가 전달하고자 나에게 보내는 메시지이다. 나 자신의 진정한 내면의 목소리에 귀기울이라는 신호인 것이다. 분석심리학의 창시자인 융은 자신에게 표출되어 올라오는 무의식의 의미를 깨닫지 못하거나 받아들이지 못하면 마음의 병을 얻게 된다고 하였다. 병적인 현상을 나타내는 이유는 자신의 무의식에 대해 무지하기 때문으로, 신경증이란 무의식에서 보내는 그 증상의 의미를 아직 깨닫지 못한 마음의 병이라 하였다.

내가 진정한 나를 잃어버리고 다른 길을 헤매거나 너무 멀리 갔을 때, 내 안에서 부르는 내면의 외침이 나를 자극할 때 바로 심리적 갈등과 불안을 경험하게 된다. 즉, 심리적 고통 또는 신경증은 나를 찾기 위한 여행을 떠날 때가 되었음을 알려주는 정신적 신호인 것이다. 그런 의미에서 심리적 고통은 나를 발견하게 하는 고마운 계기가 되고, 그 고통을 이겨냈을 때 비로소 아픈 만큼 성숙하게 되는 것이다.

1절

C. G. Jung의 생애와 분석심리학의 탄생

1. 융의 생애

[그림 3-1] 융의 소년기, 청년기, 중년기, 노년기 모습

1) 출생과 성장과정

칼 구스타프 융(Carl Gustav Jung, 1875~1961)은 스위스의 정신의학자로 분석심리학의 개척자이다. 심혼의 의사로 불리는 융은 정신적인 것을 생물학적 과정의 결과로 보는 심리학은 '혼이 없는 심리학'이라 하며 배격하였다. 인간의 마음을 이해하기 위해서는 인간을 이끌어나가는 어떤 정신적 존재, 즉 영혼을 가정하며 '혼'의 독자성, '심혼(心魂)이 있는 심리학'을 강력히 주장하였다. 우리의 마음은 우리가 움직이는 것이 아니라 우리 마음속에 존재하는 영혼에 의해 움직이며, 인간의 마음은 그러한 영혼을 담고 있는 그릇일 뿐이라는 것이다.

1875년 7월 26일 융은 스위스 동북부의 작은 마을 케스윌에서 아버지 Paul Jung과 어머니 Emilie Preiswerk의 네째 아이로 태어났다. 할아버지는 유명한 의사였으며, 외할아버지는 신학자였다. 가정이 부유한 편은 아니었지만 그 지역에서 유명한 집안이었다.

융의 아버지는 바젤 교외에 있는 개신교 목사였는데, 구약성서 아가에 관한 논문으로 철학박사가 되었지만 학자의 길로 가지 않고 가난한 시골 목사가 되어 농부들과 아이들을 보살폈다. 자상하고 친절하여 신도들의 사랑과 존경을 받았으나 가정에서는 쉽게 화를 내고 자신의 감정을 분출하는 등 표리부동한 모습을 보였다. 융은 이러한 아버지에게 실망감을 지니게 되었다. 아버지에 대한 감정은 나중에 프로이트에게 투사되어 두 사람의 관계에 영향을 미친 것으로 해석되기도 한다(Bair, 2003). 아버지가 목사였기 때문에 교회에 다니기는 하였으나 교회를 싫어했으며, 종교문제에 대해 아버지와 격렬하게 논쟁하기도 하였다.

융의 어머니는 정서적으로 불안정한 사람이었다. 쾌활하고 소탈한 한편, 기분 변화가 매우 심해 예측할 수 없는 인물로 회고되고 있다. 융이 어렸을 때 어머니는 바젤에 있는 정신병원에서 수개월을 보내기도 하였는데, 이 때 융은 어머니의 오랜 부재로 깊은 슬픔에 빠졌다고 한다. 융의 어머니는 따뜻한 모성적 측면과 더불어 섬뜩할 정도로 예리한 직관을 지닌 사람이었으며, 이러한 어머니에게 융은 양가감정을 지니고 있었다고 한다.

융의 유년시절은 불행하고 외롭게 혼자 보내는 시간이 많았다. 융의 부모는 서로 정서적으로 소원한 관계였으며, 부모의 긴장된 결혼생활 틈바구니에서 융은 예민한 감수성을 지닌 내향적인 소년으로 성장하였다. 그는 호수와 숲을 좋아했으며 혼자만의 공상에 빠져드는 때가 많았다. 11세에 김나지움에 들어갔는데, 이듬 해 한 아이가 세게 밀치는 바람에 넘어져서 정신을 잃고 난 다음부터 기절하는 일이 자주 일어났다. 특히, 학교에 가야 하거나 숙제를 끝내야만 할 때 기절하곤 하여, 결국 반 년 이상 학교를 쉬게 되었다. 기절은 학교에 가지 않아도 되도록 하는 이른바 이차 이득을 가진 신경증적 발작으로, 융 자신도 당시 그가 자기 자신으로부터 도피하고 있음을 어렴풋이 알고 있었다. 그러던 중 아버지가 염려하여

아들이 나중에 밥벌이조차 못하게 될까 걱정하는 말을 듣고 나서 융은 스스로 공부를 해야겠다고 결심하였고, 더 이상 도피를 허용치 않는 성실함과 강한 의지로 기절발작도 치유되었다. 이 즈음 어느날 짙은 안개 속에서 빠져 나오는 듯한 '자신', 즉 자아의 주체성을 처음으로 인식하였으며, 또한 자기 마음속에 두 개의 인격이 존재한다는 것을 느꼈다. 그는 이에 대해 제1호, 제2호 인격이라 칭했다. 융은 자아의 탄생과 심리적 대극을 청소년기에 자기 안에 있는 두 가지 성향으로 경험하였던 것이다. 자신의 기절경험을 통해서 신경증이 어떤 것인지 이해하게 되었다고 융은 회고했다.

융은 청소년기에 자신에 대한 회의와 불만을 느끼며 철학서적을 많이 읽었으며, 특히 칸트의 순수이성비판에서 큰 감명을 받았다고 한다. 철학은 물론, 역사학, 인문학과 더불어 자연과학에도 관심이 많았던 융은 대학 진학을 앞두고 전공선택의 고민에 빠졌다. 이 무렵 자신의 마음속에서 두 개의 인격이 갈등하는 것을 느꼈으며, 꿈에서도 두 개의 인격이 다양한 모습으로 나타나곤 하였다.

대학입학 시험이 다가오면서 융은 할아버지처럼 의학을 전공하기로 마음먹고 자연과학 분야에 응시하기로 결정하였다. 의대를 다니면서도 지속적으로 철학을 비롯한 다방면의 책을 읽었으며, 전 생애에 걸쳐 철학, 신학, 인류학, 연금술, 신화학 등 다양한 분야로 관심분야를 확장시켜 나갔다.

2) 정신의학에의 길, 프로이트와의 만남과 결별

융이 21세 때, 아버지가 돌아가셨다. 아버지의 죽음으로 생계가 어려워지자, 학비를 마련하기 위해 융은 대학의 조수로 일하기도 하고, 골동품 상점에서 물건을 팔거나, 백부로부터 돈을 빌려가면서 공부를 했다. 대학시절을 융은 많은 책을 읽고 토론하며 친구를 사귀던 아름다운 시절로 회상하고 있다. 의과대학을 졸업하고 진로를 고민하던 중, 크라프트 에빙(Kraft-Ebing)의 책 서문에 "정신병은 인격의 병이다."라는 글을 보고는 마치 계시를 받은 것처럼 자신이 택해야 할 전공은 정신의학 외에는 없다고 생각하며 정신과 의사의 길을 걷게 되었다.

특히, 인간의 정신이 파괴에 직면해서 어떻게 반응하는지 알고 싶어 했던 융은 1900년에 취리히의 부르크 횔츨리(Burkholz) 병원에서 정신분열증 연구의 개척자인 오이겐 블로이어(Eugen Bleuer)의 차석교수로 일하게 되었다. 이 시기에 만난 한 젊은 여자 환자는 정신분열증으로 진단되었으나, 융은 우울증이라는 인상을 받고 나름대로 개발한 연상검사를 실시해보았다. 또한 그녀와의 대화요법(talking cure)을 통해 과거의 비밀을 밝혀낼 수 있었으며, 심인성 우울증을 앓고 있다고 확신하게 되었다. 부르크 횔츨리 정신병원에서 일하면서 융은 병원장이었던 오이겐 블로이어의 연구를 응용해 심리학 연구를 시작하였으며, 단어연상에 관한 실험적 연구를 통해 무의식에 내재한 콤플렉스의 존재를 발견하고, 이를 계기로 프로이트의 정신분석학설과 접촉하게 되었다.

30세가 되던 1905년에 취리히대학 의학부 전임교수가 된 융은 프로이트의 『꿈의 해석』을 읽고 자신의 단어연상검사 연구결과와 관련성이 있음을 깨닫고 자신의 논문을 프로이트에게 보내면서 서신을 통해 서로의 의견을 교환했다. 1907년 32세이던 융은 드디어 비엔나에서 51세인 프로이트와 감격적인 상봉을 하고, 자신들의 의견을 나누었다. 융은 프로이트가 의식 너머의 마음의 심층을 학문의 대상으로 삼아 살펴가는 것에 매료되었다. 프로이트와 융은 서로의 견해에 관심을 갖고, 무려 13시간 동안 밤을 지새우며 열띤 토론을 할 정도로 인간심리에 대해 활발한 학문적 토론을 교환하였고, 고독했던 프로이트는 융을 곧 그의 후계자로 생각하기에 이를 만큼 그의 능력을 높이 인정하였다. 융은 1910년 〈국제정신분석학회〉의 회장을 맡았으며, 두 사람의 우정과 협력은 1913년까지 계속되었다.

그러나 프로이트와는 만난 지 6년 만에 결별하고 만다. 두 사람 간에는 인간관에서 좁히기 어려운 간격이 있었다. 융은 모든 신경증이 성적인 억압이나 성적인 외상으로 생긴다는 프로이트의 주장에 동의할 수 없었고, 리비도의 본질에 대해서도 불일치하였다. 프로이트에게 있어 인간의 중심적인 충동은 성욕이었고, 중요한 심리과제는 외디푸스 콤플렉스의 해결이었으나, 융에게 중심적인 충동은 개별화 과정, 즉 부모상으로부터 독립하여 그 자신의 독특한 성격과 정체감을 발달시키려는 충동이었다. 프로이트와 달리, 융에게 리비도는 가능성의 에너지이고 성장하려는 욕구이다. 융은 『리비도의 변환과 여러 상징』이라는 책을 통해 자신의 의견을 표면화했다. 또한 무의식에는 억압된 성적 욕구뿐만 아니라 종교적 심성과 같은 다양한 창조적 가능성이 내재해 있다고 주장하였다. 반면, 프로이트는 성욕설을 정신분석의 요체로 여겼으며, 성욕을 인정하지 않는 것은 정신분석을 버리는 것으로 간주했다. 결국 융은 프로이트와 결별하고, 1913년 〈국제정신분석학회〉의 회장직을 사임하였다. 또한, 오로지 연구에만 전념하기 위해 대학과 개업의 활동을 병행하던 생활을 청산하고, 취리히대학의 교수직도 사임하였다.

3) 무의식의 탐구와 내면세계로의 여행

1913년 38세였던 융은 프로이트를 떠난 뒤 정작 무의식이 무엇인지, 그 뜻을 어떻게 설명해야 옳은지 알지 못했다. 프로이트와는 차별화된 자신만의 이론을 정립하고자 융은 무의식의 탐구에 전념하기로 하고, 1919년까지 6년간 세상으로부터 철수하고 고독 속에서 자신의 내면세계에 대한 분석작업에만 몰두하는 내향기로 접어들었다.

융은 의식으로 압도해오는 무의식의 환상과 충동을 그대로 살려 쫓아가면서 무의식이 이끄는 방향을 관찰하고 표현하는 무의식과의 대면작업을 시작했다. 처음 시작은 돌을 가지고 집을 짓고 마을을 만드는 어린 시절의 놀이를 재현하는 것이었다. 그는 돌과 접촉하는 것이 환상과 창조성을 표현하는 데 도움이 된다는 것을 발견하였다. 다음으로, 밀려드는 환상을 그림으로 그리며 따라가거나 환상을 적극적으로 실체화해서 이야기를 나누었다. 그 과정에서 살로메라는 소녀의 환상을 보았고, 그 뒤에 엘리야의 모습으로 발전된 또 다른 노인상을 보았다. 그 첫 출현은 황소의 뿔을 달고 날개를 가진 노인상으로 나왔는데, 융은 그를 필레몬(Philemon)이라 불렀다. 필레몬과의 대화를 통해서 '나(자아)'와는 다른 우리 마음속 타자의 존재를 깨닫게 되었다. 그리고는 프로이트의 무의식 개념과 차별화된 자신만의 독특한 개념인 집단무의식의 개념을 만들었다. 융의 사상은 이렇듯 융 자신의 경험을 통해 발견한 산물들이다. 이로 인해 분석심리학에서는 체험심리학이라고 할만큼 경험을 매우 중요하게 여긴다.

1913년부터 1919년까지의 6년간을 융 생애의 '내향기'라고 칭한다. 이 시기 동안 융은 모든 사회적 지위나 활동을 버리고 자기 내면의 세계를 관조하는 데 몰두하였던 것이다. 1923년부터 융은 취리히 호수 상류에 위치하는 볼링겐에 조그만 성탑을 짓기 시작하였는데, 융은 이 작업을 무의식의 내용을 형상화하는 심리적 실습으로 삼았다. 이 건축작업은 1955년에야 완성되었는데, 그 탑 건물 안팎에는 융의 그림이나 조각들이 많이 남아 있다.

취리히 연방 공과대학교(ETH Zürich)의 심리학 교수, 바젤 대학교의 의학심리학 교수로 활동하면서 많은 저술과 논문을 남겼으며 사회적 인정과 명예를 얻었다. 한편, 나치정권을 옹호한 반유대주의자라는 비난과 여러 여성들과의 복잡한 관계에 대한 의혹을 받기도 하였다. 그러나 활발한 저술활동과 심리치료, 강연활동을 열정적으로 계속해 나가면서 삶의 창조성과 인격적 통합이 최고조에 이르는 시기는 바로 중년기 이후라는 자신의 믿음을 입증해 내었다. 말년에 색전증과 그로 인한 뇌졸중으로 건강과 언어기능이 떨어진 융은 1961년 6월 6일, 85세의 나이로 자신의 집에서 제자들에 둘러싸여 세상을 떠났으며, 영면하기까지 많은 저술을 통해 자신의 사상을 발표하였다.

2. 분석심리학의 탄생

1919년까지의 심리적 내향기를 거친 후, 1920년 영국 방문을 시작으로 융은 여행과 학술활동을 활발히 재개하는 한편, 분석심리학의 이론을 정교하게 발전시켜 나갔다. 융은 아프리카, 미국, 인도 등을 여행하며 집단무의식을 지지하는 증거자료들을 수집했다. 1928년에는 『황금의 꽃』이라는 책을 읽고 연금술의 속성을 이해하게 되었으며, 분석심리학이 원시적 심상과 심리적 원형을 다루는 연금술과 상통한다는 것을 발견했다.

분석심리학은 융 자신의 개인적 체험과 환자의 치료 경험뿐만 아니라 철학, 종교, 신비주의, 연금술, 신화학, 문학, 예술 등 다양하고 방대한 자료를 토대로 하고 있다. 융은 한때 프로이트와 함께 정신분석학 연구를 하기도 했지만 프로이트의 성욕중심설을 비판하고 독자적으로 연구하여 분석심리학을 정립하였다. 그는 인간의 정신에는 의식의 차원과 의식하지 못하는 무의식이 존재하는데, 이 무의식에는 개인적 경험이 축적된 층뿐만 아니라, 개인적 차원을 넘어 인류 보편적인 깊은 집단무의식의 층이 있다고 생각하였고, 개체로 하여금 통일된 전체를 실현하게 하는 자기원형이 있음을 주장했다. 그는 자신의 경험으로부터 심리치료법을 개발하여 이론화하였고 심리치료를 받는 사람들에게 '개성화'라는 자신의 신화를 발견케하는 과정을 통해 더 완전한 인격체가 될 수 있다고 생각하였다. 이와 함께 원형, 집단무의식, 아니마와 아니무스, 그림자와 같은 독창적인 용어를 정신을 구성하는 주요한 개념으로 삼고 분석심리학을 체계화하였다.

융을 중심으로 한 〈취리히정신분석학회〉는 1914년부터 〈국제정신분석학회〉와 분리되어 독자적인 길을 걸으며 발전해왔다. 1916년에는 〈분석심리학 클럽〉이 창립되고, 1918년에는 〈분석심리학회〉와 〈분석심리학 클럽〉이 합병되면서 교육강좌가 개설되어 제1세대 융학파 분석가의 수련이 실시되었다. 1930년에는 〈국제분석심리학회〉가 창설되어 분석심리학을 국제적으로 파급시키는 데 중요한 역할을 하였다.

융의 사상은 훌륭한 제자들과 동료들을 통해 이어져 발전되어 왔다. 이스라엘의 에리히 노이만(Erich Neumann), 영국의 포담(M. Fordham) 등을 비롯, 유럽과 일본, 한국 등 세계적으로 전파되어 두터운 지지층을 확보하고 있다. 특히, 마리 루이제 폰 프란츠(Marie Louise von Franz)는 융의 후계자로서 신화, 민담의 상징 해석에 큰 업적을 남겼을 뿐만 아니라, 융의 만년의 사상, 비인과적 동시성 원리의 증명에 주력하였다. 융이 창시한 분석심리학은 현재까지도 많은 이들의 호응을 얻으며 지속적인 관심을 받고 있다.

2절
융의 사상과 인간관

융의 분석심리학은 경험에 기반을 둔 심리학 이론이다. 융 자신의 마음을 깊이 살펴본 경험을 토대로 엮은 이론으로서 객관적인 사실이나 절대적인 진리에 관해 말하고 있지는 않다. 개인의 마음에서 일어나고 있는 사실과 경험에 초점을 맞출 뿐, 그것의 옳고 그름이나 좋고 나쁨을 판단하지 않는다. 아래에 기술한 학문과 삶에 대한 융의 표현을 통해 그의 사상을 짐작할 수 있다.

"나의 생애는 무의식이 그 자신을 실현한 역사다. 무의식에 있는 모든 것은 사건이 되고 밖의 현상으로 나타나며, 인격 역시 그 무의식적인 조건에 따라 발전하게 된다. 이러한 과정을 묘사하는 데 나는 과학적인 언어를 사용할 수가 없다. 왜냐하면 과학의 문제로는 나 자신을 경험할 수 없기 때문이다. 내면적인 측면에서 본 우리의 존재, 즉 인간의 본질적 속성은 오직 신화로서만 묘사될 수 있다. 신화는 보다 개성적이며, 과학보다 더 잘 삶을 묘사해준다. 과학은 평균개념으로 작업하는데, 이는 너무 일반적이어서 개인의 특유한 인생이 지니는 주관적인 다양성을 제대로 이해하기 어렵다."(A. Jaffe, 1962).

1. 인간의 정신세계

• 아는 마음과 모르는 마음

우리에게는 내가 알고 있는 마음과 내가 모르는 마음이 있다. 내가 알고 있는 것만이 전부가 아니라는 것이다. 내 마음인데도 아무리 생각해도 잘 모르겠는 그 무언가... 나도 모르는 내 마음, 나도 어쩔 수 없는 내 마음... 열길 물속은 알아도 한 길 사람의 마음속은 모른다는 속담 역시 사람에게는 들여다볼 수 없는 속마음이 존재한다는 것을 나타내는 것이다. 마음이란 엄청나게 큰 세계이다. 우리가 알고 있는 게 전부가 아니다. 내가 모르는 나의 속마음을 일컬어 무의식이라 한다.

인간의 마음속에 무의식적인 것이 있다는 생각은 퍽 오래 전부터 알려져 있는 사실이었지만, 그것을 과학의 대상으로 삼고 연구한 사람은 프로이트였다. 무의식을 발견한 프로이트에 따르면, 인간의 정신세계는 바닷속에 잠겨 있는 거대한 빙산에 비유할 수 있으며, 우리가 의식하는 것은 바다 표면에 보이는 아주 작은 부분, 그야말로 빙산의 일각에 불과하다고 한다. 우리의 무의식은 바닷속에 잠긴 거대한 덩어리로 아무리 알려고 해도 의식화될 수 없지만, 정신영역의 대부분을 차지하고 있어 우리의 행동을 결정하고 지배하는 것은 바로 무의식이라고 한다. 무의식에는 부도덕한 충동, 성적 욕망, 비합리적 소망, 수치스러운 경험 등 수용하기 어려운 본능적 추동과 경험 등이 의식 밖으로 밀려나 내재되어 있다고 한다[그림 3-2]. 즉, 수용하고 싶지 않은 부정적인 감정과 충동들이 무의식 속으로 밀려나 억압되어 있다고 본 것이다.

이와 달리 융은 무의식에는 우리가 발견하고 의식화하여 자아를 풍성하게 할 수 있는 긍정적인 자원들이 있다고 보면서 프로이트와는 다른 시각으로 무의식을 설명하고 있다.

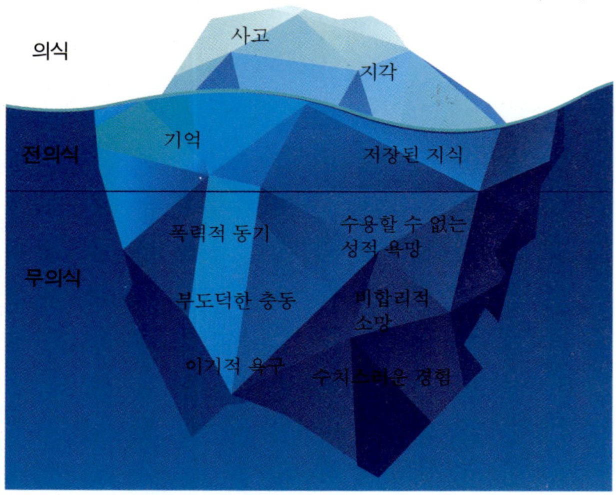

[그림 3-2] 프로이트의 정신세계와 무의식관

2. 융의 무의식관

프로이트의 추종자였다가 결별한 이후 자신만의 분석심리학을 발전시킨 융도 무의식의 개념을 자신의 이론에서 핵심으로 제시하고 있긴 하지만, 그 내용과 견해는 프로이트와 크게 다르다. 프로이트는 무의식이 사람들의 여러 가지 실수, 특히 말 실수, 잊어버림, 공상, 그리고 노이로제나 각종 정신장애의 증상 가운데서 나타나며, 그 표현을 꿈에서 찾아보았다. 이러한 생각을 융도 그대로 받아들였다. 다만, 그 내용이 프로이트가 강조한 성적 충동에서 오는 것뿐만 아니라 다른 도덕적인 갈등, 그 밖의 많은 것들이 무의식을 구성하고 있다고 보았다. 프로이트는 억압된 성적 욕구를 무의식의 가장 주된 특성으로 여기고 리비도를 성적 에너지로 보았지만, 융은 무의식은 '샘물'과 같은 것으로, 거기에는 무한한 가능성으로 향하는 에너지가 저장되어 있다고 하였다. 충동의 창고, 의식에서 쓸어낸 쓰레기장 또는 유아기 욕구로 가득 찬 웅덩이로 보던 프로이트의 무의식관과 달리, 융은 무의식을 마음을 성숙케 하는 창조의 샘이라 하면서 리비도를 생명에너지로 보았다. 따라서 그것은 떼어버리거나 없애야 할 성질의 것이 아니라, 생명의 원천이며 창조적 가능성을 지닌 것이다. 그것은 방어해야 할 위험한 충동이라기보다, 체험하여 의식의 부분으로 동화해야 하는 것이다. 또한 프로이트가 발견한 무의식의 개념을 한층 발전시켜 무의식을 개인무의식과 집단무의식으로 나누고, 꿈이나 신화의 분석을 통하여 무의식의 내용을 의식화하는 과정을 중시하였다. 이와 같이 융에 있어서의 무의식은 보다 넓고 깊은 인간정신의 심층을 포괄한다는 특징이 있다.

융의 사상을 프로이트의 정신분석과 비교하여 좀 더 세부적으로 살펴보면, 다음과 같다.

첫째, 리비도의 역할에서 프로이트는 리비도를 생물학적·성적 에너지에 국한하였으나 융은 성적 에너지뿐만 아니라 다른 삶의 에너지를 포괄하는 정신에너지, 즉 생명에너지로 보았다. 정신의 구조들이 활동하기 위해서는 에너지가 필요한데, 인간의 삶에 관여하는 총체적 정신에너지를 리비도(Libido)라고 하였다. 이 리비도를 통해 인간은 지각하고, 생각하고, 느끼고, 소망하는 모든 심리적 활동을 수행한다는 것이다. 이와 같이 융은 리비도의 개념을 종래보다 폭넓은 의미로 다시 정의하였다.

둘째, 성격에 영향을 미치는 힘에 대한 관점을 보면, 프로이트는 과거의 사건, 특히 생의 초기경험에 의해서 성격이 결정된다고 보았으나, 융은 과거의 사건뿐 아니라 미래의 목표와 열망 모두에 의해서 형성된다고 보았다. 융의 분석심리학은 인과론적인 관점보다는 목적론적인 관점을 지향하고 있다. 인간은 기본적으로 과거경험에 의해 밀려가기보다는 미래를 향해 나아가는 존재라는 것이다. 인간은 과거의 원인, 즉 '~ 때문에(because of)' 행동하는 것이 아니라 미래의 목적, 즉 '~을 위하여(for the sake of)' 행동하는 존재로 보았다. 융은 프로이트가 평생을 통해 주장한 심리성적 발달과 인생초기에 성격이 결정된다는 결정론에 반대하면서 인간 정신에 대한 분석을 주관적 체험과 현상학을 바탕으로 새롭게 체계화하였다.

셋째, 무의식의 개념에서, 프로이트는 인간 정신의 자각 수준까지를 무의식으로 보았으나 융은 인류 정신문화의 발달을 포함하는 집단무의식의 개념을 추가로 제시하였다. 무의식의 존재와 영향력을 중시한다는 점에서 융의 사상이 프로이트의 정신분석과 공통점을 지니나, 인간의 무의식을 프로이트보다 한층 더 심층적으로 본다는 점에서 차이를 보인다. 융은 개인적 차원을 넘어 집단무의식의 존재와 원형의 개념을 제시하면서 신화학, 민속학, 문화인류학 등의 연구에 기반한 심층심리이론을 구성했다.

요컨대, 의식 너머에 무의식의 존재를 인정하고 그것을 중요시한다는 점에서 분석심리학과 정신분석학은 공통의 바탕 위에 있다. 무의식적인 것을 의식에 동화해 가는 의식화 과정이 인간의 성숙에 중요하다는 것을 강조하는 점도 양자가 같다. 그러나 분석심리학은 무의식의 기능과 내용에서 정신분석과 다른 견해를 가지며, 무엇보다도 융이 비판하고 있는 것은 프로이트의 인간 심리를 보는 관점에 있다. 프로이트는 인간을 지나치게 병리적인 측면과 그 결함의 측면에서 설명하고자 하였다는 점이다. 즉, 정신분석에서는 인간을 생물학적 본능에 지배를 받는 부정적 시각을 취하고 있는데 반해, 분석심리학에서는 인간에 대해 창조적인 존재, 자기를 실현하려는 경향성이 내재된 존재로 보는 긍정적인 입장을 취하고 있다는 점에서 근본적인 시각의 차이를 보인다.

4장

정신의 구조와 기능

융은 인간을 정신과 육체로 분리된 이분법적 존재로 보지 않았다. 또한 인간에게는 성격의 전체성을 이루고자 하는 타고난 성향과 내재된 치유능력이 있는데, 전체성을 이루고자 하는 자기조절체계가 바로 '정신(psyche)'이라고 하였다. 정신은 의식과 무의식에 포함된 모든 생각, 감정, 행동을 포함하며, 인간은 일생을 통해 발달해 가면서 타고난 전체성을 분화하고 통합해 간다고 주장하였다.

융은 인간의 정신세계를 의식(conscious), 개인무의식(personal unconscious), 집단무의식(collective unconscious)이라는 3개의 층으로 구분하였으며, 집단무의식을 중심으로 분석심리학을 확립하였다. 융이 제시한 정신의 구조를 도형으로 나타내면 [그림 4-1]과 같다.

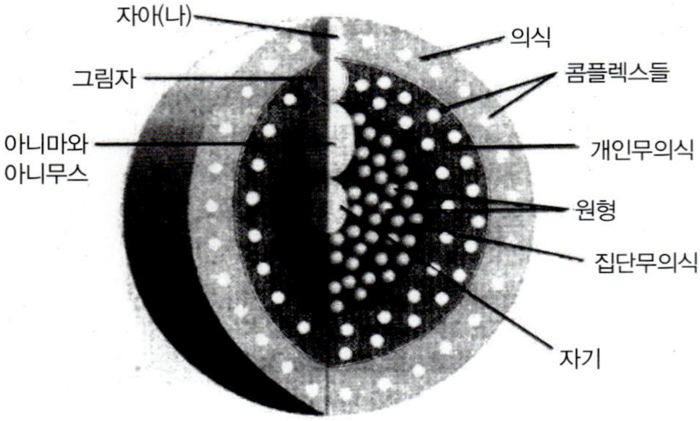

[그림 4-1] 융의 정신구조

1절
의식, 개인무의식, 집단무의식

1. 의식과 무의식

융은 인간의 마음을 설명하면서 세 가지 수준의 마음, 즉 의식, 개인무의식, 집단무의식으로 구분했다. 의식이란 마치 피부와 같은 표면이다. 그 밑에 끝없는 미지의 영역이 있다. 이것을 무의식이라 부르지만, 무의식이 얼마만큼 큰 세계를 지배하고 있는지 알 길이 없다. 우리는 무의식이 무엇인지 사실상 아무 것도 모른다. 단지 그것이 존재한다는 사실을 간접적으로 증명할 수 있을 뿐이다. 무의식에 대해 말할 때, 의식이 무의식에 관해 말하는 것일 뿐이다. 즉, 무의식에 대해 알고 있는 만큼만 말할 수 있을 뿐이다. 그러므로 우리가 무의식에 관해서 말하는 것이 무의식 그 자체와 똑같은 것이라고 성급하게 단정짓는 것은 삼가야 될 것이다.

의식은 인간이 직접 인식하고 있는 정신의 부분이다. 무의식을 바다에 비유한다면, 의식은 자그마한 섬과 같다. 우리 정신의 지극히 작은 일부에 지나지 않는다. 자아를 통해 인식되는 정신적 내용이 바로 의식이다. 따라서 의식의 중심에는 자아(ego)가 존재하며, 의식은 자아에 의해 지배된다. 자아가 의식에 대한 문지기 역할을 하여 지각, 사고, 기억, 감정이 의식될지 여부를 판단한다. 자아가 허락하는 것만을 우리는 의식할 수 있는 것이다.

'내'가 아는 세계가 의식이라면, 내가 가지고 있으면서 내가 아직 모르는 정신세계를 '무의식'이라 부른다. '자아'에 속하지 않으며 '자아'와 연관되지 못한 모든 심리적 경향, 내용을 통틀어 무의식이라 부른다. 무의식이란 아직 의식되지 않은 정신세계로서 자아의 통제 밖에 있는 것이다. 자아가 알고 있는 것 너머의 '미지의 정신세계', 그것이 무의식이다.

2. 개인무의식과 집단무의식

융은 무의식에는 두 가지 층이 있다고 보았다. 태어난 이후 개인이 살아오면서 이루어진 개인무의식의 층과 태어날 때부터 이미 갖추어져 있는 인간 고유의 원초적인, 보편적인 집단무의식의 심층으로 구분하였다.

개인무의식은 그 사람이 이 세상에 태어나서 자라는 동안 겪은 개인 생활에서의 체험 내용 가운데 무슨 이유에서든 잊혀졌거나, 억압된 여러 가지 내용들, 고의로 눌러 버린 괴로운 생각이나 감정, 그리고 의식에 도달하기에는 그 자극의 강도가 미약해 의식으로 넘어오지 못하고 문턱 밑에 놓여 있는 심리적 내용들로 구성된다. 이처럼 개인무의식은 의식에 인접해 있는 부분으로 쉽게 의식화될 수 있는 망각된 경험이나 감각으로 구성된다.

개인무의식의 자료는 개인의 과거경험으로 비롯된 내용으로, 프로이트의 전의식과 유사한 개념이지만 무의식까지 포함한 개념이라고 할 수 있다. 개인무의식은 의식되었지만 그 내용이 중요하지 않거나 고통스러운 것이기 때문에 망각되었거나 억제된 경험적 자료의 저장소다. 이와 같은 무의식의 층은 개인의 특수한 생활체험과 관련되고 개인의 성격상의 특성을 이루는 것들이어서 융은 이를 개인무의식이라 칭하였다. 정신의 구조 중 '그림자'가 개인무의식 층에 속한다.

한편, 무의식에는 개인적인 특성과는 관계없이 사람이면 누구에게서나 발견되는 보편적인 내용이 있다. 누구에게나 보편적으로 존재한다는 뜻에서 융은 이를 집단무의식이라 칭하였다. 융의 집단무의식 개념은 환자뿐 아니라 많은 건강한 사람의 꿈과 원시종족의 심성, 신화, 종교, 서양사상과 인도, 중국 등의 동양사상 등을 비교 고찰하여 얻어낸 결과이다. 개인의 경험 차원을 넘어 인류의 태고적부터 끝없이 반복되어 경험되는 집단무의식은 상징으로 표현되고 경험되면서 정신의 기능을 조절하며, 의식과 무의식의 통일된 전체정신을 실현시킬 수 있는 힘을 가지고 있다고 보았다.

의식, 개인무의식, 집단무의식을 도형으로 나타내면 [그림 4-2]와 같다.

[그림 4-2] 융의 의식 · 개인무의식 · 집단무의식 구조도

집단무의식은 융이 제안한 독창적인 개념으로, 개인적 경험이 아니라 모든 인류 전체가 역사와 문화를 통해 공유해 온 정신적 자료의 저장소이다. 태어날 때부터 선험적으로 가지고 있으면서 시간과 공간을 초월해 모든 인간에게 보편적인 성향을 띠고 있는데, 의식에 의해서 인식되지 못한 채 정신작용에 여러 가지 측면에 큰 영향을 준다. 융은 모든 인간은 태고의 선조들이 원시시대부터 경험하였던 내용들에 영향을 받는다고 하였다. 집단무의식에 의해 인간의 정신은 계승되고 유전되어 다음 세대로 전달된다는 것이다.

집단무의식의 내용은 직접적으로 의식화되지는 않지만 인류역사의 산물인 신화와 민담, 민속, 예술 등을 통하여 확인할 수 있다. 예를 들면, 동·서양의 영웅에 대한 신화는 유사한 과정으로 묘사된다. 영웅신화에서 영웅은 어렸을 때 집을 떠나서 어려움에 직면하고 여러 사람이나 환경의 도움으로 고난을 극복하게 된다. 고난 극복 후, 권선징악의 결과를 보여주며 그 보상으로 왕이 되거나 위대한 지도자로 남는다. 이러한 유사성은 인간 정신의 세대 간 전승에 의해 가능하다고 보았다. 세계의 각 나라와 문화권에서 전해져 내려오는 민담 역시 보편적인 유사성을 보인다. 이와 같이 융은 인류에게 공통적으로 유전되고 전달되는 정신을 집단무의식으로 개념화하였다.

세계의 민담

아름다운 바실리사(Василиса Прекрасная) - [러시아의 민담]

옛날 옛적에 한 상인 부부가 바실리사라는 딸과 함께 살았다. 바실리사가 8살이 되는 해에 상인의 아내가 병에 걸려 시름시름 앓았다. 결국 아내는 딸 바실리사에게 목각인형을 건네주며 만약 필요한 일이 생기거든 인형에게 먹을 것과 마실 것을 조금 주라고 일러준 뒤 세상을 떠났다. 세월이 흘러 상인은 두 딸이 있는 여자와 결혼했다. 새어머니와 두 딸은 마을에서 제일가는 바실리사의 미모를 시기하여 어떻게든 미모를 망치고자 험하고 궂은 일을 시켰지만 소용없었다. 바실리사는 생모가 남긴 목각인형에게 도움을 받아 어렵고 힘든 일들을 척척 처리하였다.

어느 날 상인이 물건을 팔기 위해 멀리 떠나느라 집을 비웠다. 그러던 차에 집 안의 불씨가 떨어지자 두 언니들은 바실리사에게 사람 잡아먹는 마녀 바바야가의 오두막에서 불씨를 가져오라고 시켰다. 바실리사는 바바야가가 두려웠지만 목각인형을 의지하며 바바야가의 오두막으로 향했다. 마침내 바실리사는 울타리에 해골이 꽂혀 있는 바바야가의 오두막에 도착했는데, 때마침 절구통에 올라탄 바바야가가 빗자루로 땅을 쓸면서 나타났다. 마녀는 세 가지 궂은 일을 바실리사에게 시키지만 그때마다 목각인형에게 도움을 받아 난관을 해결했다.

바바야가는 바실리사에게 자기가 시킨 일을 어떻게 해결했는지 물었다. 바실리사는 어머니의 축복(어머니가 선물한 목각인형)으로 난제를 해결했다고 답했다. 바바야가는 "나는 축복받은 사람 따위는 필요 없어."라며 질색하더니 바실리사에게 이걸 가지러 왔느냐며 눈에서 불꽃을 뿜어내는 해골 지팡이를 주면서 바실리사를 내쫓았다.

바실리사가 집으로 돌아왔더니 새어머니와 언니들이 추위에 떨며 기다리고 있었다. 언니들은 집에서 불이란 불은 죄다 꺼져버린다면서 때마침 불타오르는 해골을 가져온 바실리사를 반기는데, 그때 해골 지팡이가 눈에서 불을 내뿜으며 언니들과 새어머니를 불태워버렸다. 바실리사는 해골 지팡이를 땅속에 묻은 다음, 마을로 내려가 혼자 사는 할머니를 찾아갔다. 바실리사는 할머니에게 같이 살게 해달라며 그 대신 일을 도와줄 테니 일감을 달라고 부탁했다.

바실리사는 베를 짜내 세상에 둘도 없을 만큼 아름다운 옷감을 만들었다. 그 옷감이 차르의 눈에 띄자 차르는 옷감을 만든 사람을 찾아 나섰다. 수소문 끝에 차르는 바실리사를 보자마자 사랑에 빠져 청혼했고, 둘은 결혼했다. 바실리사의 아버지도 일을 마치고 돌아와 바실리사와 행복하게 사는 것으로 이야기는 끝이 난다.

콩쥐팥쥐 - [한국민담]

조선시대 중엽 전라도 전주시 서문 밖 30리에 살던 '최만춘'이라는 이름을 가진 퇴리(退吏)가 있었다. 그는 아내로 조씨 부인을 두었으나 몇 년간 자식이 없어 근심하던 끝에 명산대찰에 불공을 드렸고, 뒤늦게 딸을 얻어 아이 이름을 '콩쥐'라고 지었다. 하지만 기쁨도 잠시, 조씨 부인은 콩쥐가 태어난 지 백 일 만에 득병해 세상을 떠나고 말았다. 결국 아비 최만춘이 딸을 직접 업고 다니며 이웃집에 젖동냥을 하는 등 홀로 콩쥐를 키웠고, 콩쥐도 건강하게 자라 두 부녀는 서로 의지하며 행복하게 살고 있었다.

그렇게 콩쥐가 14살 되던 해, 최만춘은 배씨라는 과부 여인을 후처로 얻었는데 배씨에게는 이미 전남편의 딸 '팥쥐'가 있었다. 팥쥐는 콩쥐보다 한 살 아래로 콩쥐의 이복 여동생이 되었다. 하지만 이 배씨 모녀는 성격이 매우 포악하고 시기심이 많아, 콩쥐네와 한 식구가 된 이후부터 부녀의 사이를 이간질해 최만춘이 콩쥐를 미워하고 구박하게 만든다.

몇 년 뒤, 콩쥐네 외갓집 조씨 가문에서 큰 잔치가 열려 외삼촌 내외가 콩쥐를 불렀는데, 정작 배씨는 콩쥐를 보내기 싫어서 골려먹기 위해 콩쥐에게 베짜기와 겉피 석 섬 찧는 일을 맡기고는 팥쥐와 함께 잔치에 가 버린다. 다행히 선녀가 나타나 베 짜는 것을 도와주고 참새들이 겉피 석 섬을 찧어줘서 빠르게 일을 끝낼 수 있었고, 콩쥐는 선녀가 건네준 아름다운 비단 옷과 꽃신을 신고 외갓집에 가게 된다. 그런데 콩쥐가 강을 건너던 도중 뒤따라오는 감사(監司) 행차에 놀라 실수로 꽃신 한 짝을 시냇물 속에 빠트려버리고 만다. 이 꽃신을 본 감사는 나중에 신의 주인을 찾아줄 생각으로 주워 간직한다.

다행히 콩쥐는 무사히 외삼촌 내외의 잔칫집에 도착했는데, 배씨는 콩쥐를 보고는 외삼촌이 안 보는 데서 괜히 콩쥐를 꼬집고 구박하며 마구 욕을 했다. 그런데손님들은 이를 뻔히 보고도 도와주거나 외삼촌에게 알리지도 않고 배씨 모녀 뒷담만 하느라 바빴다.

얼마 후 잔치 도중 관가의 사람들이 꽃신 한 짝을 들고 와서 누구의 것인지 찾는데, 배씨와 팥쥐가 자기 것이라고 우기고 서로 신으려했지만 발이 너무 커서 맞지 않았다. 콩쥐는 그때까지 선뜻 나서지 않고 있었지만 손님으로 온 어떤 노부인이 콩쥐의 발에 신발 한 짝이 없는 것을 눈치 채고는 콩쥐의 것이라 말해주었고, 그제서야 콩쥐가 낯을 붉히며 신을 신어보는데 역시나 딱 맞았다. 그렇게 해서 콩쥐는 감사한테로 가게 된다. 새로 도임한 감사는 종일품의 승지(承旨)와 참판(參判)을 지낸 나이 많으신 김 감사로, 부인이 별세한 이후 첩도 안 들인 쓸쓸한 홀아비였지만 콩쥐를 보더니 첫눈에 반해 자기랑 혼인을 하는 것이 어떻겠냐고 말했다. 콩쥐도 김 감사에게 호감을 느껴 그의 재취자리로 시집을 갔다.

신데렐라(Cinderella)[1)]

착하고 예쁜 신데렐라는 비록 귀족의 딸로 태어났으나 어려서 친어머니를 잃게 되었다. 얼마 후 아버지는 두 딸이 있는 여자와 재혼을 하였고, 신데렐라는 새엄마의 학대와 배다른 두 언니들의 심술로 하녀와도 같은 혹독한 나날을 겪으며 살아가고 있었다.

그러던 어느 날 왕자의 신붓감을 구하기 위한 무도회 소식이 전해졌지만 계모는 자신의 두 딸만 데리고 가고, 신데델라는 집에 남아 일을 하도록 하여 혼자 집에 남아 있을 수밖에 없었다. 그런데 마침 혼자 남은 신데렐라 앞에 요정이 나타났고, 요정은 마법을 사용하여 신데렐라에게 아름다운 드레스와 보석, 마차를 마련해주었다. 또한 세상에서 가장 예쁜 유리구두를 한 켤레 주었다. 다만 자정이 지나면 모든 마법이 사라진다고 말했다.

요정의 도움으로 아름답게 꾸민 뒤, 신데렐라도 왕궁의 무도회장으로 향했다. 무도회장에 들어서자 신데렐라의 화려한 모습이 왕자의 눈에 띄었고, 왕자는 신데렐라와 함께 여러 사람들 앞에서 춤을 추었다. 신데렐라의 아름다움은 곧바로 왕자의 마음을 사로잡았다.

첫째날 밤에는 23시 45분에 궁을 떠나, 아무 문제가 생기지 않았다. 하지만 다음날 밤에 더 아름다운 치장을 하고 무도회에 다시 온 신데렐라는 자정이 되면 마법이 풀린다는 요정의 경고를 잊은 채 무도회를 즐기다가, 자정을 알리는 첫 종소리가 울리기 시작할 무렵에야 정신을 차렸다. 종이 열두 번 치기 직전 간신히 성을 빠져나오며 계단을 뛰어내려오다 너무 서두른 나머지 유리구두 한 쪽이 벗겨졌다. 왕자에게 자신의 하녀 같은 모습이 드러날까 봐 신데델라는 유리구두 한 쪽을 계단에 떨군 채 그냥 갔다.

그 뒤 그녀를 잊을 수 없었던 왕자는 "이 유리구두가 발에 딱 맞는 아가씨와 결혼하겠다."고 선언하고, 유리구두의 주인을 찾기 위해 나라의 이곳저곳을 찾아다녔다. 여러 아가씨들에게 신겨보았지만 전부 구두에 발이 맞지 않아서 좌절하다가 우연히 수행원들과 함께 신데렐라의 집에 들르게 되었다. 두 언니가 구두를 신어보았지만, 구두는 발에 맞지 않았다. 허름한 차림으로 집안일을 하던 신데렐라에게 구두를 신겨보니, 놀랍게도 발에 꼭 맞았다. 드디어 유리구두의 주인인 신레렐라와 재회한 뒤, 왕자는 신데렐라를 아내로 맞아들이고 이후 행복하게 살았다는 이야기이다.

생각해봅시다

- 우리의 삶 속에서 집단무의식의 존재를 경험할 수 있는 예로 어떤 것들이 있는가?
- 사회적 현상 중에서 집단무의식에 의한 것이라고 여길 수 있는 것에는 어떤 것들이 있는가?

---

1) 유럽, 지중해 문화권에서 오래전부터 전해 내려오는 이야기로 정확한 원작자가 누군지는 불명이다. 현존하는 신데렐라 류 이야기 중 가장 오래된 것은 로도피스(Rhodopis) 설화로, 고대 이집트의 그리스계 여성 로도피스가 목욕을 하던 도중 독수리가 그녀의 샌들을 채가서 파라오의 궁정에 떨어뜨렸는데, 이를 기이하게 여긴 파라오가 사람을 파견해 신발 주인을 찾다가 로도피스를 알게 되고 멤피스 궁정으로 불러 결혼했다는 내용이다. 이 로도피스는 기원전 5세기 헤로도토스의 『역사』에서 실존인물로 언급되고, 기원후 2~3세기 아일리아누스의 글에서도 설화와 함께 언급되는데, 작중 배경과 서술 시점을 고려해보면 못해도 기원전 6세기까지는 거슬러 올라가는 설화라고 할 수 있다. 일반적으로 현재 대중에게 알려진 신데렐라의 원전으로는, 보통 1636년 이탈리아의 잠바티스타 바실레(Giambattista Basile)가 엮은 펜타메로네(Pentamerone)에 구전되는 민담 중 하나인 체네렌톨라(Cenerentola)와 1697년 프랑스의 샤를 페로가 엮은 상드리용 또는 작은 유리구두(Cendrillon ou La Petite Pantoufle de Verre)와 독일 그림 형제의 아슌푸틀(Aschenputtel)을 들고 있다. 우리가 흔히 떠올리는 신데렐라 동화는 디즈니 애니메이션이 완성했다고 볼 수 있는데, 디즈니 애니메이션은 샤를 페로의 이야기를 모델로 하고 있다.

2절

자아(ego)와 그림자

1. 자아(ego)

인간의 마음에는 어떤 것들이 있는가? 마음세계에 대한 분석심리학의 주장을 보면, 우선 '나' [Ich, ego(자아)]라는 것이 있다. 그리고 '나'의 둘레에 의식이 있다. 내가 의식하고 있는 모든 것, 나의 생각, 내 마음, 내 느낌, 나의 이념, 나의 과거, 내가 아는 이 세계, 무엇이든 '자아'를 통해서 알아차리거나 연상되는 정신적 내용이 바로 '의식'이다. 따라서 '나(자아)'는 이 의식의 중심에 있고, 의식의 눈이라고도 할 수 있다. '나'를 둘러싼 의식계의 둘레에는 망망한 바다와 같은 무의식의 세계가 있다. 그러므로 자아의식은 바닷속의 섬과 같다. 드넓은 바다와도 같은 무의식은 자아가 그 속에 있는 보배들을 발견하고 이용하기를 기다리고 있는 처녀지와 같다. 자아의식은 무의식계의 내용들을 의식화함으로써 그 영역을 넓혀 나간다[그림 4-3].

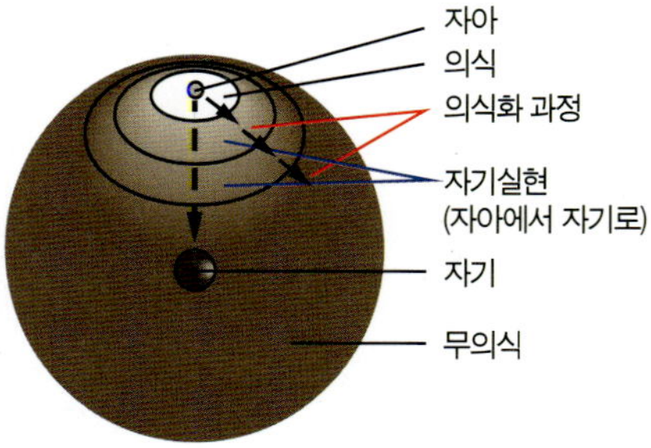

[그림 4-3] 자아와 의식화 과정

의식의 중심에 있는 자아는 의식된 마음을 통솔하고, 또한 무의식의 마음과도 관계를 맺을 수 있는 의식의 특수한 콤플렉스이다. 그래서 자아 콤플렉스라고도 한다. 자아는 외부세계와 관계를 맺는 중요한 창구인 동시에 내면세계와도 통할 수 있다. 그러나 태어나면서부터 곧바로 자아를 인식할 수 있는 것은 아니다. 영아도 자아와 유사한 지각과 반응과 표현이 있기는 하지만, 아직 인식의 주체라기보다는 무의식적 형태 속에 가려진 잠재력의 한 표현일 뿐이다. 출생 직후에는 무의식 상태에 있다가, 무의식에서 자아가 탄생하게 된다. 무의식 속에 '나'(자아)의 싹이 있고, 아이가 자라면서 자아가 싹 트고 성장한다([그림 4-4]참조). 자라면서 자아는 사회 속에서 취해야 할 일반적인 행동규범을 배우고, 사회의 일원으로서 역할을 수행하게 된다. 그러면서 자아의식을 강화하고 그 영역을 넓히며, 이로써 의식과 무의식계의 대립과 긴장이 일어나게 된다.

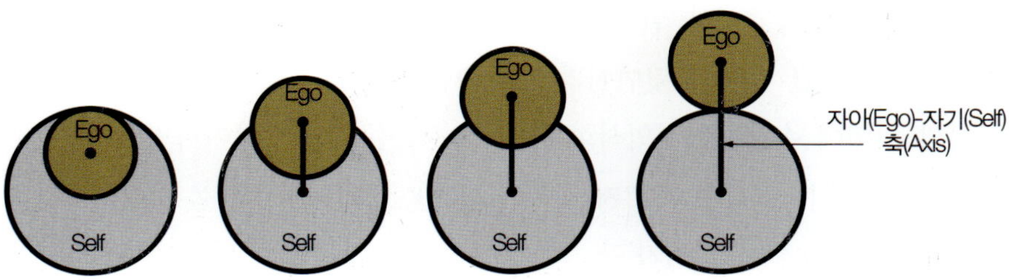

[그림 4-4] 아동기 자아의 분화과정

자아는 정신 전체에서 작은 부분을 차지하고 있지만 의식에서는 문지기와 같은 중요한 역할을 하고 있다. 인간은 자아를 통해 내면세계를 탐색하고 자신을 외부에 표현하거나 외부현실을 인식한다. 자아는 외부세계와 접촉하는 과정에서 자신이 속한 사회집단의 견해나 가치관, 행동규범을 지각하게 되고, 그 집단의 요구에 적응하기 위한 여러 가지 행동양식을 익히게 된다. 그러므로 자아의 태도는 인격의 성숙, 즉 정신의 전체성 실현에 매우 중요한 역할을 한다.

2. 그림자

사람들은 자기가 자신을 가장 잘 알고 있다고 생각한다. 옛말에 "저 잘난 맛에 산다."고 하듯이, "나는 다 잘하고 있는데 다른 사람들이 나를 못살게 군다."고 생각하기 쉽다. 그렇게 생각하면 할수록 자신의 약점과 결점을 못 보는 장님이 된다. 무의식에는 나도 모르는 또 다른 '나'가 있어 나도 모르게 실수를 하게 하거나 내가 지향하는 것과 전혀 다른 모순된 행동을 하게 하기도 한다. 자기가 모순을 감행하고 있는지도 모르고 자기는 늘 정당하다고 믿는 경우도 많다. "등잔불 밑이 어둡다."는 말은 바로 그림자를 두고 하는 말이다.

심리학적인 의미에서 그림자란 무의식적인 측면에 있는 '나'의 분신이다. 융에 의하면 무의식이란 내가 가지고 있으면서 아직 모르고 있는 나의 정신, 즉 내가 알고 있는 것 너머의 미지의 정신세계를 말한다. 이렇듯 그림자는 겉으로 보여지는 자아의 의식적 측면과 반대되는 속성으로, 자아로부터 거부 혹은 외면 당해 무의식으로 밀려난 자아의 뒷면이라고 이해할 수 있다. 분명 '나'의 부분이지만, 무의식의 영역에 속해 있어 의식화하려는 노력이 없으면 알아차릴 수가 없다. 즉, 거울을 통해 의도적으로 보고자 하지 않는 한, 나의 등 뒤를 볼 수 없는 것과 마찬가지이다. 이와 같이 '그림자'란 자아의식의 무의식적인 부분, 무의식에 억압된 열등한 인격, 어둠 속에 가려서 잘 보이지 않는 자아의 일부분이다([그림 4-5] 참조).

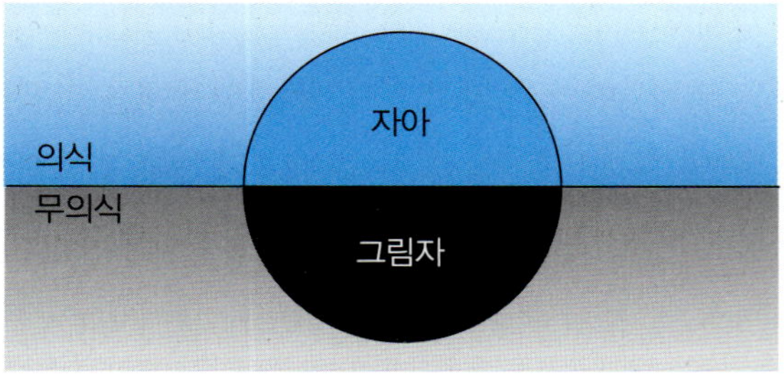

[그림 4-5] 자아와 그림자

원시민족에게 그림자는 생명력의 일부로서 매우 소중히 여겨졌다. 남의 그림자를 밟는다는 것은 커다란 불경을 뜻하며, 전투 중에 적의 그림자를 창으로 찌르면 상대방은 얼마 지나지 않아 죽게 된다고 믿었다. 그림자에 대한 믿음은 중국인 사이에도 있다. 장례 시 하관할 때 묘혈에 자기의 그림자가 비치지 않도록 참석자들은 조심스럽게 비켜선다. 그림자가 없는 존재란 죽은 자, 영혼뿐이다. 그러므로 그림자가 있다는 것은 살아 있다는 증거다(이부영, 2008).

분석심리학에서도 그림자는 인격의 전체를 구성하는 중요한 부분으로 본다. 빛이 있으면 그늘이 있게 마련인 것처럼 의식이 있는 곳에 무의식적인 것이 있게 마련이다. 그림자를 가진다는 것은 그 만큼 자아가 분명한 의식성을 가지고 있음을 의미한다. 자아의식이 한쪽 면을 지나치게 강조하면 그림자는 그만큼 반대편 극단을 나타낸다. 주체와 객체, 의식과 무의식의 분리가 뚜렷하지 않은 유아기적 상태에서는 그림자가 아직 그렇게 뚜렷하지 않다. 반면, 자아의식이 강해지고 선과 악에 대한 구별이 분명해지는 청소년기에 그림자는 자아가 도덕적인 순수성을 지향함과 병행해서 짙어지게 된다. 빛이 강할수록 그림자도 짙어지는 것이다.

정치인이나 성직자, 지식인들의 이중적인 모습을 다루는 뉴스가 하루가 멀다 하고 보도되고 있다. 겉으로는 정의를 주장하는 사람이 부정의 수렁에 빠지거나, 도덕적인 결백을 신조로 내세우는 사람이 성적인 추문을 일으키고, 고매한 정신을 지향하는 지식인이 권력과 금욕에 눈이 멀어 죄를 짓는 경우를 자주 볼 수 있다. 위선자라든가 이중인격자는 바로 자기 마음속의 검은 그림자를 의식하지 못하는 데서 오는 것이다. 낮에는 점잖은 의사이다가 밤이면 포악한 괴물로 변하는 '지킬박사와 하이드'는 의식적인 인격과 그림자를 표현하는 좋은 예이다. 하이드는 의사 지킬의 그림자라고 할 수 있다. 빛이 강하면 그림자도 짙게 드리우듯이, 겉으로 보여지는 측면이 강할수록 그 반대되는 속성인 그림자도 대극적으로 짙게 나타난다.

그러나 그림자는 자아의 일방성 때문에 외계에 투사됨으로써 인격의 전체성을 실현하기 어렵게 한다. 그림자는 자아가 받아들이고 싶지 않은 측면이므로 좀처럼 의식에서 자신의 부분으로 인식되지 못하고 외계로 투사되는 것이다. 그림자가 다른 사람에게 투사될 때는 대체로 자신과 비슷한 부류의 대상에 투사되며 거기서 그는 자기가 가장 싫어하는 사람들을 보게 된다. 그러므로 외계에 투사된 그림자를 다시금 자아에게 되돌려 나의 일부로 받아들이는 작업이 필요해지는 것이다. 웬지 모르게 싫은 사람이 있다면 그 사람이 싫은 이유가 바로 나의 그림자임을 깨닫고 그 부분을 수용해주자. 자신의 그림자를 이해하고 통합하게 될 때 비로소 창조적이고 생명력 넘치는 에너지를 확보하고 나를 사랑하고 치유할 수 있는 길이 열리게 된다.

[그림 4-6] 쓰레기 더미와 그림자

드물게, 그림자가 긍정적인 측면을 띠는 경우도 있다. 그것은 자아의 좋은 면이 무의식에 억압되었을 때이다. '내'가 스스로를 지나치게 열등하다고 생각하거나 아무 쓸모없다고 생각하는 등 자신에 대해 부정적으로 의식하는 경우, 그림자는 그와 반대의 모습인 긍정적인 모습을 띠게 된다. [그림 4-6]을 보면, 겉으로 드러난 형상은 쓰레기 더미의 모습으로 보이나, 그 그림자는 아름다운 모습이다. 그림자는 빛이라 할 수 있는 의식의 뒷면에 가려진 열등한 인격으로, 의식될 기회를 얻지 못해 미분화된 채로 남아 있는 심리적 특성들이다. 자아가 자신의 일부분으로 받아들이기를 꺼려서 마치 어두운 창고에 감춰놓은 연장과도 같다. 그 연장이 빛을 보지 못하고 계속 창고에 방치되어 있으면 녹이 슬게 되지만, 밝은 곳으로 꺼내어 활용하면 창조적 힘을 발휘할 수 있게 된다.

자아가 나의 전체를 통괄하고 자각하려면 무의식적인 것을 하나씩 깨달아 나가는 의식화의 과정이 필요한데, 그 과정에서 제일 먼저 부딪치는 무의식의 내용은 의식에 가장 가까운 무의식의 내용인 '그림자'이다. 자신에 대한 이해를 높이고 그림자의 부정적인 힘을 통제하기 위해서는, 자아의 뒤에 감춰진 그림자를 인식하고 나의 부분으로 수용해야 한다. 내 안에 그림자가 있음을 의식하면서 그 그림자가 나를 지배하지 않도록 경계하는 것이다.

그림자가 '나'의 일부가 되려면 '내'가 그림자를 살려야 할 것이다. 무의식이라는 어둠에 갇힌 그림자를 밝은 세계로 끌어내야 한다. 그림자에 의식의 빛을 비추어 긍정적으로 전환해야 한다. 그 동안 마음에 들지 않는다고 생각되던 것들을 의식적으로 적극적으로 살려서 체험해 보아야 한다. 그림자를 직면하고 의식화할 때 그림자는 더 이상 그림자가 아니다. 받아들이고 싶지 않아 억압하였던 그림자 역시 나의 부분, 곧 나의 분신임을 인식하고 받아들일 때, 그림자의 지배로부터 벗어나게 되고 의식의 영역이 확대되는 것이다. 대부분의 그림자는 의식화하여 실천을 수반하는 수용을 통해 창조적으로 변환될 수 있고, 생기와 활력을 얻게 된다. 마음속의 그림자들을 하나씩 소화시켜 나갈 때 의식의 영역은 그 만큼 넓어지며 자기 자신의 통찰은 그 만큼 깊어지게 된다.

생각해봅시다

- 나의 그림자는 무엇이며, 나의 삶에서 그림자가 어떻게 작용하고 있는가?
- 대인관계 또는 일상생활에서의 실제적 경험을 토대로 나의 그림자를 생각해 봅시다.
- 나의 그림자를 글로 기술해 보거나 이미지로 나타내 봅시다.

3절

외적 인격과 내적 인격

자아는 외부세계와 접촉하면서 외부의 집단세계에 적응하는 데 필요한 여러 가지 행동양식과 태도를 형성하게 된다. 융은 이것을 외적 인격 또는 페르조나(persona)라고 하였다. 동시에 자신의 내적 세계, 즉 무의식계와 작용하는 가운데 외적 태도에 대응하는 내적 태도가 생기는데, 이것을 심혼(心魂) 또는 내적 인격이라 칭하였다. 정신구조에서의 외적 인격과 내적 인격은 [그림 4-7]과 같다.

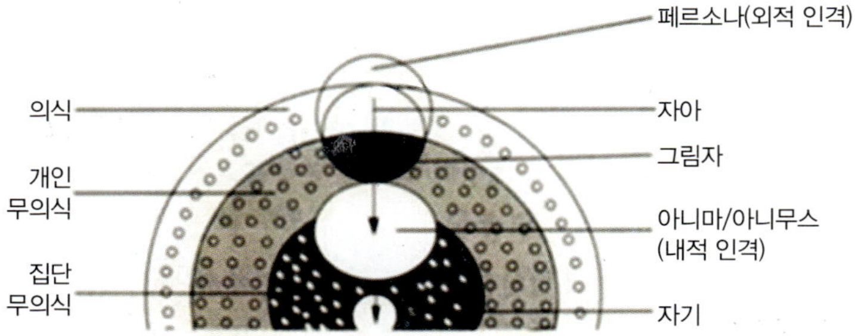

[그림 4-7] 정신구조에서의 외적 인격과 내적 인격

1. 외적 인격 : 페르소나

페르소나란 고대 그리스의 연극에서 배우들이 쓰던 가면을 말한다. 노인의 탈을 쓰면 노인의 역할을 하며, 왕의 탈을 쓰면 왕이 되는 것처럼 인간이 집단 속에서 살아가는 데 있어서도 여러 개의 탈을 썼다가 벗었다가 하면서 살고 있다는 뜻에서 이 말을 고른 것이다. 그러나 탈이 탈을 쓴 사람의 개성이 아닌 것과 같이 '페르조나'라 하면 실상이 아니라 가상이라는 뜻도 포함된다.

페르소나는 내가 나로서 있는 것이 아니고, 남과 다른 사람들에게 보이는 나를 더 크게 생각하는 특징을 가지고 있다. 우리나라 말 가운데 페르조나에 해당되는 말로는 '체면', '얼굴', '낯'과 같은 것이 있다. 체면은 어떤 사회집단이 그 집단의 특수한 성원에게 한결같이 요구하는 일정한 행동상의 규범으로서, 제복과 같은 것이다. 집단이 개인에게 준 역할, 의무, 약속, 그 밖의 여러 행동양식이다. "감히 뵈올 낯이 없습니다.", "차마 얼굴을 들 수가 없습니다." 등의 표현은 체면상실의 마음 상태를 표현하는 것이다. '얼굴'과 '낯'은 남에게 보이는 것이기 때문에 집단적인 일반적 윤리를 대변하는 하나의 면이다. 외부세계와의 관계에서 필요한 것이기에 외적 인격이라 볼 수 있다.

행동규범을 나타낼 때 '모름지기 무엇이란'이라는 말을 잘 쓴다. 예컨대, '모름지기 남자란(또는 여자란)'이란 말을 흔히 들을 수 있는데, 이는 바로 '페르소나'를 강조하는 말이 된다. '사람이란 모름지기' 하고 시작하는 말은 그런 집단규범을 나타낸다. 집단규범을 벗어나 조금이라도 개성을 발휘하려고 하면 즉각 이를 위험시하고 사람의 도리, 친구의 의리 등을 내세우며 집단으로부터의 이탈을 규탄함으로써 개인을 집단의 틀에서 벗어나지 못하게 한다.

이처럼 페르조나는 집단정신의 한 단면이다. 개성이라고 착각하기 쉬운 가면이다. 집단과의 관계를 유지하는 동안 자아는 차츰 자기도 모르게 집단정신에 동화되어 그것이 자기의 진정한 개성인 것으로 착각하는 경우가 있다. 이것을 자아가 페르조나와 동일시되어 있다고 말한다. 이렇게 되면 집단이 요구하는 역할에 충실히 맞추고, 집단이 옳다고 말하는 규범은 무엇이나 지키는 사람이 된다. 페르조나와의 동일시가 심해지면 자아는 그의 내적인 정신세계와의 관계를 상실하게 된다. 다시 말해 자기 자신을 돌보지 못하게 되고 그 존재조차도 잊어버리게 된다.

중년이 되면 흔히 '갱년기 우울증'을 경험한다. 갱년기 우울증은 생물학적인 요인도 작용하지만, 그 심리적인 요인은 페르조나와의 지나친 동일시로 무의식이 자아의식의 일방성을 대상하게 될 때 나타나는 증상으로 볼 수 있다. 정신의 전체성을 이루고자 하는 무의식의 작용이 의식의 경직된 일방적 태도를 과보상(over-compensation)하게 되면 자아의식의 기능을 정지시키기에 충분한 장애가 생기며, 우울증상은 밖으로만 향해 온 자아의 시선을 안으로 돌리도록 하는 목적 의미도 가지고 있는 것이다(이부영, 2008).

페르조나는 가상이다. 그러나 그것은 없애야 할 것이라기보다 구별되어야 하는 것이다. '페르조나' 자체가 나쁜 것이 아니라 '페르조나와의 맹목적인 동일시'가 문제가 되는 것이다. 페르조나는 사회생활에 필요한 수단일 뿐 자아의 궁극적인 목표가 아니라는 것을 깨닫고 거기에 절대적인 중요성을 부여해서는 안 된다는 말이다. 사회적 역할이나 책임, 도덕규범을 없애야 하는 것이 아니라 그것을 맹신하지 말아야 한다는 것을 뜻한다.

인간이 집단 속에서 생을 영위하는 이상, 가정과 사회의 교육을 통해서 페르조나를 형성하고 그것을 강화하는 것이 필요하다. 특히, 소아기에서 청년기에 이르기까지 페르조나의 형성은 외계와의 관계와 적응에 없어서는 안 될 중요한 기능을 한다. 가령, 남자가 남자다운 페르조나를 갖추지 못하게 되면 그의 남자로서의 페르조나는 무의식에 숨어 있게 되고 여성적인 내적 인격이 자아를 지배할 수도 있다. 이 경우 무의식화한 남성적 페르조나가 동성의 남자에게 투사되면 이른바 동성애 관계를 형성할 수도 있게 되는 것이다(이부영, 2008).

요컨대, 페르소나(Persona)는 개인이 사회의 요구에 조화를 이루려고 하는 적응의 원형이다. 페르소나는 가면을 뜻하는 것으로 개인이 외부세계에 내보이는 사회적 모습이다. 즉, 사회생활을 하기 위한 개인의 사회적 역할이다. 따라서 개인이 사회에 적응하기 위해서는 어느 정도의 페르소나가 발달해야 한다. 그러나 개인의 페르소나가 지나치게 발달하여 사회적 역할에만 자신을 동일시하게 되면 성격의 다른 부분은 발달하지 못하게 된다. 이는 자신의 진정한 모습에서 멀어지는 것을 말하는데, 페르소나와 내면의 자기가 불일치하여 정신적 혼란을 경험케 하고 이중적 성격을 형성해서 사회적응에 어려움을 유발할 수 있다.

2. 내적 인격 : 아니마(Anima)/아니무스(Animus)

아니마/아니무스란 무의식에 있는 내적 인격의 특성을 말한다. 융은 인간이 출생할 때 본질적으로 남성성과 여성성을 동시에 가지고 태어난다고 보았다. 인간은 생물학적으로 양성의 성질을 가지고 있으며 심리적으로도 양성적 특질을 가지고 있다는 것이다. 그러나 성장하면서 유전적인 특질과 사회화의 영향으로 한쪽 성의 특성이 발달하고, 다른 한쪽 성의 특성은 억압되고 약화되어 무의식 속에 존재하게 된다. 융은 이러한 무의식 속에 존재하는 또 다른 특성을 내적 인격이라 보면서 남성의 무의식 속에 있는 여성적 요소를 '아니마', 여성의 무의식 속에 있는 남성적 요소를 '아니무스'라고 칭하였다. 아니마, 아니무스는 라틴어로서, 각각 독어의 Seele(젤레), Geist(가이스트)에 해당하는 말이다. 굳이 우리말로 표현한다면 '마음', '넋', '정신', 또는 '혼' 등으로 부를 수 있겠으나 꼭 맞는 표현은 아니다.

융이 남성에서의 무의식적 여성성, 여성에서의 무의식적 남성성을 구태여 Seele나 Geist로 표현한 것은 이러한 요소가 원시신앙에서 볼 수 있는 정령의 관념처럼 초속적(超俗的) 신성성을 지니고 있기 때문이다. 내적 인격은 외적 인격 때문에 생겨난 산물이 아니고 본래 그렇게 체험하게끔 준비된 원초적인 조건, 즉 원형 가운데 하나라는 것이다. Seele라 할 때 이것은 기독교 신학에서 말하는 영혼이나 어떤 철학적 개념은 아니다. 융은 아니마, 아니무스는 어디까지나 경험적 관념이므로 철학적으로 이해하기보다 경험적으로 이해할 것을 강조하였다.

아니마/아니무스는 그것이 투사되어 경험될 때 잘 인지될 수 있다. 이성 간의 사랑에서 강렬한 황홀감을 일으킬 때, 상대방이 이 세상에 둘도 없는 선녀 또는 영웅으로 느껴질 때 아니마, 아니무스 원형의 일방적 또는 상호 투사가 일어나고 있는 것이다. 남성은 그녀에게서 현실적인 여성을 보고 있는 것이 아니라 자신의 무의식에서 투사된 여신상을 보고 있는 것이며, 여성은 상대 남성에게서 신화에 나오는 영웅상이나 성자상 같은 것을 보고 있는 것이다. 이 원형이 반드시 외부에 있는 어떤 인물에만 투사되는 것은 아니다. 예술가나 시인은 자신의 아니마, 아니무스를 화폭이나 작품 속에 형상화하여 나타낸다.

어떤 한 지도자를 중심으로 모이는 신흥종단의 형성도 여성들의 아니무스 원형의 집단적 투사로 이루어지는 경향이 있다. 인기 가수에 대한 집단적인 열광도 그들의 마음을 열광케 하는 것이 그 마음속에 존재하기 때문이다. 그것은 단순히 성적 매력이나 호기심을 넘어 인간의 마음속에 있는 초인과 영웅에 대한 열정과 희구인 것이다. 그러나 인격의 성숙은 자신의 의식에 부족한 것을 외부로부터 구하는 일이 아니고 자신 안에서 찾아 그것을 자기의 것으로 살려내는 데 있다.

아니마나 아니무스는 인류가 조상 대대로 이성에 관해서 경험한 모든 것의 침전물이다. 그것은 남성에 있어서 여성에 대한 경험의 총화이며, 여성에게서 남성에 대한 경험을 통튼 것으로 오랜 역사를 지나오면서 인간 정신 속에 유전된 여성적 요소, 유전된 남성적 요소이다. 이리하여 남성에서의 아니마는 '기분(mood)', '정동(emotion)'으로 나타나고, 여성에서의 아니무스는 '생각(thought)', '의견(opinion)'으로 나타난다.

아니마가 의식되지 않아 미분화 상태에 있으면 침착하고 이성적임을 자랑하는 남성으로 하여금 폭발적인 분노를 일으키게 한다. 바로 이 순간 그는 부정적인 아니마에 사로잡힌 것이다. 아니무스가 미분화되면 그것은 '따지는 버릇'으로 표현된다. 자기의 생각이 정당하다는 것을 미리부터 정해 놓고 시작하는 의논이므로 아무도 다른 생각을 제기할 틈을 주지 않는다. 만일 미분화된 아니마와 미분화된 아니무스를 지닌 사람이 토론을 벌인다면, 남성은 자기의 미분화된 아니마로 인해 분노에 사로 잡혀 화를 내고, 여성은 언제나 자신이 옳다고 여기는 미분화된 아니무스로 인해 "내가 또 옳았다."고 말하게 함으로써 파장으로 끝나게 된다. 반면 잘 분화된 아니마는 창조적 감흥을 불러일으키고, 잘 분화된 아니무스는 남성들이 미처 보지 못하는 지혜의 원천이 되어 흐려진 시야에 분명한 방향을 제시해 준다.

아니마와 아니무스는 각기 4단계의 발전단계를 보인다.

아니마의 첫 단계는 이브(Eve)상으로 본능적이고 생물학적인 여성상이다. 둘째는 파우스트의 헬렌(Helen)이며, 이는 낭만적이고 아름다움을 갖춘 아니마의 인격화로서 아직 성적인 특징을 지닌다. 셋째 단계는 성모마리아상에서 표현되는 영적 헌신으로 지양된 에로스이며, 넷째 단계는 가장 거룩하고 순수한 지혜의 사피엔티아(Sapientia)로 표현된다.

아니무스의 4단계 중 첫 단계는 레슬링선수나 운동경기의 스타, 타잔처럼 육체적인 영웅이며, 둘째는 낭만적인 남성 또는 행동적 남성으로 전쟁영웅의 이미지 속에서 발견되는데 주도권과 계획된 행동을 할 수 있는 능력을 갖추고 있다. 셋째 단계는 교수나 목사의 상으로 '말씀'의 사자(使者)이며, 넷째 단계는 영적 진리로 끌어가는 지혜로운 안내자, 예컨대 간디의 이미지에 있다.

아니마/아니무스의 의식화는 자기실현 과정에서 매우 중요한 작업인데, 페르소나를 자아와 구별하는 것, 그림자를 인식하는 것에 비해 어려운 과제이다. 투사란 바람직하지 않은 것으로 여겨지기 쉽지만, 분석심리학에서 투사는 의식화하기에 좋은 조건이기도 하다. 투사조차 일어나지 않은 상태에서는 의식화할 경험적 근거가 희박해져서 그것을 깨닫기가 어렵다. 아니마, 아니무스 원형도 그것이 외계의 대상으로 투사되었을 때 비로소 이해할 수 있는 체험을 하게 된다.

페르소나가 외부 세계와 자아를 연결하는 관계기능이라면, 아니마/아니무스는 자아로 하여금 무의식으로 눈을 돌리게 하며 좀 더 깊은 층으로 인도하는 관계기능을 한다. 융은 그림자가 의식화되면 그 다음 단계로 아니마/아니무스를 인식하게 되고 이것이 인식되면 자기(Self), 즉 마음의 전체를 실현하는 마무리 단계에 도달한다고 하였다. 이처럼 아니마/아니무스의 인식은 자아로 하여금 깊은 무의식으로 향하여 자기를 실현하는 과정에서 중요한 다리의 역할을 한다.

한편, 아니무스의 인식에 있어서 외향화를 경계하여야 한다. 아니무스에 사로잡힌 여성은 여성다움을 잃어버릴 우려가 있다. 안에 속하는 것을 밖으로 향하게 하기 때문이다. 아니마/아니무스는 자아의 외부세계로 향한 관계기능이 아니고, 무의식으로 향한 관계기능이다. 안으로 향하여 더 깊은 무의식의 내용을 알아차리도록 해야 하는 것이다. 아니마/아니무스 원형은 바로 자아를 정신의 내계로 인도하는 '영혼의 인도자(psychopompos)'인 것이다.

생각해봅시다

- 나의 페르소나는 어떠한 모습을 취하고 있는가?
- 나의 아니마 또는 아니무스는 어떤 모습인가?

4절
콤플렉스와 원형

1. 콤플렉스

콤플렉스(complex)라는 개념은 융이 인간심리연구의 초기에 실시했던 실험연구인 단어연상검사 과정에서 발견한 개념으로, 분석심리학 최초의 기초적인 개념이다. 콤플렉스란 우리 사고의 흐름을 훼방 놓고 우리로 하여금 당황하게 하거나 화를 내게 하거나 또는 우리의 가슴을 찔러 목메게 하는 마음속의 어떤 것들이다. 콤플렉스는 잘 통합된 의식의 질서를 일시적으로 또는 장기간 교란하는데, 이 때 사람들은 대개 얼굴이 굳어진다든가 창백해지거나 벌겋게 상기된다든가 목소리가 떨리거나 말문이 막히거나 더듬거리거나 갑자기 횡설수설하는 등 여러 가지 눈에 띄는 징후를 나타낸다. 혹은 자신도 모르게 말 실수를 하거나 중요한 약속을 까맣게 잊어버리거나 별안간 다른 사람이 된 것처럼 성을 내기도 한다. 이는 우리 마음속에 이런 현상을 일으키는 어떤 것이 존재하기 때문이며, 이것을 콤플렉스라 부른다.

사람들은 감정적으로 동요하거나 흥분하게 되는 이유를 곧잘 그 사람의 아픈 데를 찔렀기 때문이라고 한다. 콤플렉스란 바로 그 '아픈 곳'에 위치하고 있다. 그런 뜻에서 대개 사람들은 열등의식과 콤플렉스를 같은 말처럼 생각하고 있다. 그러나 모든 콤플렉스가 열등의식과 동일한 것은 아니다. 콤플렉스는 하나가 아니고 여럿이다. 무수히 많은 체험이 무수히 많은 콤플렉스를 만들어 낸다. 노이로제

증상을 만드는 것도 콤플렉스의 작용 때문이다. 콤플렉스는 강박적으로 무슨 생각을 하게 하고 어떤 행동을 하지 않을 수 없게 만든다. 또한 무엇을 두려워하게 만든다. 나로 하여금 쓸데없는 생각에 사로잡히게 하기도 한다. 이와 같이 일상적인 심리현상에서부터 정신병리적인 현상에 이르기까지 콤플렉스의 작용은 여러 가지의 형태로 나타나게 된다.

콤플렉스는 어떻게 생기는가? 그 기원은 흔히 정신적 상처, 어떤 감정적 충격 같은 것이며, 이로 말미암아 의식으로부터 정신의 일부가 떨어져 나간 것이다. 외상사건이나 그 이후의 사소한 부정적 경험의 재발로 인해 발생한다. 특정한 콤플렉스를 갖고 있는 사람들은 콤플렉스를 일으키는 상황에 대해 민감하며, 콤플렉스 때문에 동일한 삶의 주제들이 반복적으로 활성화된다. 콤플렉스는 하나의 공통된 주제와 관련된 감정, 기억, 사고, 지각이 집합을 이루는 것으로 개인무의식 속의 관념덩어리이다. 콤플렉스는 개인의 경험이 어떤 핵심적인 요소를 중심으로 유사한 정신적 요소들끼리 모아진 것이다. 콤플렉스는 각 개인마다 다른 형태를 취하고 있는데, 이 콤플렉스로 인하여 사고의 흐름이 방해를 받거나 감정적으로 흥분하게 되는 등 부정적으로 작용한다.

콤플렉스는 무의식적으로 작동하므로 자아는 콤플렉스의 지배를 받고 있는지를 깨닫지 못한다. 예를 들면, 사랑하는 주변사람의 죽음을 체험한 사람은 죽은 사람에 관하여 연상되는 것들을 모아서 하나의 응어리를 형성하게 되며, 보통 때는 무의식에 숨어 있으므로 그 존재를 느끼지 못하다가 죽음을 연상할 만한 상황에 이르면 자아로 하여금 슬픔과 같은 특정의 강한 감정반응을 보이게 만든다. 또한 콤플렉스는 항상 다른 콤플렉스와 구조적으로 관련되어 작용한다. 예를 들면, 모성 콤플렉스는 자녀 콤플렉스, 부성 콤플렉스와 상호작용한다. 콤플렉스를 의식화할 때 비로소 콤플렉스의 지배에서 벗어나 콤플렉스를 통제할 수 있게 되는데, 의식화하지 못하면 투사의 형태로 표면에 떠오르고 타인과 상황에 투사된다.

콤플렉스를 오랫동안 무의식에 내버려둔 채 의식하지 못하면 어떻게 되는가? 콤플렉스는 의식을 자극하여 그 질서를 교란시킨다. 밤중에 난데 없이 문을 두드리는 불청객처럼 의식의 문을 두드린다. 책을 펴 놓고 앉아 있는 사람의 뇌리에 느닷없이 떠오르는 어떤 사람의 상(像)이 된다. 지울래야 지울 수 없는 상이 된다. 심해지면 의식의 자아는 콤플렉스에 사로잡힌다. 자신도 모르게 어느덧 자아가 콤플렉스에 동화되는 경우도 있다. 어떤 때는 이런 사람이 되고 어떤 때는 저런 사람이 되는데 그 사이의 모순을 전혀 느끼지 못하는 사람도 있다. 이것은 자아가 콤플렉스에 동화됨으로써 생기는 인격의 해리 현상이다. 그 해리의 정도에 따라 여러 형태의 병적 증상으로 나타나기도 하며, 심지어 분열증 증상이 될 수도 있다.

콤플렉스를 의식화하는 것은 인격성숙을 위한 중요한 과제이다. 꿈에서 나를 쫓아오는 검은 그림자는 반드시 나를 해칠 목적이 있어서가 아니라 나와 가까워지기를 바라는 무의식의 콤플렉스인 것이다. 그러므로 무의식의 콤플렉스를 의식화하기 위해서는 불쾌감과 고통을 감수하는 용기가 필요하다. 그렇다고 콤플렉스를 남김없이 다 알 수는 없다. 언제나 모르는 부분이 남아 있게 되는데, 이는 무의식이 남김없이 다 파헤칠 수 있는 영역이 아니기 때문이다.

생각해봅시다

- 혼자만의 조용한 공간에서 '어머니'라는 단어와 관련된 생각, 심상, 기억, 감정을 떠올리며 잠시 집중해본다. 이 때 마음에 어떤 것들이 떠오르는지를 유심히 살펴보고, 그 모든 것들을 가능한 한 자세하게 기록한다.
- 다음에는 '아버지'라는 단어와 관련된 생각, 심상, 기억, 감정을 떠올리며 동일한 과정을 밟고 그 내용을 기록한다.
- 이러한 자료를 참고하여 어머니 또는 아버지와 관련된 콤플렉스가 있는지, 있다면 어떤 것인지를 찾아본다.

2. 원형

콤플렉스란 의식, 무의식 모두를 구성하는 것이지만, 특히 집단무의식의 내용을 이루는 콤플렉스를 '상' 또는 '원형'이라고 한다. 집단무의식의 층은 마치 지각 속에 있으면서 좀처럼 직접 밖에 노출되지 않는 불덩어리와 같은 것이다. 화산이 폭발할 때 비로소 그 존재를 인지할 수 있듯, 집단무의식의 내용은 심각한 정신적 위기에 부딪혔을 때 비로소 의식 표면에 나타나 그 모습의 일부를 보여준다. 그리고 이러한 집단무의식의 층은 수많은 원형으로 구성된다.

원형(archetype)은 인간정신의 보편적이며 근원적인 핵이다. 인간이면 누구나 정신에 존재하며, 태어날 때 이미 선험적으로 지니고 있으며, 문화적인 전통과 관련된 인간관 또는 가치관의 차이를 넘어서는 것이다. 원형은 태초로부터의 인류 체험의 침전물로서, 시간과 공간의 차이, 지리적 조건의 차이, 문화와 인종을 넘어서 모든 인간이 생각하고 느끼고 행동하고 말하는 것들의 유형들이다. 죽음에 대하여, 사랑과 미움에 대하여, 어린이에 대하여, 노인에 대하여, 부모에 대하여, 어둠과 광명에 대하여, 신의 힘에 대하여, 현자의 지혜에 대하여 느끼고, 생각하고, 행동해 온 모든 것, 그 태초로부터의 체험이 침전된 것이 바로 원형이다.

원형이 언제 어떻게 생겼는지는 아무도 모른다. 우리가 아는 것은 그것이 이미 '이전에 형성된(preformed)' 것이라는 점이다. 사람의 신체 각 기관이 이미 그렇게 형성되도록 조건지어져 있듯이, 정신(psyche) 역시 그 자체의 구조를 갖추고 있다는 것이다. 정신의 구조란 본래 거기 이미 있었던 것이며, 그때그때 새로이 발견할 뿐이다.

원형의 내용은 상(image)으로 나타난다. 원형이란 그 자체로서는 비어 있는 형태적 요소이며 선험적으로 여러 관념유형을 산출할 수 있는 가능성이다. 원형 그 자체는 '근원적이면서 보이지 않는 의식의 뿌리'이다. 따라서 우리가 인식할 수 있는 것은 원형 그 자체가 아니라 원형상들인 것이다.

그러면 어디서 원형상을 발견할 수 있는가? 원형은 직접적으로 알 수 없으나, 여러 민족의 신화, 민담, 예술, 꿈, 환상 등에서 발견되는 원형적 이미지를 통해 알 수 있다. 원형의 개념은 세계문학에서 신화나 동화들이 어디서나 공통적으로 찾을 수 있는 뚜렷한 주제와 구조를 지니고 있다는 것을 거듭 관찰함으로써 얻어졌다. 원형의 수는 무수히 많아서 신, 악마, 부모, 태모, 현자, 사기꾼, 영웅, 지도자 등 사람들이 삶을 영위하면서 형성해 온 수없이 많은 원형상들이 있다. 원형들은 각각 별개의 요소로 존재하지만 서로 조합할 수도 있다. 예컨대, 영웅의 원형이 악마의 원형과 조합을 이루면 무자비한 지도자 유형의 인간이 된다.

원형은 인류역사를 통해 선조로부터 물려받은 인간의 행동에 영향을 주는 수없이 많은 정신적 소인이다. 인류 전체의 무한한 반복적 경험들이 모든 인간의 정신구조 속에 쌓인 것이다. 폭풍이나 천둥과 번개, 비와 구름의 상이 마음에 머물러 있게 되는 것이 아니라, 정동에 의하여 생긴 환상이 상으로 머물러 있게 된다. 이렇듯 원형은 감정적으로 비슷한 연합된 이미지의 집합인 점에서는 콤플렉스와 유사하다. 그러나 콤플렉스는 개별화된 개인의 무의식으로 구성되는 반면, 원형은 일반화된 것이며 집단무의식에서 유래한다. 집단무의식은 모든 인간에게 공통적이며 개인적인 것을 초월하는 정신의 구조이다.

원형은 어떤 때 나타나는가? 일률적인 답은 없으나, 원형의 작용은 목적을 내포하고 있으므로 그 개체나 집단의 정신상황에서 그것이 요청될 때 어떤 형태로든 의식에 나타나 체험된다. 이런 경우는 대부분 의식의 일방적인 발달과 분화, 무의식에 대한 경시로 인해 의식이 무의식으로부터 떨어져 나갈 위기에 처하게 되었을 때이다. 자아의식이 무의식을 보지 않으려고 외면하거나 억압할 때 원형은 강력한 힘으로 의식의 문을 두드린다. 발달과정상 중요한 전환이 이루어지는 시기인 3세에서 5세경의 유아, 사춘기 전후, 중년기, 노년기에는 곧잘 인생의 전기를 이루게 하는 큰 꿈들이 나타나는데 이것은 원형이 작용하는 결과이다.

중요한 전환기에는 꿈에 곧잘 동물들이 등장한다. 흔히 민담이나 민속신앙에서 동물들은 앞으로 일어날 일을 사람보다 먼저 아는 것으로 여겨진다. 심리학적으로는 자아의식보다도 먼저 아는 무의식의 직관능력을 상징적으로 표현하는 것으로 본다. 정신분열증 발병 초기의 세계 몰락감의 체험이나 병중의 각종 환상체험에서도 원형상이 꿈이나 증상으로 나타나곤 한다. 이 때 의식이 무의식의 의미를 이해하지 못하고 받아들일 수 없을 때는 혼돈의 상태가 된다. 자아의 오만을 피하고 경건하게 무의식의 소리에 귀를 기울이는 이른바 '주의깊은 고려(religio)'의 태도가 바람직하다. 융은 청년기에는 반드시 원형상의 분석을 요하지 않으나, 중년 이후의 사람에게는 여기에 특별한 관심을 둘 필요가 있다고 강조하였다. 대극의 문제를 해결하는 원천이 여기에 있다고 믿었기 때문이다.

지역과 인간과 시간을 초월하여 반복적으로 나오는 위대한 발견, 사상, 영감 등은 하늘에서 떨어진 것이 아니라, 마음속에서 나온 것이다. 그것은 무의식의 창조적 능력의 발로이다. 인간이 그 생각을 만드는 것이 아니라, 그 생각이 무의식의 밑바닥에서 자아에게 오는 것이다. 자아는 그것을 의식의 힘으로 받아들이고 다듬는 것이 필요하다.

5절
자기와 자기실현

1. 자기(Self)

집단무의식을 구성하는 원형 중 가장 중요한 원형은 정신구조의 핵심이라 할 수 있는 자기원형이다. 자기(Self)란, 글자 그대로 그 사람 자신을 말한다. 어느 다른 누구도 아닌 그 사람의 전체를 말한다는 뜻에서 진정한 의미의 '개성'과 같은 말이다. 개성이란 의식-무의식을 통튼 전체로서의 그 사람의 전체 성품을 말한다. 바로 그 사람의 '본성'이다.

'나'(자아)가 의식에만 매달리면 그가 가지고 있는 또 하나의 마음 세계, 즉 무의식을 보지 못한다. 죽을 때까지 자신을 제대로 못 보고 사는 사람들도 있다. 그러나 인간의 본성은 이렇게 반조각으로 사는 것에 만족하지 않는다. 인간에게는 전체로 살 것을 스스로 요구하는 경향이 있다. 어느 한 쪽만을 내세우고 살면 언젠가는 다른 한 쪽이 삶의 일부로 마저 참여시켜 주기를 요구하게 된다. 즉, 자아가 의식에만 집착하면 무의식은 대상기능을 발휘하여 전체가 되려고 한다. 무의식이라고 부르는 마음의 심층에는 사람으로 하여금 전체가 되게끔 하려는 원동력이 움직이고 있다. 이것을 일컬어 '자기원형'이라고 한다. 자기원형은 전 생명력을 불태우도록 촉구하는 무의식의 힘을 발휘하여 다른 사람이 아닌 바로 그 자신의 전체가 되도록 자극하는 기능을 한다.

자기란 의식과 무의식을 통튼 그 사람의 전체적인 정신을 말한다. 이것이 원형으로 다루어지는 이유는 전체가 되고자 하는 힘이 원초적으로 인간에게 조건 지어져 있다는 견해에서 나온 것이다. 인간의 무의식에는 누구에게나 전체가 되고자 하는 경향이 있다는 것이다. 전체가 되고자 하는 경향이란 분열을 지양하고자 하는 경향이라고도 할 수 있다. 의식이 일방적으로 의식만을 고집하면 자기로부터 멀어지며, 결국 무의식과의 의식적인 관계가 상실된다. 즉, 자아(ego)와 자기(Self) 간의 관계가 단절되는 것이다. 이는 두 개의 정신세계로의 분열을 뜻한다. 무의식은 이러한 단절상태를 견디지 못하고, 이 단절된 마음을 이으려고 애쓴다. 정신적 위기에 처해 있을 때 자기원형상이 출현하는 것은 이 때문이다.

자기로부터의 소외와 단절, 그것은 바로 우리가 '병'이라고 하는 상태이다. 그러나 이 '병'은 분열을 극복하게 하는 의미 있는 기회가 되기도 한다. 자아가 외부로만 향하여 진정한 자신인 자기로부터 소외되면, 자기원형은 대상기능을 발휘하여 자아로 하여금 자기에게로 돌아오도록 자극함에 따라 알 수 없는 심리적인 불안과 고통을 경험하는데, 이것이 바로 '신경증(neurosis)'인 것이다. 병의 고통 속에서 단절되었던 자아–자기 간의 축이 다시 연결되어 전체로서의 생을 누리게 될 때 병은 사라진다. 결국 '병'은 자기로 오게 하는 의미를 지니게 된다. 자기와의 일치, 정신적 해리의 극복은 고통을 수반하는 하나의 재탄생의 과정이며, 치유를 위해 어쩔 수 없이 받아야 하는 고통의 쓴 잔이기도 하다.

이와 같이 인간에게는 자기원형의 기능으로 자기를 실현시키는 근원적 능력이 무의식에 있다. 이러한 경향성으로 말미암아 의식으로 하여금 무의식적인 내용을 의식화하도록 작용하는데, 의식이 그것을 외면하고 그 정도가 너무 지나치게 되면 보상적으로 증가된 무의식의 힘이 의식을 해리시키거나 무의식의 콤플렉스가 의식을 사로잡는다. 이것이 바로 정신병리현상이다. 따라서 정신병리현상 뒤에는 해리를 지양하고 통일된 정신세계를 형성하려는 무의식의 지향성이 작동하고 있는 것이다.

요컨대, 자기란 의식–무의식을 통튼 전체로서 성격의 조화와 통합을 위해 노력하는 원형인데, 상징을 통하여 스스로의 모습을 나타낸다. 자기를 표상하는 상징 중 하나가 '만다라(Mandala)'이다. 만다라는 밀교계의 불교에서 승려들의 수도 도구로 쓰이던 그림이다. 원과 사각이 기본으로 구성되어 있고 그 중앙에 최고의 원리를 상징하는 상이 도시되어 있으며, 중앙을 중심으로 모든 측면이 완전히 균형을 이룬다[그림 4-5].

[그림 4-5] 만다라 그림

만다라(Mandala)는 인도의 고대 언어인 산스크리트어로 원상(圓像) 또는 원륜(圓輪)이라는 말로, 어근 manda는 '참' 또는 '본질'을 의미하고, 접미사 la는 '소유' 또는 '성취'를 의미한다. 즉, 중심과 본질을 얻는 것, 마음속에 참됨을 갖추고 있거나 본질을 원만히 하는 것이다. 이와 같이 만다라의 어원은 인도의 고대어에서 유래되었으나, 상징으로서의 만다라는 기독교의 십자가, 원불교의 일원상, 불교사찰의 표시 등으로 나타나고 있다. 그림으로서 다소 추상적인 형태를 취하고 있는 만다라는 원형 심상을 지향하는 '마법의 원'과 같이 심리적인 중심을 강렬하게 표상한다.

만다라를 심리치료 분야에 처음으로 적용한 사람은 융이다. 융은 만다라에 관해 알기 이전에 피분석자들의 꿈에 곧잘 넷(4)으로 구분되는 형상이나 인물의 배치, 또는 원의 상이 나타나는 것을 관찰하고, 이것이 그들의 마음에 균형을 가져준다는 것을 관찰하였다. 그리고 이것이 어떤 원초적 체험으로서 해리된 정신을 통합하는 마음속의 기능을 표현하는 것이라 보았다.

융의 자서전에 기록된 것을 보면 융은 1916년에 처음으로 만다라의 그림을 그

렸는데, 그때는 그것이 무슨 의미인지 몰랐다. 1918년 1차 대전 중 군의 지휘관으로 있었는데, 그는 매일 아침 수첩에 작은 원을 그렸다. 그것은 그의 마음 상태를 표현해 주었는데, 마음이 편치 않을 때 원은 찌그러지고 변형되었다고 한다. 융은 자신의 꿈과 생각을 그림으로 표현하고 기록해 나가면서 내면세계를 탐구하는 경험을 하게 되었는데, 이러한 자신의 경험을 통해 만다라는 자기를 나타내는 상징이라 할 수 있으며 인간 정신이 가지는 소우주적 형태와 상응한다는 생각에 이르게 되었다. 또한, 만다라를 개성화 과정의 그림이라고 정의하였으며, 모든 만다라가 완전한 개성화의 표현은 아니더라도 인간이 자기실현의 성취과정에서 야기되는 혼란을 심리적으로 치유하려는 동기에서 발생하는 것이라고 주장하였다.

융의 술회 내용은 다음과 같다.

내가 만다라를 그리기 시작했을 때 나는 비로소 내가 걸어간 길, 그 모든 발자취, 내가 행한 모든 것이 다시금 하나의 점, 즉 중앙에 귀착함을 보았다. 만다라가 중심이라는 것이 더욱더 분명해졌다. 그것은 모든 길의 표현이다. 그것은 중앙으로 향하는 길, 즉 개성화(individuation)에 이르는 길이다(이부영, 2008).

역동적인 정신의 중심인 자기(Self)가 차지하고 있는 부분은 우리가 알 수 없는 무의식의 영역이다. 만다라를 그리면서 우리는 무의식의 언어에 귀를 기울이게 되고 자기와의 관계를 생각하게 되고, 그럼으로써 무의식에서 오는 원형적인 에너지를 수용하여 구조화하고 의식에 동화시키는 합일을 이룰 수 있다. 만다라는 자신이 누구인지를 보여주는 개인의 상징으로, 만다라를 통하여 우리는 자신의 무의식 속에 잠재되어 있는 내면세계의 갈등을 상징적으로 바깥세계로 투사하여 객관화시키게 되는 것이다. 이와 같이 자아와 무의식 사이의 균형을 회복하려는 심리적 전체성(psychic totality)을 나타내는 만다라는 자기 인식의 표상이라고 볼 수 있으며, 인간의 내적 존재를 밝혀주고 균형을 이루는 힘을 가지기 때문에 치료적 측면에서 중요한 의미를 지닌다.

자기원형의 상은 원과 사위(四位)와 같은 것으로 나타날 뿐 아니라, 인격화된 모습으로 나타나기도 한다. 부처나 그리스도의 모습으로 나타나기도 하고, 노현자, 때로는 '어린이'의 모습으로도 나타난다. 인격상이 아니더라도 금강석, 황금의 꽃, 연꽃과 같은 상도 흔히 자기원형상으로 표현된다. 자기원형을 '지남력의 원형'이라고도 한다. 정신적으로 혼돈에 빠져 있을 때 방향을 가리켜 준다는 의미에서이다. 정신병리의 치유도 우리 안에 이와 같은 내적 치유기능이 있으므로 가능한 것이다.

만다라 그리기

만다라 그리기는 밑그림으로 문양이 있는 만다라를 선택하여 채색을 하는 것과 스스로 원하는 문양을 자유롭게 그리고 색칠하여 자신만의 만다라를 표현하는 두 가지 방법이 있다. 초기에는 문양이 있는 만다라를 선택하여 밑그림을 따라 색칠하는 것이 쉽고, 몇 개의 만다라를 그려본 후 자신만의 만다라를 완성해 보는 것이 좋다.

만다라 그리기 절차

- 선호에 따라 채색도구를 준비한다.
- 조용하고 정리된 밝은 공간에 외부의 소음이나 방해를 받지 않도록 한다.
- 명상음악과 함께, 은은한 향이 있으면 집중에 도움이 된다.
- 눈을 감고 명상음악을 들으며(또는 조용히 마음을 가다듬고) 호흡과 신체 이완을 한다.
- 중심에서 원주방향 또는 원주에서 중심 방향으로 원하는 방향을 선택하여 그린다.
- 시작한 만다라는 가능한 한 완성하도록 한다.
- 만다라를 완성하면 만다라를 감상한 후, 느낌을 글로 기록해 본다.

만다라를 그리면서 시간을 잊고 마음의 고요를 느끼며 행복한 여행을 시작해 봅시다.

원하는 대로 문양을 그리고 채색을 하여 자신만의 고유한 만다라를 그려봅시다.

만다라 그리기 후기

만다라를 그리면서 경험한 감정이나 생각, 또는 완성된 만다라를 감상한 후의 느낌을 글로 적어봅시다.

2. 자기실현

그 사람으로 하여금 바로 그 자신이 되게끔 하는 무의식적 경향성, 즉 인간의 무의식에 존재하는 근원적 가능성을 자기원형이라 한다면, 자기실현이란 이러한 가능성을 자아의식이 받아들여 실천에 옮기는 능동적인 행위를 말한다. 자기실현은 다른 말로 개성화라고도 한다. 진정한 개성을 실현한다는 뜻이다. 자기실현 또는 개성화란 자기의 전체 인격을 실현하는 것, 진정으로 그 자신이 되는 것이다. 융은 개성화 과정의 궁극적 목표는 개인이 집단적인 '남자들 혹은 여자들'로부터 분리되어 자신만의 독특한 본성을 지닌 개인이 되는 것이라고 했다.

사회적 평가나 사회의 이상상에만 맞추어 살면 필연적으로 자기소외에 빠지게 된다. 자신의 내적 추구, 자신의 개성을 소홀히 하기 때문이다. 따라서 자기실현 또는 개성화는 첫째로 집단정신과 나의 삶의 목표를 구별하는 데 있다. 이와 같은 구별은 결코 집단정신을 부정하는 것이 아니다. 개성화라는 말을 쓰면 곧 사회규범을 무시하고 세속을 떠난 초속적인 세상에서 고고한 생을 누리거나 개인지상주의를 말하는 것처럼 오해하기 쉽다. 그러나 개성화는 개인지상주의와는 다르다. 개인지상주의는 집단적 고려나 의무에 대하여 고의적으로 자신의 개인적 특수성을 내세우는 것이다.

개성화는 개체의 특수성을 충분히 고려한 바탕 위에서 집단적 규범의 충족도 가능하게 하는 것이다. 다만 자아가 사회적 역할에만 맹목적으로 동일시해서는 자기실현을 이룰 수 없다는 말이다. 나의 사명과 집단정신을 구별하되 사회적 의무와 규범의 필요성을 자기실현 과정에 합치되는 범위에서 인정하며, 때로는 능동적으로 사회에 참여하고, 때로는 여기서 물러나 내적 세계에 자신을 맞추는 것이다. 그러므로 자기실현은 통속적인 의미의 성인 군자나 도사를 만드는 과정이 아니다. 그것들은 모두 사회가 만들어준 '탈'(페르조나)이기 쉽다. 자기실현은 농부로 하여금 농부로, 한국인으로 하여금 한국인으로 만드는 과정이다. 자기실현이 되면 될수록 지극히 평범한 사람의 모습을 갖출 것이다. 자기실현이란 완전성을 가리키는 말이 아니라, 온전성을 의미한다.

자기실현을 위한 첫 번째 단계는 자아에 덮어씌운 '페르조나'를 벗기는 일이다. 그런 다음 자아를 무의식적 내용의 암시적인 힘에서 구출하는 일이라고 융은 말한다. 즉, 무의식을 의식화하여 분명하게 알아차리는 것이 필요하다. 그러나 자기실현은 결코 유쾌한 작업이 아니다. 원시사회의 성인식에서 어쩔 수 없는 소명에 의해서 고통-죽음-재생의 통과의례를 거쳐야 하듯, 자기실현의 과정도 심리적 고통이 수반되고, 이전의 자아가 죽어야 새로운 자아가 탄생할 수 있는 것이다. 자기실현의 과정이 누구에게나 일정한 공식이 있는 것은 아니지만, 제일 먼저 자아가 페르조나를 벗고 내향화하면서 그림자를 의식화하고, 더 깊이 들어가 아니마와 아니무스의 의식화가 이루어져야 비로소 전체 인격의 실현, 즉 자기실현이 가능해진다([그림 4-6] 참조).

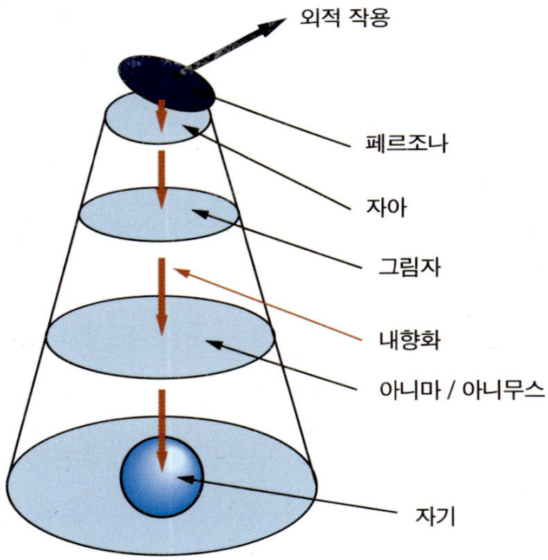

[그림 4-6] 정신의 구조와 자기실현 과정

출처: 이부영(2008)

그림자는 자아의 바로 등 뒤에 있으므로 그림자의 의식화는 비교적 쉬운 편이다. 성숙한 단계의 사람들은 대부분 여기까지는 와 있다고 볼 수 있다. 그림자 다음에는 남성에 있어서는 사랑과 감정의 분화, 여성에서는 정신적인 지혜의 발달이라는 과제 앞에 서게 된다. 무의식 속에서 잠재되어 있던 감성의 분화, 지성의 분화를 통해 감성과 지성의 통합을 이룸으로써 보다 성숙한 인격의 발달을 지향하게 되는 것이다. 합리적 사고에 대한 과도한 집착, 또는 지나치게 감정에만 치우치면 아니마, 아니무스의 의식화를 통한 분화작업은 어려움에 부딪친다.

무의식은 끝없는 세계이다. 아무리 의식화해도 미지의 세계는 남아 있게 마련이다. 그러므로 융은 자기실현이란 완전해지는 것이기보다 비교적 온전해지는 것이라고 했다.

생각해봅시다

자기 실현, 즉 '온전한 나'로 살기 위하여 여러분이 해야 할 과제에 대해 구체적으로 생각해 봅시다.

- 벗겨내야 할 페르소나는 무엇일까요?
- 수용해야 할 나의 그림자는 무엇일까요?
- 분화시켜야 할 아니마/아니무스는 무엇일까요?

5장

심리 유형론과 성격발달

1절

심리 유형론

심리 유형론(Psychologische Typen)은 융의 학설 가운데 비교적 초기의 학설이다. 우리는 흔히 남도 나와 같이 생각하겠거니 믿는다. 가까운 사람 사이에서 특히 이러한 동일시가 심하다. 그러나 남은 내가 아니다. 한 가족이라 해도 마찬가지이다. 각자 특성도 다르고 생각하는 방식도 다를 수 있다. 이러한 다름이 인간관계에서 고통스러운 갈등을 유발할 수 있는데, 융의 심리 유형론은 바로 이러한 고통에 대한 통찰력에서 나온 것이다. 그러나 사람의 마음이 다르다는 것을 강조하기 위해 만든 학설은 아니다. 이 학설은 모든 사람들이 다 다르지만, 자세히 살펴보면 몇 가지의 특징적인 경향으로 나눌 수 있다는 의견을 말한 것이다.

또한, 의식의 구조와 각 기능의 유형과 그 무의식과의 관계를 설명한 학설이다. 인간의 정신에 내포되어 있는 두 가지 상반된 대극의 존재에 관한 것으로, 인간 정신의 두 가지 대립된 성향은 전혀 별개의 것이 아니라, 서로 하나로 통일되려는 경향을 가지고 있다는 데 대한 통찰이다. 정신적인 경향의 유형을 의식의 차원에서만 보지 않고, 각 유형의 무의식 속에 잠재된 경향을 관찰한 데서 얻게 된 결론이다. 사람에 따라 특히 발달된 우월한 기능이 있는 한편, 무의식 속에는 이와 반대되는 열등한 기능이 있다. 심리 유형론을 무의식에 잠재된 열등기능과의 관계에서 살펴보는 것이 중요하며, 열등기능을 발전시키는 작업은 자기실현과정에 매우 중요한 의미를 지닌다. 모든 정신을 가능한 한 골고루 발전시킨다는 것은 전체 정신을 실현하는 데 필수적인 작업이기 때문이다. 열등기능을 찾아서 그것을 살리고 발전시키면, 그것은 더 이상 열등기능이 아니다. 그리하여 자기실현이 진행되어 갈수록 각 유형 간의 차이는 점점 줄어들게 된다.

이와 같이 융의 심리 유형론은 단순히 사람마다 세상을 보고 받아들이는 방식과 태도가 다름을 구분하는 것이 목적이 아니라, 각 개인의 우월기능과 그에 따른 무의식의 열등기능을 알아차리는 것, 즉 열등기능의 의식화! 그것이 중요하다. 융은 자아의 태도와 기능의 결합으로 개인의 성격이 결정된다고 보면서 자아의 기본적인 태도와 기능들로 성격 유형을 분류하였다.

1. 태도의 유형

태도는 자아가 갖는 정신에너지의 방향으로, 외향형(extraversion)과 내향형(introversion)의 2가지로 구분된다.

외향형은 자아가 외부대상에 관심을 가지는 객관적 태도를 말하며, 내향형은 의식의 초점을 자신의 내면세계로 향하는 주관적 태도이다. 즉, 외향형에서는 정신에너지인 리비도가 바깥세상, 다른 사람 등 외부의 객관적 세계로 향하여 흐르는 데 비해서, 내향형에서는 에너지를 밖으로 내보내지 않고 될 수 있는 대로 자신 안에 간직하려고 한다. 리비도가 안으로, 즉 주체로 향하여 흐른다. 내향, 외향의 두 태도상의 유형은 어렸을 때 이미 본능적으로 구별되는, 태어날 때부터 가지고 나온 경향인 것 같다고 융은 말한다.

중요한 결정이나 행동의 대부분이 주체의 의견에 의하지 않고 객관적인 상황에 의해서 좌우될 때 이를 외향적 태도라 하고, 이런 외향적 태도가 습성화되어 그런 삶의 패턴을 보이면 외향형이라 부른다. 이러한 외향형은 내향형으로부터 '기회주의자', '지조가 없는 사람', '뼈대가 없다'라는 비난을 받기 쉽다. 그러나 외향형은 그렇게 말하는 내향형에게 '고집 불통', '독선가', '이기주의자'라고 응수하기도 한다.

내향형의 사람은 외부대상이 아니라 자신의 주관적인 성찰에 의해 사물을 판단한다. 그러나 외향형의 사람은 객관적인 사실과 조건을 중요시하며 자신 이외의 환경에 대해 흥미를 가지고 쉽게 적응을 한다. 외향적인 사람은 외부세계가 제공하는 객관적 정보로 판단하나, 내향적인 사람은 자신의 주관적인 견해를 중요하게 생각한다. 똑같은 사물을 보아도 외향적인 사람은 객체가 그에게 요구하는 것을 주로 보지만, 내향적인 사람은 객체의 인상이 주체 안에서 형성한 것에 의거해서 사물을 본다.

융에 의하면, 인간은 이러한 두 가지 성격태도를 모두 가지고 있으며 둘 중 어느 태도가 지배적이냐에 따라 성격유형이 결정된다고 하였다. 이러한 유형은 내적 성향과 외부환경이 어느 한쪽을 지지하고 다른 쪽은 제한하여 발생한다. 자아의 태도유형은 의도적이거나 의식적인 판단에 의해서 나타나는 것이 아니라 무의식적 동기에 의해 결정된다. 외향적인 사람은 다른 사람과 상호작용을 좋아하고 활동적이며 외부의 일에 적극적인 관심을 가진다. 반면에 내향적인 사람은 자신의 내적 세계에 관심을 가지고 비사교적이며 사색하기를 좋아한다.

2. 기능의 유형

자아의 기능은 주관적 세계와 외부세계를 지각하고 이해하는 서로 다른 방식을 의미한다. 정신적 기능의 구성요소로 융은 사고(thinking), 감정(feeling), 감각(sensation), 직관(intuition)의 4가지를 제시하였다. 이 중 사고와 감정의 두 기능을 합리적 기능, 감각과 직관의 두 기능을 비합리적 기능으로 구분하였는데, 합리적 기능과 비합리적 기능을 구성하는 각각의 두 기능은 서로 극을 이루어 대립되고 있다. 사고와 감정을 합리적 기능으로 분류한 것은 두 기능이 모두 옳고 그름, 쾌 또는 불쾌의 판단을 내리는 기능으로, 판단과정이란 이치에 맞게 진행되는 것이기 때문이다. 감각과 직관은 이성적 고려를 거치지 않은 직접적인 인식이므로 비합리적 기능이라 하였다.

각 기능별로 좀 더 자세히 살펴보면, 사고기능은 관념적이며 지적인 기능이다. 이 유형의 사람은 세계와 자신의 본질을 이해하려고 힘쓴다. 사고형의 사람은 객관적 진실과 원리원칙에 의해 판단하며 논리적, 분석적이고 규범과 기준을 중시한다. 감정기능은 인간에게 있는 유쾌함, 고통, 분노, 공포, 비애, 즐거움, 그리고 사랑 등의 주관적 경험을 포함한다. 감정형의 사람은 객관적 진실에 관심을 가지는 사고형과 달리 사람과의 관계, 보편적 선 등에 관심을 지니며 원칙보다 상황적·우호적 판단을 중시한다. 사고형의 사람은 관계에서 감정의 문제를 잘 다루지 못한다. 반면 감정형은 어떤 사건을 파악할 때 자신의 관심이나 기분의 상태에 따라 거부하거나 받아들인다. 사고와 감정 기능은 정반대의 기능이라고 볼 수 있지만 둘 다 경험적으로 판단하고 평가하여 사물을 이해하려 하기 때문에 합리적 기능이라고 본다.

그러나 감각과 직관은 이성과 판단을 필요로 하지 않는 지각의 형태이므로 비합리적 기능이라 지칭된다. 감각기능은 지각적 또는 현실적 기능이며 외부세계의 구체적 사실이나 표상을 포함한다. 감각형의 사람은 구체적이고 사실적인 측면에 초점을 두고 매우 일관성 있는 현실수용을 중시한다. 직관기능은 무의식적 과정과 잠재적 내용에 의한 지각이다. 직관형의 사람은 미래의 가능성과 육감에 초점을 두어 변화와 다양성을 중시한다. 감각형의 사람은 의식적 경험을 통해 구체적인 현실을 파악하려고 하지만 직관형의 사람은 전체적 형태를 즉각 깨닫는 방법으로 사물을 파악하려고 한다. 이와 같은 심리적 기능은 모든 사람에게 존재하지만 주로 활용하는 기능은 의식에서 지배적이 되고 나머지 세 가지는 개인무의식에 남아 있게 된다. 이러한 원리에 의해 개인의 성격이 밖으로 드러나는 것이다.

3. 성격 유형

융은 자아의 태도와 기능의 결합으로 개인의 성격이 결정된다고 하였다. 앞서 살펴본 2가지의 태도와 4가지의 기능을 결합하면 8가지의 성격 유형이 나타날 수 있다.

1) 외향적 사고형

객관적 규준에 따라 진행되는 사고기능에 의해 생활하는 유형이다. 객관적 세계에 대해 최대한 많이 배우고자 하는 지적 작업에 잘 맞는다. 여성보다는 남성에게서 많이 볼 수 있고, 정부기관이나 행정가 또는 법관, 과학자에게서 흔히 볼 수 있다. 지식의 정확성과 종합능력, 객관세계에 대한 관심도가 높아 백과사전을 만들거나 교과서를 만들 수 있는 사람이다. 반면 이 사고형에서는 미적 활동, 취미, 예술감상, 종교적 체험 같은 것이 이루어지기 힘들다. 이를테면 '일만 아는 사람'이고, '취미를 가질 틈이 없는 사람'이다. 무의식에 잠긴 감정이 미분화된 상태에 있기 때문에 상당히 어린애 같은 순진성을 나타낸다. 때로는 자기 중심적이고 독선적인 성향을 띠기도 한다. 그래서 회사에서는 누구하고나 잘 대화를 나누지만 집에 오면 잔인한 폭군이 되어 어린애같이 짜증을 부리는 사람이 되기도 한다.

2) 내향적 사고형

객관적 사실보다도 이념이나 관념에 의해 영향을 받는다. 사실 그 자체보다 그 사실에 대해서 '내가', 즉 주체가 어떻게 생각하느냐 하는 것이 더 중요하다. 철학자나 실존심리학자가 그 표본이다. 외향적 사고형이 백과사전적인 풍성한 사실의 축적과 그 객관적 관련성에 대한 관심으로 지식을 확장시키는 데 능하다면, 내향적 사고형은 관념에 대한 깊은 통찰을 통하여 지식의 심화에 이바지한다. '예리한 지성의 소유자'라고 볼 수 있다. 그러나 선생으로서는 좋은 선생이라는 말을 못 듣는 것이 보통이다. 학생의 심리를 잘 모르기도 하고, 자기가 아는 것을 객관적으로 설명하는 데도 서투르다. 너무 지나치게 내향적 사고에 일방적으로 치우치면 마치 '내가 하는 말은 모두 진리다' 하는 듯한 인상을 줄 수 있다. 주변의 비판에 매우 예민하게 반응하여 몹시 감정이 상하게 되고 비판을 용납하지 않게 되면서 차차 외부세상과 담을 쌓고 고립하게 되어 고독하고 이해받지 못한 철인과 같은 존재가 될 수도 있다.

3) 외향적 감정형

남성보다는 여성에게서 많다. 쉽게 친구를 사귀고 모든 사람을 즐겁게 만들어 줌으로써 인간관계가 원활하여 인생을 쉽게 헤엄쳐 간다. 파티의 여주인공으로 적격이다. 외향적 감정으로 상대방의 감정에 맞추어 주기 때문이다. 감정을 우선시하기 때문에 상황에 따라 감정의 변화가 심하고 잘난 척하며 감정적이고 사치스럽다. 생각하는 것을 싫어한다. 철학적인 사고는 질색이다. 인생의 근본에 관한 물음, 철학적인 토론이 벌어지면 이 유형의 사람은 하품을 하기 시작한다. "복잡한 이야기는 그만 하자."고 제안하기도 한다. 그러나 무의식 속에는 내향적 사고 기능이 숨어 있으므로 사람들과 같이 있지 않은 호젓한 시간에 무의식적 사고가 느닷없이 의식의 문을 두드리게 된다. "인생의 의미는 무엇인가?", "나는 무엇 때문에 살고 있는가?"라는 내면의 소리를 듣지 않기 위해 음악을 크게 틀거나 집 밖으로 뛰쳐나와 다시금 사람들이 많은 곳에 가서 우월기능인 외향적 감정이 일으키는 화기애애한 분위기 속에 젖어서 다시 모든 것을 잊어버린다.

4) 내향적 감정형

자신의 감정을 남에게 감추며 말수가 적고 무관심한 듯하여 마음을 헤아리기가 어렵다. "잔잔한 물은 깊다."라는 격언이 이 유형에 잘 맞는 말이다. 남성보다 여성에게 많고, 이 유형의 여성은 대부분 조용하고 사귀기가 쉽지 않으며 이해하기가 어렵다. 흔히 애수어린 특질을 가지고 있다. 내향적 감정형은 무척 분화된 감정을 가지고 있는데, 이 감정은 내적인 기준에 의해 움직이므로 밖으로 표현되지도 않고 객체에 작용하지도 않는다. 한편, 어떤 집단의 윤리적 지주가 되곤 하는데, 이는 결코 설교하지도 않고 자기를 주장하지도 않지만, 나름의 내적인 기준에 의거하여 생활하기 때문에 은연중에 다른 사람들에게 영향을 주기 때문이다. 이들은 남에게 영향을 끼치려 하지도 않고, 다른 사람의 기분을 돋우려 하지도 않는다. 밖으로 나타나는 것은 조화된 쾌적한 안정감이다. 어찌 보면 차지도 않고 덥

지도 않고 '서늘한' 느낌을 주는데, 밖으로 나타내는 냉담성과 달리 자기 내면에는 깊은 공감능력을 가지고 있다. 그러나 이것이 좀처럼 밖으로 표현되지 않기 때문에 외향형의 눈으로 볼 때 내향적 감정형은 '찬 사람', '몰인정한 사람'으로 비춰지기도 한다.

5) 외향적 감각형

어떤 유형과도 비길 수 없는 현실주의자라고 융은 말한다. 앞일을 생각하기보다 세상을 있는 그대로 받아들이고 즐기며, 항상 새롭고 강렬한 감각적 자극을 주는 대상을 좇는다. 객관적 사실을 감득하는 능력이 비상하게 발달되어 있다. 예컨대, 카페에 갔을 때 누가 무슨 색깔의 무슨 옷을 입고, 가구가 어떻고 하는 것을 한눈에 파악하고 세밀히 기술할 수 있는 능력이 있다. 지하철이나 공원 등 주변에 있던 사람을 곧잘 기억하고 생김새를 말할 수 있을 만큼 외부세계의 사실들을 모으는 일에 흥미를 지닌다. 실무에 밝은 행정가, 기술자, 건축가들 가운데서 많이 볼 수 있고, 외부적 사실을 신속하고 객관적으로 파악하고 이와 관계를 맺는 데 남다른 재간을 보인다. 좌중의 사람들 중 어떤 의견에 찬성이 몇 명, 반대가 몇 명 등을 재빨리 파악하여 모임이나 회의를 세련되게 진행할 수 있는 사회자 또는 기획 전문가 역할을 잘 수행해 내기도 한다. 또한 실제적인 사물이나 사실을 중요시하고 민감성이 뛰어나 직물의 감촉을 통해서 이것이 합성섬유인가 순면인가를 바로 감별해낼 수 있고, 기계나 물건의 장단점을 즉시 파악할 수 있다. 최고의 음향장치를 설치하고 좋아하는 사람 또는 미식가 가운데도 이 유형의 사람이 많다.

6) 내향적 감각형

내향적 감각형에서는 객관적 자극에 의해서 생긴 주관적 감각 부분에 따라 행위가 결정된다. 객체는 그리 중요한 존재가 되지 못한다. 이 유형은 고도로 예민한 사진건판(phptoplate)과 같다고 폰 프란츠는 말한다. 사람이나 풍경의 모든 빛

깔, 그늘, 형태 등을 세밀한 부분까지 지각한다. 기차여행에서 창밖의 풍경을 바라보며 머릿속에서 그림을 그린다든가, 한곳을 응시하면서 안으로는 미세한 스펙트럼같이 감각을 흡수해 들이는 작업을 한다. 객관적인 자극에 대해서 자기 나름대로 흡수하여 감상하는 것이다. 문학가나 예술가에서 흔히 볼 수 있는 유형으로 외부세계와 거리를 두고 자신의 내면적 감각에 몰두하며 예술이나 문학을 통해 표현한다. 물론 내향적 감각형 모두가 다 예술적인 감각을 가진 사람은 아니다. 내향적 감각이 예술적인 작품으로 표현되지 못하는 경우도 있음을 융은 시사하고 있다. 이 경우는 다른 사람이 그가 무엇을 어떻게 지각하였는지 알기 어렵다. 왜냐하면 이 경우 사고나 감정이 비교적 무의식적인 미분화된 기능이기 때문에 자신이 경험하는 것을 의식 수준으로 올려 이해가 가능한 표현을 하기 어렵기 때문이다.

7) 외향적 직관형

직관이란 무의식적인 방법으로 인식을 유도하는 심리기능이라고 융은 말한다. 직관은 사고나 감정처럼 어떤 이성의 법칙에 따라 판단하는 것이 아니라, 본능적으로 알아차리는 것(instinktives erfassen)이다. 즉, 합리적 과정을 거치지 않고 직접 발견하고 직접 지각하는 것이다. 여러 가지 가능성을 알아차리는 기능이다. 앞서 살펴본 외향적 감각이 객관적 '사실'을 정확하게 파악하는 능력을 가진 것이라면, 외향적 직관은 객체가 가지고 있는 '가능성'을 파악하고, 그것이 객관세계에서 실현될 수 있는 계기를 만들어 주는데 비상한 능력을 발휘한다. 외향적 직관형은 기업가, 상인, 신문기자, 정치가들에게서 많이 발견된다. 이들은 외향적 감각형처럼 현실적인 감각에 충실한 행정가와는 달리, 항상 무슨 사업이 장래성이 있는가, 무슨 상품이 앞으로 유행할 것인가, 어떤 기사가 관심을 끌 것인가, 미래사회에는 어떤 일들이 일어날 것인가 등을 미리 짐작하는 사람이다. 주식이나 부동산 투자, 예능기획사를 해서 성공을 거두는 사람 가운데서도 외향적 직관형이 흔히 발견된다. 그러나 외향적 직관형에 있어서의 위험성은 너무 외향적 직관기능에만 사로

잡혀서 이성적으로 자기의 인식을 정리하고 머무를 겨를이 없다는 것이다. 항상 새로운 가능성이 있는 곳을 찾아 나서다 보면 자신이 발견한 가능성을 차분히 키워내지 못하고 다른 가능성으로 옮겨가서 정작 제대로 이뤄낸 것이 없을 수 있다는 것이다. 즉, 외부세계에서 새로운 가능성을 발견하기 위하여 동분서주하지만 한 가지 일을 꾸준히 지속하지 못하는 경솔함과 불안함을 보일 수 있다는 위험이 있다.

8) 내향적 직관형

이 유형에서는 직관기능이 객체가 아닌 내적인 세계로 향한다. 구체적인 현실에 있어서의 가능성보다 정신세계에 있어서의 가능성을 접촉하고 알아차리는 것이 주된 특징이다. 내면세계에서 새로운 심상과 통찰을 추구하며 타인에게는 이해하기 어려운 괴짜로 보일 수 있다. 예술가, 몽상가, 예언가 등이 이 유형에 속한다. '귀신 이야기'나 이상심리학에 깊은 관심을 보이기도 한다. 원시사회 같으면 혼령의 세계와 교통하는 샤만(shaman)과 같은 유형이 될 것이다. 만일 예술가나 작가라면 현실세계와는 동떨어진 세계를 다루고, 객관적인 미(美)와는 거리가 먼 기괴한 내용을 표현할 것이다. 이해할 수 없는 표현과 주제들로 괴팍한 바보, 인정 못 받은 천재 같은 존재가 되어 그 시대에서는 받아들여지지 못하고 역사에 파묻혀 잊혀지기 쉽다. 니체의 저서 『짜라투스트라는 이렇게 말하였다』는 내향적 직관에 의해서 파악된 집단무의식의 원초적 유형들이 잘 표현된 예로 여겨지고 있다. 이 유형의 사람이 논문을 쓰거나 강의를 하면 뒤죽박죽이 되어 독자나 학생들이 이해하기가 쉽지 않다. 외향적 감각이 가장 미분화된 상태에 있으므로, 이른바 현실감각이 극도로 결여되어 외부적인 사실을 충실히 기술하는 노력이 부족할 뿐 아니라 객관적 사실을 무시해 버릴 수 있기 때문이다. 그러나 독자나 학생이 내향형이라면 뒤죽박죽의 말 속에서 나름의 깊은 이야기가 있다는 것을 알아차리고 논리정연한 강의보다 더 즐기게 된다.

지금까지 살펴본 바와 같이 융은 자아의 기본적인 태도와 기능들로 성격 유형을 분류하였는데, 융의 심리 유형론은 요즈음 우리나라에서 널리 활용되고 있는 '마이어-브릭스 유형척도'(MBTI: Myers-Briggs Type Indicator, 1962)의 이론적 기반이 되었다. 마이어-브릭스 유형척도(MBTI)는 융학파 분석가에 의해 융의 가설을 충실히 따른 검사는 아니지만 상당부분 융의 심리 유형설을 참작하면서 독창적인 부분을 가미한 측정도구이다.

2절 성격발달

1. 성격발달의 단계

발달심리학적으로 볼 때, 많은 이론가들이 발달초기의 중요성을 강조하며 생애 초기의 발달에 초점을 두고 있다. 이와 달리, 융은 성인기 이후의 발달에 관심을 두었으며, 특히 중년기의 개성화 과정을 중요하게 보았다는 특징이 있다. 융은 인간의 발달과정을 네 단계로 설명하였다. 즉 아동기, 청년기, 중년기, 노년기로 구분하였는데, 이는 생의 전반기와 후반기라는 두 시기로 대별될 수 있다. 인간의 성격은 생의 전반기와 후반기에 각각 다른 방향으로 발달된다([그림 5-1] 참조).

1) 생의 전반기

출생부터 약 35세에서 40세까지를 생의 전반기로 보았다. 이 때까지의 전반기에는 에너지가 외부로 향해지고 팽창되며 외부세계에 대처하는 능력이 발휘된다. 성숙의 힘에 의해 자아가 발달되는 시기로, 아동기와 청년기가 이 시기에 해당된다.

• 1단계: 아동기

출생에서 시작하여 사춘기 또는 성적 성숙기에 도달하기 이전까지의 시기이다. 이 단계의 초기에 자아가 형성되기 시작하고, 이 때부터 아동은 자신을 '나'라는 1

인칭으로 말하기 시작하며, 학교에 들어가면서 서서히 부모의 세계에서 빠져 나오기 시작한다. 이 시기의 아동은 근본적으로 본능적 에너지에 의해 움직인다. 본능에 의해 지배되므로 심리적 문제는 있을 수 없고 사실상 있지도 않다고 융은 보았다. 이런 이유로 생의 초기 단계를 강조하는 다른 발달심리학자들과 달리 융은 아동기에 대해서는 그다지 관심을 두지 않았고, 자아의 주체성을 인식할 수 있는 사춘기가 정신의 싹이 트는 시기라고 하면서 이 때부터 본격적으로 중요한 시기로 보았다.

• 2단계: 청년기

생리적 변화가 시작되는 사춘기부터 중년기 이전까지로, 청소년기와 성인기가 이 시기에 해당된다. 사춘기의 생리적 변화는 정신의 측면에서도 혁명적 변화를 유발하게 되는데, 융은 이 시기를 '정신적 탄생기'라고 불렀다. 청소년기는 성적으로 성숙하고 의식이 증대되어 아무런 걱정이 없던 아동기는 영원히 돌아오지 않는다는 것을 인정해야 하는 시기라고 하였다. 청소년기에 이르러서도 현실에 근거한 자각과 적응을 하지 못하고 환상에 집착하면 많은 문제에 부딪히게 된다. 예컨대, 청소년기를 어른이 되는 과정으로 생각하지 못하고 계속해서 아동으로 머무르기를 원한다면 문제가 발생하게 된다.

청소년기와 성인기에는 정신에너지를 외부로 향하고 환경과 적극적이고 실제적인 관계를 맺는 것이 중요하다. 따라서 이 시기에는 외부세계에 대처하는 능력이 발휘된다. 즉, 사회생활에 적응해나가는 다양한 방법을 배우게 되고, 타인과 어울리며, 사회적 보상을 많이 받으려고 애쓴다. 경력을 쌓고 결혼하여 가정을 이루고, 사회적으로 성공하려고 전력을 다한다. 남자는 대체로 남성적 특질과 기술을, 여자는 여성적인 면을 발달시킬 필요가 있다.

이 시기에는 외부환경의 요구에 확고하고 단호히 대처하는 것이 과제이므로, 이 시기에는 이것이 가치 있기도 하다. 젊은 사람이 자기회의나 환상, 내적 본질 따위에 지나치게 매여 있는 것은 좋지 못하다. 사람들과 어울리지 못하고 혼자만의 세상에서 고독과 사색을 즐기는 것보다는, 외부 세상으로 나아가 사회에서 요구하는 태도와 역할을 따르고 사람들과 친밀감을 느끼며 집단에 잘 적응하는 것이 이 시기의 발달과제라고 할 수 있다. 내향적인 사람보다 외향적인 사람이 이 시기를 순조롭게 보낸다.

청소년기를 거쳐 성인에 이르기까지 의식의 발달, 페르조나의 형성, 외계에 대한 적응을 위해 점차 합리적·객관적, 이른바 과학적 사고판단을 지향하면서 심혼의 원형적 토대에서 멀어져 간다. 어린이가 자라서 공부를 마치고 취직하고 결혼하고 승진할 때까지의 삶의 전반기에서는 이와 같은 일방적인 자기외면화의 작업이 진행된다.

2) 생의 후반기

• 3단계: 중년기

중년에 이르러 그 동안 철저히 내버려둔 내면세계와의 관계를 다시 맺어야 할 필요를 갖게 된다. 자기실현은 청소년의 과제가 아니라 중년 이후의 과제라고 하는 이유가 여기에 있다. 35세~40세경에 이르면, 정신적인 변환을 겪게 된다. 전에 그토록 영원한 듯하던 목표나 야망이 그 의미를 잃게 되고, 때로 무언가 결정적인 것이 빠진 것 같은 불완전감과 우울, 침체된 느낌을 가지게 된다. 사회적으로 성공한 사람들에게도 이러한 현상을 찾아볼 수 있다. 사회로부터 보상된 성취들이 성격의 어떤 측면은 축소시킨 대가로 얻어진 것이기 때문이며, 경험했어야 할 인생의 너무도 많은 측면들이 어두운 창고 속에 잿빛의 기억들로 묻혀 있기 때문이다.

이러한 위기에서의 출구는 바로 '정신'이 제공하는데, 정신은 내면으로 전환해서 인생의 의미를 음미하도록 촉구한다. 억압되고 잊혀진 자기의 측면들이 자라나 소리치고 있는 무의식의 영역에 의해 내면으로의 전환이 이루어진다. 정신의 균형과 조화를 위해서 이제껏 억압되어 온 측면이 인식되어야 한다고 무의식이 요구하는 것이다. 자신의 생을 돌아보면서 무의식의 메시지에 귀 기울일 때 전체성과 중심성의 상징인 자기(Self)와 만나게 된다. 이러한 과정을 진정한 자신과 만나게 되는 개성화 과정(individuation process)이라 한다.

인생의 중반에서 정신적 변화는 이렇게 현저하다. 외부세계를 정복하는 데 바쳤던 힘을 내적인 자기에게로 초점 돌리도록 자극받고, 현재까지 발달시키지 않고 방치해 둔 잠재력에 대해 알기 위하여 주의를 기울이려는 내적 충동을 느끼게 된다. 절반이 지난 인생에 대해 의문을 품기 시작한다. 그래서 이 시기에 오면 여러 가지 변화를 시도한다. 오랜 세월 등한히 해 온 계획과 흥미를 가지게 되고, 직업적 전환을 기하는 일도 있다. 또한, 반대되는 성적 측면을 표현하기 시작한다. 즉 남자들은 여성적인 측면을, 여성들은 남성적인 측면을 표현한다. 무뚝뚝하던 남편이 드라마를 보며 울기도 하고, 순종적이고 헌신적이던 아내가 주도적이 되고 자신의 목소리를 내게 된다. 남자는 덜 공격적으로 되고 대인관계에 보다 많은 관심을 보이기 시작하고, 여자는 보다 자기주장이 강해지고 독립적으로 되는 경향이 있는데, 융은 이를 성격전이(personality shifts)라 불렀다. 중년기의 변화는 때로 결혼생활에 문제를 일으키기도 한다.

그러나 생의 후반기 정신의 성숙으로 가는 과정은 저절로 오는 게 아니다. 지금까지의 삶과는 다른 새로운 국면을 맞이하면서 정신적 어려움을 겪을 수 있다. 이 시기에도 생의 전반기에 소유했던 가치와 목표에 여전히 매여 있으면 크게 실패하게 된다. 중년여성이 젊었을 때의 신체적 매력을 유지하려고 안간힘을 쓰거나, 중년남자가 과거 운동경기에서 발휘했던 능력을 잊지 못해 늘 이야기하는 경우를 볼 수 있다. 뒤만 돌아보며 향수에 젖어 추억 속에 사는 사람은 미래의 새로운 삶으로 떠나는 인생열차를 탈 수가 없다. 이런 사람들은 더 이상 발달할 수 없게 된다.

이제는 외향적 목표와 야망에서 자신의 내면으로 시선을 돌려야 하는 시기가 된 것이다. 자신이 소홀히 해 온 측면과 대담하게 직면할 때 비로소 다음 단계로 발달할 수 있게 된다. 중년기에도 과거의 가치와 목표에 여전히 매달려 있으면 소위 말하는 '중년기 위기(middle-life crisis)'를 경험할 수 있다. 이는 본연의 진정한 자기 자신을 찾으려는 무의식의 요구에 반응하지 않기 때문에 나타나는 현상이다. 따라서 중년기에는 자신이 억압한 무의식의 측면과 과감히 직면하기 위해 내면으로 시선을 돌려 삶의 의미를 파악해야 한다.

• 4단계: 노년기

나이가 들면서 명상과 반성을 많이 하게 되므로 노년기에는 내적 이미지가 전보다 더 큰 비중을 차지한다. 지금까지 살아오면서 쌓아온 기억들을 노년기에는 마음의 눈 앞에 펼치기 시작한다. 죽음 앞에서 인생의 본질을 이해하려고 노력하는 것이다. 또한, 내세에 대한 이미지나 생각을 갖게 되는데, 이는 죽음이 다가옴에 따라 무의식에 내재해 있던 영원으로 향한 원형이 내부에서 우러나오기 때문이다.

융은 노년기에는 인생을 그대로 받아들이면서 자기 자신에 대한 진지한 관심을 가지는 것이 필요하다고 보았다. 그렇지 않고 건강에 대해 지나치게 염려하거나 과거에만 집착하고 인색하며 인생의 전반부처럼 외부세계에 집착한다면 노년의 삶에 제대로 직면할 수 없다. 또한, 노년기에는 죽음의 불가피성을 받아들이고 죽음도 인간이 추구하는 하나의 목표로 간주해야 한다. 인생이란 태어나서 죽음에 이를 때까지의 삶이다. 삶은 곧 죽음을 향하여 가는 시간들이므로, 죽음은 삶이 도달하고자 하는 목표라고 할 수 있다. 따라서 죽음은 회피의 대상이 아니라 인생 후반부에 해결해야 하는 중요한 목표라고 하였다.

2. 중년기 발달과 개성화

융에 있어 발달은 자기를 실현하는 과정이다. 자기를 실현한다는 것은 '진짜 자기가 되는 것'이다. 이 세상에 태어날 때 가지고 나온 나의 모든 정신을 남김없이 발휘하고 통합하는 것이다. 우리 정신활동의 무한한 가능성은 아직 무의식 속에 있으면서 쓰이기를 기다리고 있다. 자기실현은 그것들을 살려서 자기의 전체정신을 실현하는 것이다. 자기실현은 다른 말로 개성화(individuation)라고도 한다. 한 개인으로서의 진정한 개성을 실현한다는 의미, 곧 그 사람 자신의 전부가 된다는 뜻이다.

발달적으로 볼 때 인생 전반기에는 자아(ego)가 자기(Self)로부터 분화되어 외부세계로 지향되다가, 대략 40세인 중년기를 전환점으로 인생 후반기에는 자아의 방향이 내면세계로 향하게 되면서 자아는 다시 자기에게로 통합되어 전체로서의 성격발달을 이루게 된다. 이렇게 분화와 통합의 과정을 거쳐 온전한 자신이 되는 과정, 즉 개성화(individuation)를 이루는 것이 중년기 이후의 중요한 발달과제인 것이다([그림 5-1] 참조).

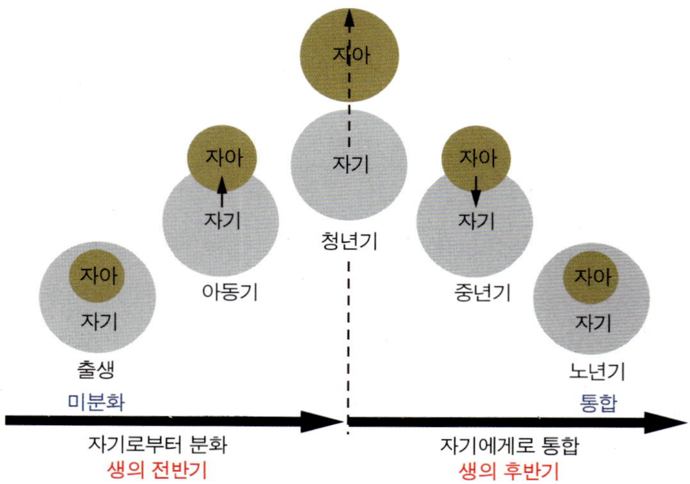

[그림 5-1] 발달단계에 따른 자아의 분화와 통합과정

청소년기와 초기 성인기에는 세상 밖으로 나아가야 한다. 청소년기 신경증은 대개 세상에서의 삶을 두려워하고 그 삶에서 후퇴하는 데서 생기므로 이들의 치료는 세상을 향하여 나아가게 하는 것을 돕는 일이다. 반대로 중년 이후의 신경증은 너무 많은 시간을 바깥 세상에 나가 있어 본래의 자기를 망각한 데서 발생하기 때문에 이들에게는 내면을 보고 자기를 찾는 개성화의 작업을 인도하는 것이

바로 치료의 원칙이 된다고 융은 말했다.

개성화란 미분화된 무의식의 내용을 분화하고 통합하여 원래의 자신을 발견하고 전체를 실현해가는 과정이다. 개성화는 전 생애의 과정에 걸쳐 이루어진다. 융은 인생의 전반기에는 의식의 중심인 자아를 강화하고 분화하여 외부현실 속에서 자신을 강화해야 한다고 보았다. 이를 위해 사회적 요구와 기대에 자신을 적응하여 외부환경과의 상호작용을 활발히 해야 한다. 이와 같이 인생의 전반기는 정신에너지를 외부와 관계하는 데에 보다 집중해야 한다는 것이다.

중년기를 기점으로 인생의 후반기에는 외부로 향해 있던 에너지의 방향을 반대로 전환하여 내면세계로 돌려야 한다. 이제껏 바깥세상에서의 나, 타인과의 관계에서의 나의 삶을 살아왔지만, 이제는 내 안의 나를 만나러 가야 하는 시간이 된 것이다. 밖으로 향해 있던 의식의 눈을 내적 세계로 돌려 무의식 속에 억압되어 모르고 살았던 자신의 측면들을 발견하고, 인식하고, 수용하여 정신의 균형과 조화, 통합을 이루어야 한다. 태양을 바라보고 있는 한, 자신의 그림자를 볼 수 없다. 방향을 바꿔 태양을 등지고 돌아설 때, 비로소 이제껏 보지 못했던 자신의 그림자를 볼 수 있게 된다. 그리고 이제부터 새롭게 가야 할 길도 보이게 된다.

이와 같이 인생의 후반기는 자기로부터 분리되었던 자아를 다시 자기에게로 통합하는 과정으로 정신의 전체성을 이루는 시기이다. 즉, 온전한 자기를 실현하는 시기, 개성화가 이루어지는 시기라는 것이다. 융은 전 생애에 걸친 성격발달과정에서 중년기 개성화 과정의 중요성을 특히 강조하였다. 많은 발달심리학자들이 인간의 발달과정 중 생애 초기를 발달의 결정적 시기로 보았던 데 반해, 융 이론에서는 중년기를 중요시 여겼던 점이 타 이론들과 구별되는 주요 특징이라고 볼 수 있다.

융 이론의 많은 부분이 실제 환자들의 치료과정에서 얻어진 것으로, 융의 심리치료 이론은 성인과 노인에게 특히 효과적이다. 실제로 융이 치료한 환자의 2/3

이상이 생의 후반기에 있는 사람들이었다. 융은 자신의 임상경험을 토대로 정신병의 본질에 대해 새로운 견해를 제시하였다. 정신병적 경험은 비록 고통스러우나 의미 있는 내적 여행이며, 이 여행에서 치료자는 환자가 자신의 내적 상징을 이해할 수 있도록 도와주는 안내자 역할을 해야 한다고 주장하였다. 체험을 통해 자신의 이론을 정립한 융은 "아파본 사람만이 다른 사람의 상처를 치유할 수 있다." 고 하면서 치료자 자신의 경험을 강조하였다.

융의 견해는 많은 경험적인 연구들을 통해 지지를 받고 있다. 한 예로 레빈슨(Levinson)의 연구를 보면, 연구대상자의 상당수가 40~45세에 위기를 거치고 있었다. "지금까지 숨을 죽이고 조용히 있다가, 이제는 아우성치는 내면의 소리를 듣게 된다."는 것이다. 레빈슨 역시, 30대에는 생의 구조가 필연적으로 사회적인 적응과 성취를 향한 측면에 초점을 둘 수밖에 없으나, 40대에는 자신의 무시된 측면들이 표출되려고 애쓰며 사람들에게 자신의 생을 재평가하도록 촉구한다고 주장하였다(Levinson, 1978).

생각해봅시다

- 인생의 시계에서 여러분은 지금 몇 시에 해당한다고 볼 수 있습니까? 현재 여러분의 인생시간에서 수행해야 할 발달과제는 무엇일까요?
- 삶의 후반기로 접어들면서 성격 전이 경험 또는 위기를 경험한 적이 있습니까? 있다면, 어떠한 경험을 하셨습니까?

Ⅲ부

모래놀이치료의 실제

6장

모래놀이치료의 실제

1절 모래놀이치료의 준비
1. 모래놀이치료실
2. 도구
3. 환경 구성

2절 모래놀이치료의 실시
1. 모래놀이치료의 시작
2. 모래놀이치료 과정의 기록

3절 모래놀이치료자의 역할 및 태도
1. 치료자와 내담자의 관계
2. 공감적 참여와 이미지의 공유
3. '해석'이 아니고 '감상'을 !

1절
모래놀이치료의 준비

모래놀이치료가 행해지기 위해서는 모래와 물, 모래상자, 상징물이라는 특별한 도구를 갖춘 시설과 환경이 준비되어야 한다. 본 절에서는 모래놀이치료실 설치 시 고려해야 할 시설의 특징과 모래놀이치료의 도구 및 환경 구성에 대해 살펴보고자 한다.

1. 모래놀이치료실

모래놀이치료실은 치료과정 중 내담자에게 중요한 영향을 미치는 물리적 환경이다. 무엇보다도 치료적 환경을 조성하여야 한다. 내담자가 안전함을 충분히 느낄 수 있을 만큼 따뜻하고, 자신이 환영받고 있으며, '나만의 공간'이라는 것을 느낄 수 있는 분위기여야 한다. 이를 위해 모래놀이치료실의 위치, 크기뿐 아니라 환경 구성을 할 때도 치료 효과를 높일 수 있는 요인들을 고려하여야 한다.

상담센터에서 모래놀이치료실은 소음이 없는 독립적인 공간으로 마련되는 것이 바람직하다. 타인들로부터 방해받지 않는 곳이어야 한다. 소란한 분위기는 치료에 집중하는 것을 방해하고 불안한 내담자를 자극할 수 있다. 또한, 내담자의 사생활 보호는 매우 중요하게 고려되어야 한다. 모래놀이치료실 안에서 일어나는 대화를 밖에서 듣는다면 곤란하다. 특별하면서 심리적으로 안전한 공간이라는 느낌을 주어야 한다.

모래놀이치료실의 크기 역시 심리적 안정감을 주는 데 중요한 요소이다. 모래놀이치료실 안에서 긍정적 감정뿐 아니라 자신을 괴롭히는 부정적 감정을 포함한 모든 감정을 자유롭게 표현할 수 있을 때 치료가 이루어진다. 이러한 분위기를 조성하기 위해서는 너무 작지도 너무 크지도 않아야 한다. 너무 큰 방은 공간으로부터 압도감을 느껴 불안을 유발할 수 있다. 너무 작은 방도 활동의 자유로움을 제한하고 너무 밀착되어 있다는 느낌을 주어 불편감을 초래할 수 있다.

모래놀이치료실은 안전함, 비밀보장과 함께 편안함과 편리함도 보장되어야 한다. 모래놀이치료실의 창문은 부드러운 블라인드로 가려 놓는 것이 좋다. 외부 환경으로 주의가 산만해지는 것을 막아줄 뿐 아니라, 모래놀이치료실에서 일어나고 있는 장면과 상황들에 대한 비밀 보장의 의미를 지닌다. 또한, 모래놀이치료실 안에서 나누는 내담자와 치료자 간의 대화가 밖으로 들리는 것도 문제지만 밖의 소음이 치료를 방해하지 않도록 방음시설을 설치하는 것이 좋다.

바닥은 모래를 흘릴 수 있으므로 청소하기 쉬운 자재를 사용하는 것이 좋다. 카펫 같은 것을 바닥에 깐다면 더럽히지 않을까 걱정이나 불안을 느껴 치료에 집중하지 못할 수도 있다. 치료실의 벽은 부드러운 회색이나 아이보리색으로 안정감을 주는 것이 좋으며, 자극적이고 현란한 색이나 너무 어둡고 칙칙한 색은 피하는 것이 좋다. 벽면에는 상징물(피규어)을 배치할 장이나 선반을 구비하여 정돈하고, 조직적으로 잘 배열하여야 한다. 상징물이 어디에 배치되어 있는지 예상 가능하여야 하며, 위생적인 환경이 유지되어야 한다. 상징물을 배치하는 선반은 앞으로 넘어지지 않도록 벽에 단단히 고정되어 있어야 하며, 견고하고 튼튼해야 한다. 선반의 높이는 상징물이 한 눈에 잘 들어오고 원하는 상징물을 쉽게 꺼낼 수 있도록 너무 높지 않도록 한다.

모래놀이치료실의 한 켠에는 물을 활용할 수 있도록 싱크대를 구비하는 것이 필요하다. 어린 아동의 경우 갑작스런 온수는 위험할 수 있으므로 밸브를 잠가두고 찬물만 나오도록 하되, 많은 양의 물이 나오지 않도록 밸브를 반 정도 잠가 두는 것이 안전하다.

2. 도구

1) 모래와 물

모래와 물은 모래놀이치료의 가장 기본적인 재료가 된다. 내담자는 모래와 물을 가지고 원하는 대로 모양을 바꾸고 쉽게 조절하는 경험을 하면서 서서히 반응을 나타내기 시작한다. 모래와 물은 능동적이고 강력한 상징의 대상으로서, 내담자로 하여금 심리적·신체적 경험을 시각적·촉각적으로 표현하도록 해준다. 다양한 형태와 색상, 질감의 모래는 좀 더 풍부한 심리적 경험을 표현할 수 있게 도와준다.

일반적으로 사용되는 갈색 모래 이외에 흰모래, 접착력 있는 델타샌드, 젖은 모래를 구비해 놓는 것이 좋다. 다양한 감각과 표현을 경험케 하고, 흥미를 유발할 수 있기 때문이다. 모래의 굵기에 따라 고운 모래와 거친 모래를 준비해 놓아도 좋다. 고운 모래는 부드러운 촉감을 느끼게 되며 곱고 쉽게 모양을 만들 수 있게 해준다. 거친 모래는 색다른 경험을 표현하는 데 효과가 있고, 어두운 색의 모래는 땅의 느낌을 좀 더 강하게 자극한다. 젖은 모래는 마른 모래와는 아주 다른 경험을 갖게 해준다. 어떤 모래를 사용할지 선택은 내담자가 직접 하도록 한다. 원하면 물을 제공해줄 수 있다. 내담자는 물로 뿌리거나, 붓거나, 흘러내리게도 하면서 자신이 원하는 형상과 세계를 창조해낼 수 있고, 자연에서의 흙과 물의 관계를 탐색하고 관찰할 수도 있다.

2) 모래상자

모래상자는 물리적으로는 모래를 담는 용기(container)이지만, 심리적으로는 내담자의 내적 세계를 담는 곳, 내담자의 세계가 창조되는 곳이다. 모래상자는 내담자가 안전하게 자기를 표현할 수 있는 '자유와 보호의 공간'으로, 자기실현을 위한 심리적 변환이 일어나는 작업공간이 된다. 그 크기와 형태는 학자에 따라 다양하게 발전되어 왔다.

모래상자의 크기에 대해 칼프는 19×28×3(inch)를 추천하였고, 일본의 가와이 하야오는 57×72×7(㎝)를 추천하였다. 상자의 안쪽 재질은 물이나 하늘을 상징하는 파란색이나 청록색으로 칠하고, 실제로 물을 부을 수 있게 방수처리를 한다. 작은 상자를 사용하다가 경험이 확장되면 좀 더 큰 상자로 바꾸어 사용할 수도 있다. 원으로 된 상자인 경우, 지름이 70㎝ 정도가 적절하다. 둥근 상자는 자아성숙을 의미하는 만다라나 중심화의 이미지를 창출하는 데 효과적이다. 상자의 크기를 제한하는 이유는 모래영역이 지나치게 크면 내담자가 집중하고 형상화하는 데 어려움이 있기 때문이다. 모래상자는 창조자의 역할을 하는 내담자의 자아와 영혼, 정신세계가 존재하는 축소된 우주라 할 수 있다. 내담자는 이 축소된 우주의 주인으로서 안전하고 자유롭게 보호받으며 자신의 세계를 창조하게 된다.

모래상자 안에서의 작업은 내담자에게 내면의 느낌을 지각할 수 있게 하고, 정신내적 현실과 외부세계의 현실을 이어 준다. 모래상자라는 매체는 상상력과 공상의 욕구를 일깨운다. 전 언어적 사고양식인 심상사고를 활성화하여 창의성과 자발성을 길러 준다. '창의적인 힘'은 내담자가 치료시간 동안 떠오르는 생각과 느낌을 표현하고 언어화하도록 도와준다.

인간의 생각과 느낌은 현실에서 언어적 의사소통을 거치면서 압축·왜곡되며, 총체성을 잃고 시간의 구속(time-bound)을 받게 된다. 치료에서도 언어적 표현은 심리내적 현실의 엄청난 양과 복잡성을 온전하게 담을 수 없다. 더욱이 정서, 인지, 언어발달상 미숙한 아동은 더욱 그렇다. 한편, 모래놀이는 상자 안에 창조된 세계를 통해 만지고, 보고, 생각하고, 토의하고, 경험하고, 사진 찍을 수 있는 물리적 창조물을 제공해 준다. 모든 생각, 느낌, 상상, 이미지, 의식의 흐름을 물리적으로 창조 또는 변형시킬 수 있다. 인간의 마음, 지적능력, 신체를 함께 표현함으로써 내담자의 전 존재를 온전하게 드러나게 해준다.

[그림 6-1] 모래와 모래상자

3) 소품(상징물)의 종류 및 진열방법

모래상자 안에서 사용할 소품들은 실제 모형의 축소품들을 사용한다. 다양한 인종과 직업의 사람모형들, 동물, 식물, 자동차, 건축물, 음식, 가구 등, 삶을 형상화할 수 있는 상징물들이 필요하다. 내담자의 심리적·창조적 감각을 자극하기 위하여 질 좋은 모형들을 준비한다. 내담자의 관심을 끌고 취하고 싶도록 소품들은 매력적이어야 한다.

치료자에 따라 소품의 전시 방법은 다소 다르다. 로웬펠트는 너무 다양한 선택 가능성으로 인해 아동이 압도당하지 않도록 해야 하지만, 어떠한 주제도 충분히 표현할 수 있도록 충분한 양을 마련할 것을 권한다. 바람직한 전시방법으로 로웬펠트는 서랍이 있는 캐비넷 전시방법을 권장한 반면, 칼프를 비롯한 융 학파에서는 소품들을 개방된 선반에 전시하는 방법을 사용하였다. 도미니코는 과잉자극과 혼란을 최소화하기 위해 열린 선반에 수직 방향으로 같은 종류의 물건을 보관하였다.

소품전시방법은 다양하게 개발할 수 있으나, 질서 없이 배열하는 방법은 내담자를 압도하거나 혼란스럽게 하므로 삼간다. 일반적으로 정신의 층과 일치하여 맨 위의 칸에는 인간과 일상생활 소품들을 진열하고, 그 밑의 칸에 동물, 그 다음으로 식물, 그리고 맨 아래에 광물과 같은 소품을 진열하는 것이 적절하다.

구체적인 소품의 내용으로는 삶의 여러 측면을 나타낼 수 있고 감정이나 정서, 상황을 표현할 수 있는 것들이라면 어느 것이라도 사용할 수 있다. 일반적으로 사용되는 소품들은 다음과 같이 일곱 가지 범주로 구분된다(김광웅 외, 2008).

가. 인간과 일상생활 : 가족, 종교적 인물이나 상징물, 직업을 상징하는 사람들, 신화적 인물, 만화·동화·영화 주인공, 역사적 인물, 원시인, 문화가 다른 사람들 등.

나. 동물과 동물사회 : 대부분의 동물들은 의인화하여 사용하는데, 가족 단위로 제시되어야 개인, 가족, 지역사회를 모두 표현할 수 있다. 야생동물, 멸종동물, 신화 속 동물, 서식지에 따른 동물들, 집단으로 지내는 무리들, 혼자 지내는 동물들, 암수 쌍, 어미와 새끼 상 등.

다. 식물의 세계 : 식물들도 의인화하여 사용할 수 있다. 다양한 형태의 식물이 필요하다. 바다, 땅, 사막, 툰드라, 열대지방 등 모든 지역의 식물들을 준비한다. 나무(산 것과 죽은 것, 성장주기를 나타낼 수 있는 것, 열매가 달린 나무, 꽃이 핀 나무 등), 꽃, 덤불, 울타리, 야채와 과일, 마른 잎 등.

라. 광물 : 다양한 크기, 색깔, 형태의 광석 등.

마. 인간과 환경의 조화 : 복잡하고 다양한 인간세계, 식물세계, 동물세계, 광물세계를 동시에 표현할 수 있도록 제시해 주는 것들, 인간과 환경의 조화를 나타내는 것들이다. 인디언과 천막 및 토템 폴, 마법사와 마술방패 또는 지팡이 등이 있다. 이는 역사적 순간과 인간 능력을 조화시키는 데 필요하다. 여러 가지 침대, 유모차, 화장실 등도 있어야 하고, 두 개 이상의 집과 방으로 분리해서 꾸밀 수 있는 칸막이도 필요하다. 어린이와 어른, 내부와 외부, 사회적 환경 등을 마련한다. 운동장, 학교, 감옥, 병원, 상점, 주유소, 교회, 해저, 산, 마을, 다양한 문화 및 도시의 주거 형태 등도 있으면 좋다.

바. 교통수단 및 의사소통에 관련된 물건 : 교통수단들은 심리학적·생리학적 경험을 통해 보다 풍부한 대인관계를 제공해준다. 바닷속, 바다 위, 산길, 공

중으로 움직이는 것, 응급과 구조를 위한 것, 어린이와 성인의 것, 전쟁 시와 평화 시의 교통수단, 신호등, 교통표지판 등 다양한 크기의 교통수단들.

사. 기타 : 각종 미술재료, 물놀이도구, 모래도구, 건설장비, 불과 관련된 도구, 행성상징물, 지형학적 상징물, 보물, 죽음과 관련된 상징물 등.

[그림 6-2] 모래놀이치료실의 소품(상징물)

3. 환경 구성

1) 모래상자의 배치

모래상자의 배치는 내담자의 키와 연령층을 고려하여 결정한다. 무엇보다 중요한 것은 내담자가 분명하게 잘 볼 수 있는 장소에 내담자의 관심을 끌 수 있도록 모래상자와 소품들을 배치하는 것이다. 모래놀이치료실의 소품장에서 내담자가 자신의 생각을 표현하기 위한 물건들을 발견해야 하므로 소품장은 모래상자와 가깝고 쉽게 접근할 수 있도록 벽쪽에 둔다. 모든 소품은 손쉽게 만질 수 있는 안전한 모형들이어야 한다. 모래놀이치료실 내에 모래놀이소품 이외에 창조적인 활동과 표현 활동을 할 수 있는 미술재료나 활동공간을 함께 마련하여 원하는 상징물을 직접 만들어 활용해 볼 수도 있다.

[그림 6-3] 모래놀이치료실 및 모래상자의 배치

2) 내담자의 위치

모래놀이를 하는 위치나 자세는 다양하다. 상자 앞에 서서 할 수도, 혹은 상자의 주변을 걸어 다니면서 할 수도 있다. 의자에 앉거나 마루바닥에 앉아서 할 수도 있다. 어떤 위치에서 할지는 내담자가 원하는 대로 하며, 치료자는 내담자가 자신에게 가장 적합한 자세를 찾을 때까지 격려하고 기회를 준다.

다양한 자세들이 있지만 테이블 위에 놓인 모래상자 앞에 서서 꾸미는 것이 가장 능동적인 참여를 이끌어 낼 수 있다. 두 발로 선 자세는 눈 앞에 펼쳐지는 세상을 맞이하고 창조하는 경험을 강화시킨다. 동시에 한눈에 쉽게 상자를 내려다 볼 수 있기 때문에 관찰자 위치로도 활용할 수 있다. 내적 요구에 반응하고 있는 자신의 손을 내려다보면서 상자 속의 세계를 창조할 수 있는 자유를 발견할 수도 있다.

한편, 모래상자 앞에 앉는 방법은 신체적 의사소통을 감소시키고 창조를 제한하게 된다. 바닥에 앉아서 하거나, 무릎을 꿇은 상태로 하거나, 책상다리를 하거나, 상자 옆에 누워서 하기도 한다. 하지만 이런 자세들은 초기 발달단계로의 퇴행을 조장할 수 있다. 상자와 선반 사이를 오가는 동작이 기는 것보다는 걷기로 이루어질 때 보다 역동적인 작업이 가능하며, 높은 곳에서부터 세상을 조망할 수 있고 상자 전체에 대한 시각화가 가능해진다.

3) 치료자의 위치와 자세

상자와 치료자와의 적절한 거리는 내담자의 성격이나 문화적 배경에 따라 다르다. 물론, 치료 중에 치료자의 위치는 바뀔 수도 있다. 중요한 것은 내담자가 치료자로 인해 관심이나 주의가 분산되지 않고, 침입감이나 포기한다는 느낌을 받지 않아야 한다는 것이다. 내담자의 경험을 심리적으로 이해하려는 치료자의 의지가 중요하고 내담자의 욕구에 적절하게 반응할 수 있는 충분한 신체적 공간이 필요하다.

치료자가 있는 곳에서의 놀이는 손상된 상상력을 회복시키고 치유로 이끈다. 모래놀이치료에서는 모래상자가 있고 치료자가 함께 지켜봐 줌으로써 개인의 심리적·생리적 경험, 탐구적 통합기능이 함께 작용하게 된다. 여기서 모래가 주는 자극은 치료자에게도 해당된다. 경험이 부족한 치료자는 내담자의 묘사를 통해 부과되는 극도의 부정적 혹은 긍정적인 심리적 에너지를 견디기 어려울 수 있다. 치료자는 정서적으로 동요되지 않을 만큼 힘이 있어야 한다. 치료자에게 모래놀이 경험의 축적과 훈련, 깊은 자기탐색은 기본적인 전제조건이 된다. 치료자 자신도 모래놀이의 즐거움과 정신에 작용하는 모래의 힘을 느껴 보아야 한다. 치료자의 절제력, 내담자에 대한 깊은 공감, 인간성에 대한 존중능력은 내담자의 심리적 에너지가 회복되는 데 견인차 역할을 한다.

2절 모래놀이치료의 실시

모래놀이치료의 과정은 모래놀이치료를 소개하는 것부터 시작된다고 볼 수 있다. 이에 본 절에서는 내담자의 발달단계 및 대상별로 모래놀이를 소개하는 내용을 구체적인 예시문을 통해 상세히 고찰하고, 모래상자를 꾸밀 동안 기록하는 방법에 대해 살펴보고자 한다.

1. 모래놀이치료의 시작

모래놀이치료에 들어가기에 앞서 모래놀이치료가 어떤 것인지, 또 어떻게 진행되는지 알려줄 필요가 있다. 최근들어 모래놀이치료가 제법 알려진 편이지만, 아직까지 모래놀이치료에 대해서 그렇게 많은 사람들이 경험해보지는 않은 상태이다. 들어는 보았지만 어떻게 하는 건지 모르는 경우도 있고, 또 오해를 하는 경우도 있다. "모래 상자 한번 꾸며보시겠어요?" 하면 어떤 이들은 "와! 재미있겠네요." "어머, 신기해요." 하면서 호기심과 긍정적인 관심을 가지고 즐겁게 다가서는가 하면, 어떤 사람은 "이거 내 속마음 다 들키는 거 아니야? 나 다 들키면 안 되는데." 하면서 불편감을 보이기도 한다. 그래서 "싫어요. 나는 못 해요."라고 저항을 한다든가, 또 어떤 사람은 "모래상자를 가지고 우리의 내면세계를 안다고 하는데 정말 그런가?" 하면서 시험하는 경우도 있다.

모래상자를 꾸며서 나의 내면을 객관적으로 보게 되면 그것은 남에게 보이고 싶지 않은 나의 비밀을 들키는 게 아니라, 의식하지 못했던 나의 내면, 나의 무의식 속에 있던 것을 객관화하여 봄으로써 스스로 알아차리게 된다는 것이다. 즉, 나의 무의식이 "이것 좀 보아라. 이런 것들이 필요해." 하고 알려주는 메시지이지, 결코 나의 속마음을 들키는 것이 아니다. 따라서 모래상자를 꾸민다는 것, 그리고 모래상자를 통해서 자신의 내면을 본다는 것에 대해서 제대로 이해할 수 있도록 모래놀이치료에 대한 소개가 필요하다.

어떻게 모래놀이치료를 소개하느냐는 모래놀이를 할 것인지 말 것인지 결정하는 데 영향을 준다. 아동내담자의 경우 아동은 모래놀이에 바로 빠져드는 경향이 있지만, 부모는 모래놀이가 왜 중요한지, 이것이 그냥 모래밭에서 노는 것과 어떻게 다른지를 이해할 필요가 있다. 새로운 사람이나 사물에 대한 첫 인상은 매우 중요하다. 모래놀이치료에 대한 인상도 마찬가지이다. 어떻게 소개하느냐에 따라 모래놀이치료의 실시 여부가 결정된다고 할 수 있다.

모래놀이치료의 창시자인 도라 칼프 여사가 처음으로 이 기법을 적용한 대상은 아동이었다. 그러나 이후 아동뿐 아니라 청소년들한테도 유용한 치료기법임이 확인되었고, 최근에는 성인 내담자들도 모래놀이치료에 많은 관심을 보이고 있다. 따라서 각각의 발달특성과 이해 수준에 맞게 모래놀이치료를 소개하는 구체적인 예시를 들면, 다음과 같다.

1) 성인 내담자에게 모래놀이 소개하기

모래놀이치료를 접해 보지 않은 성인 내담자가 치료실에 들어오면 모래상자나 소품들을 호기심어린 눈으로 둘러보곤 한다. 이 때가 바로 모래놀이를 소개할 적절한 기회이다. 내담자를 반기고 치료실을 함께 둘러보면서 다음과 같이 모래놀이를 소개할 수 있다.

"여기는 모래놀이치료를 하는 곳이랍니다. 보시는 것처럼 이 가운데에 모래놀이 상자가 있지요.

이 모래놀이치료는 다른 치료 기법에 비해서 안전하고 비언어적이어서 언어로 내면을 표현하기 힘든 분들한테 유용하게 활용될 수 있답니다. 우리는 이것을 아동뿐 아니라, 성인에게도 사용합니다.

(내담자를 모래상자 쪽으로 오게 하고)
제가 모래놀이를 어떻게 하는지 보여드리겠습니다.
(모래 상자를 가리키며)이것은 모래상자라고 합니다.
보시면 모래가 있고요. 움직이면 모래가 움직이고, 바닥도 드러납니다.
(모래바닥을 드러내며) 여기는 파란색이에요.
바닥이 파란색이기 때문에 이 파란색을 가지고 원하는 대로 꾸밀 수가 있어요.
바다를 표현할 수도 있고, 강을 표현할 수도 있고, 또 다르게 표현하고 싶으시면 원하는 마음대로 자유롭게 표현하실 수가 있습니다.
모래를 조금씩 움직여 보세요. 모양을 만들 수도 있어요.
물을 사용할 수도 있고요, 젖은 모래가 마른모래보다 모양을 잘 유지하지요.

그리고 보시면 주변에 많은 소품들이 있는데,
원하시는 거 아무거나 가져다가 모래상자에 놓으실 수가 있습니다.
많은 것들이 있는데, (선반에서 두세 개의 피규어를 선택해 보여주면서) 여기 인어공주가 보이네요. 인어공주를 가져다 놓고 싶은 곳에 그냥 놓으시면 됩니다. 저는 여기에 놓아볼게요.
하나만 놓았는데도 무언가 느낌이 옵니다. 바다 위에 인어공주...
또 더 놓을 거를 볼까요?
여기 배가 있네요. 이 배를 하나 놓도록 하겠습니다.

두 개만 놓았는데도 뭔가 장면이 만들어지죠.
이렇게 원하는 대로 갖다 놓으실 수가 있는데, 어떤 풍경을 만드실 수도 있고, 아니면 풍경이 아니라 그냥 놓고 싶으신 대로 자유롭게 놓으셔도 된답니다.
만들고 싶은 것에 대해 어떤 아이디어가 떠오르실 수도 있고, 아무 생각이 안 나실 수도 있습니다.
전혀 상관없고요, 잘 만들려고 애쓸 필요도 없어요.
내 마음에, 내 눈에 들어오는 소품을 가져다가, 내 손이 가는 대로,
그저 내가 놓고 싶은 대로 놓고, 그 장면을 바라볼 뿐이죠.
단지 마음속의 것, 언어로 표현되지 않는 것들을 소품들을 이용하여 상징적으로 나타내는 것이랍니다.

그리고 하시는 동안, (의자를 가리키면서) 저는 저곳에 앉아서 꾸미시는 것을 기록할 거예요.
상자를 꾸미시는 동안, 중간에 모양을 바꾸는 데 대해 크게 신경 쓰실 필요 없어요. 제가 다 쫓아갈 수 있답니다.
상자를 다 꾸미시고 난 후에 다 꾸몄다고 말씀하시면, 그 때 제가 와서 함께 모래상자를 감상할 거예요.
어떤 세상인지 설명해주시면 되요. 떠오르는 추억이나 하고 싶으신 이야기들을 자유롭게 하시면 된답니다.
저는 그냥 받아 적고, 보관을 위해 사진을 찍을 거예요.
혹시 지금 모래놀이를 하고 싶으신가요? 아니면 나중에 할까요?”

2) 아동에게 모래놀이 소개하기

아동에게 모래놀이를 설명하는 것은 별로 어려운 일이 아니다. 치료자가 모래놀이에 대해 소개하기도 전에 모래상자로 달려가는 아동들을 흔히 볼 수 있다. 모래놀이로 뛰어들려는 아동의 준비성은 우리의 정신에 스스로를 치유하고 전체로 가려는 자연스러운 경향이 있다는 융의 주장으로 이해할 수 있다. 물을 만난 물고기처럼 아동이 모래놀이에 빠져든다 해도, 아동에게도 모래놀이에 대한 소개를 간과해서는 안 된다. 이것은 모래놀이에 대한 상호 이해를 도와준다. 아동을 대상으로 한 모래놀이치료 소개의 예를 들면, 다음과 같다.

"이곳은 모래놀이를 하는 곳이란다. 그리고 이것은 모래놀이상자라고 불러.
젖은 모래와 마른 모래가 있어. 그것들은 다른 촉감을 가지고 있지.
상자는 바닥이 파래서, 강이나 바다를 만드는 데 쓸 수 있어.
(주위를 둘러보며) 그리고 많은 놀잇감들이 있단다.
이 상자에서 원하는 세상을 만들기 위해 네가 원하는 건 무엇이든지 가져다 놀 수 있어. 대신 여기에서는 한 가지 약속이 있단다. 모래를 이 안에서만 가지고 놀 수 있다는 거야.
이 모래를 밖으로 던진다거나 선생님한테 뿌리면 안 되고,
나머지는 마음껏 이 안에서 네가 모든 놀잇감을 가지고 놀 수 있단다."

3) 청소년에게 모래놀이 소개하기

청소년에게도 모래놀이치료의 적용이 가능하다. 발달특성상 청소년의 경우에는 말하는 것, 즉 언어적인 표현을 부담스러워하는 경향이 있다. 또한 모래놀이가 어린 아이들이나 하는 것이라는 회의적인 반응을 보이기도 한다. 따라서 청소년

에게는 이런 부분에 대해 설명하는 것이 필요하다. 구체적인 예를 들면, 다음과 같다.

"이것이 모래놀이치료란다. 이것을 모래상자라고 부르지.
우리는 이것을 아이뿐만 아니라 성인에게도 활용한단다.
네가 원하는 것을 가지고 마음껏 꾸밀 수 있어. 어떻게 하는지 한번 보여 줄게."
(성인에게 하는 것과 같은 절차를 설명해준다.)

그런데 청소년의 경우에는 한 가지 내용을 덧붙이는 게 좋다.

"흔히 아이들이 그냥 노는 거라고 생각하지만, 이 모래놀이치료는 굉장히 깊은 치료기법이란다. 굳이 언어를 사용하지 않아도 많은 것을 보고 느낄 수 있는 그런 깊은 심리치료기법이기 때문에 네가 여기에 와서 말을 해도 좋고, 안 해도 괜찮아. 그냥 원하는 대로 상자를 꾸미면 되는 것이야."라고 설명 하는 것이 좋다.

4) 부모에게 모래놀이 소개하기

아동을 상담하는 경우에는 부모에게도 모래놀이를 소개할 필요가 있다. 아동과 작업할 때 그 작업을 유지하고 지속하기 위해서는 부모와의 치료적 동맹이 매우 중요하다. 아동상담에서의 조기종결은 부모와 치료자 간 관계의 불화에서 비롯되는 경우가 많기 때문이다. 모래놀이치료에 대한 부모의 이해와 동의가 아동과의 모래놀이치료 작업에 도움이 된다. 치료자는 부모에게 다음과 같이 아동의 모래놀이를 설명할 수 있다.

"아동은 연령과 뇌의 발달 수준 때문에 성인과 같이 자신이 경험한 것으로부터 거리를 두고 분석하지를 못한답니다. 아동의 언어는 바로 이미지며 상징이지요. 아동은 언어 대신 모래놀이를 통해서 저에게 표현한답니다.
그러니 그들이 그냥 노는 것처럼 보이지만, 사실은 자신의 내면 작업에 몰두해 있는 것입니다. 대부분의 아동들은 이곳에 와서 모래놀이를 하는 것을 아주 좋아한답니다."

부모가 아동을 치료하는 것에 저항하거나 아동의 필요를 부인할 때, 부모에게 확신을 주고 아동이 진짜 필요로 하는 것에 대해 부모와 의사소통하는 것은 매우 중요한 치료적 작업이다. 치료자는 조심스럽고 존중하는 태도로 부모들의 저항을 다루어 부모의 협력을 이끌어내야 한다.

2. 모래놀이치료 과정의 기록

모래놀이상자의 장면은 단일의 장면만으로도 특별한 의미를 가지고 있어서 매 회기, 각 회기마다 모래장면이 보여주는 메시지가 있지만, 대부분의 치료자들은 각 회기의 단편적 이해보다 모래놀이치료 과정에 따른 모래장면의 흐름과 변화를 보기를 원한다. 이를 위해서는 모래상자를 꾸미는 과정과 장면을 정확하게 기록하는 것이 좋다. 모래상자를 꾸미면서 표현하는 내담자의 이야기라든가 표정, 감정상태 등도 중요한 기록 요소가 된다. 모든 것이 우연이 아니라 무의식에서 나오는 것이므로 내가 모를 뿐이지 다 의미 있는 그런 단서들이 되기 때문에 최대한 많은 것을 정확하게 기록해 두면 나중에 내담자의 변화라든가, 치유의 과정, 내적인 흐름을 이해하는 데 큰 도움이 된다.

따라서 모든 행동과 태도, 심리적 표정까지 다 기록을 하고, 모래상자는 사진을 찍어서 기록으로 남긴다. 사진을 찍을 경우 정확하게 전체를 다 나타내기 어려운 경우가 있다. 각도라든가 찍는 방향으로 인해 모양을 제대로 파악하지 못할 수도 있다. 이럴 때는 사진과 더불어서 그림으로, 도형으로 그려놓는 것이 좋다. 이러한 모든 기록은 내담자가 표현하는 내면세계와 치료 과정을 좀 더 정확히 제대로 이해하기 위한 목적으로 사용된다. 즉, 기록의 목적은 내담자에 대한 정확한 이해를 통해 치료과정을 보충하기 위한 것이다.

기록해야 할 사항들은 다음과 같다.

- 치료실에 들어올 때의 태도,
- 작품을 만들 때의 태도,
- 모래상자에서 사용한 공간
- 작품에 대한 내담자의 설명과 묘사
- 작품 제작 후 질문과 반응
- 내담자 작품에 대한 치료자의 느낌과 감상

내담자가 치료실에 들어올 때, 상담자를 처음 만났을 때의 태도와 표정, 인상, 외모 등 모든 것을 세밀히 관찰해서 기록한다. 다음으로 얼마나 몰입해서 진지하게 모래상자를 꾸미는가, 아니면 뭔가 주저하거나 힘들어하는가, 작품 만들 때의 태도를 살핀다.

그리고 어떤 상징물을 선택하는가, 제일 먼저 선택한 상징물은 무엇인가를 기록한다. 제일 먼저 선택한다는 것은 우선적인 의미와 시작을 나타내므로 특별하다고 볼 수 있다. 선택된 상징물을 순서적으로 기록하고, 각 상징물을 모래상자의 어느 공간에 배치하였는지를 도형으로 표시해 둔다. 놓았던 위치를 바꾸는 것, 즉 처음에 여기에 놨다가 저쪽으로 옮기는 것 또는 처음에 놨다가 다시 제거하는 것들도 기록한다. 모든 것들이 무의식 안에서 일어나는 의미들이기 때문에 다 필요한 과정이다.

그런 다음 모래상자를 어떻게 사용하였는지, 어떤 부분을 사용하였는지, 상자를 다 꾸민 후에 장면에 대해서 뭐라고 설명하고 묘사하는지, 내담자의 설명에 덧붙여서 치료자가 필요한 질문을 했을 경우에 그 질문과 질문에 대한 답변도 상세히 기록한다. 마지막으로 내담자의 작품에 대한 치료자의 느낌까지 기록으로 남겨둔다.

이와 같이 모래놀이치료에서의 기록은 고려해야 할 사항이 많고, 구체적으로 표기해야 하므로 빈 종이에 자유롭게 기술하는 것보다 미리 준비된 양식이 있으면 기록이 훨씬 수월하다. 딱히 정해진 양식이 있는 것은 아니고 필요에 맞게 만들어 사용할 수 있다. 다만 어떤 형식으로 만들든지 간에 지금까지 살펴 본 기록사항을 모두 포함하는 것이 좋다(〈부록. 모래놀이치료 과정 기록지〉 참조).

모래상자를 꾸미면서 이야기하거나, "이거는 뭐고요. 이거는 뭐고요." 설명하는 내담자들이 있는데, 이와 같은 사항도 모두 기록해 놓으면 도움이 된다. 특히 상징물 놓는 순서를 기록하는 것이 좋다. 작품이 다 만들어지고 나서 내담자가 "다 됐어요."라고 이야기를 하면 치료자는 "이것(꾸며진 세상)에 대해 설명 좀 해주시겠어요?"라고 말한다. 내담자가 여러 가지 자신이 표현하고 싶은 것들을 설명하게 한다. 필요하다면 치료자가 내담자에게 작품에 대해 질문할 수도 있는데, 이때 중요한 것은 섣부른 질문은 오히려 치료적 흐름을 왜곡시키는 경우가 있기 때문에 조심해야 한다는 것이다.

치료자의 호기심 때문에 질문해서는 안 되고, 반드시 내담자에게 필요한 경우에만 질문을 한다. 질문을 통해 내담자가 생각해보고 답하는 과정에서 내담자에게 무언가 통찰을 얻게 한다거나 명료화가 필요하다고 여길 때만 질문을 해야 한다. 너무 급작스러운 질문, 내담자가 불편하거나 아직 준비되지 않은 경우에는 오히려 마음의 문을 닫게 할 수 있으므로, 그런 질문은 기다렸다가 적당할 때 하는 것이 필요하다. 질문은 조심스럽게 꼭 필요한 경우에 해야 치료 과정을 방해하지 않는다.

기록을 한 다음에는 한눈에 보기 편하도록 코딩을 한다. 코딩하는 데에는 흔히 통용되는 방식이 있다. 치료자의 느낌이라든가 치료자 관찰 이런 것들은 괄호( )

안에 기록을 한다. 내담자가 표현한 진술은 따옴표(" ")로 표기를 한다. 이러한 표기는 일종의 약속이기 때문에 누가 코딩을 하든지 간에 '이거는 치료자가 한 말이구나.', '이거는 내담자의 표현이구나.'를 알 수 있게끔 이 코딩 양식을 따르면 편리하다.

모래를 파서 상자의 바닥을 드러내는 경우에는 상자의 바닥이 푸른색이므로 강이나 바다로 표현되는 경우가 많다. 따라서 상자의 푸른 바닥은 물결(~)로 표기를 하고, 물결(~) 표시가 되어 있으면 '이 영역은 팠구나' 하는 것을 알 수 있게 되는 것이다. 모래 영역에는 모래알처럼 점을 찍어서 표기를 한다. 어떤 부분에 점들이 찍혀 있으면 '여기는 모래구나'라는 것을 알 수 있게 한다. 소품의 개수는 소품 앞에 숫자를 쓴다. 즉, 새 3마리를 갖고 왔다고 하면 새 앞에 3이라는 숫자를 쓴다. 다시 제거할 경우에는 X자로 표기한다. 3X 하면 '3개의 소품을 갖다 놨다가 도로 옮겼거나 치웠구나'라고 볼 수 있다.

한편, 입체적인 표현도 가능하다. 모래상자의 하단에 나무를 놓았는데, 그 나무 위에 새를 놓을 경우, 동일한 영역에 2개가 놓이게 된다. 이럴 때는 슬래시(/)로 표기를 한다. 예컨대, 나무 위에 새가 있을 경우, 새가 7번이고 나무가 6번이라면 7/6으로 표기한다. 이와 같이 표기양식에 따라 코딩을 하면 어디가 바다고, 어디가 모래고, 뭐 위에 뭐가 올라가 있고, '처음에 여기에 무엇을 놓았다가 치웠구나.'라는 것을 한눈에 알 수 있게 된다. 코딩 방법을 정리하면, 다음과 같다.

※ 기록과 코딩(B. A. Turner, 2005)

치료자의 느낌, 진술, 질문 또는 관찰 내용 = (　　)안에 기록
내담자의 표현 = "　　"로 표기
상자의 푸른 바닥 = 물결표시(~)
모래영역 = 점을 찍어 표시
숫자 옆의 'X', 예를 들어, '3X' = 처음에 피규어 3개를 놓았다가 나중에 옮기거나 치움
숫자 사이의 '/', 예를 들어, '7/6' = 다른 피규어 위에 올려놓은 피규어, 즉 '7/6'은 '피규어 6' 위에 '피규어 7'을 올려놓은 것

3절

모래놀이치료자의 역할 및 태도

모래놀이치료는 일단 모래가 있어야 되고, 그 밖에 모래상자, 상징물, 그리고 치료자, 이 4가지가 기본적 요소이다. 이 중에서 과연 무엇이 가장 중요할까? 물론 모든 것이 다 중요하지만 브래드 웨이라든가 칼프는 이 기본요소 중에서 특히 중요한 것은 치료자의 존재라고 하였다. 브래드웨이(Bradway, 1979)는 모래놀이에서는 모래, 물, 상징물이 내부세계와 외부세계를 연결하는 교량의 역할을 하지만, 이것만으로는 치료적 의미가 없으며, 이와 함께 치료자가 존재해야 한다는 점을 강조하였다. 치료자가 내담자를 존중하여 그들이 자유와 보호를 동시에 느끼면서 심리적 안정감을 가질 때 내담자가 만들어 낸 이미지에서 어떤 상징이 표현될 수 있다는 것이다. 칼프도 내담자가 자신의 내면세계를 표현하기 위한 필요조건으로 치료자의 역할을 강조하였다. 치료자가 전체 인격의 발달 가능성을 담아주는 '자유롭고 보호된 공간(a free and protected space)'을 제공하면 모래놀이치료에서 내담자의 자기(Self)가 배열되고 발현될 수 있다고 하면서 치료자는 모래놀이치료에서 절대적으로 필요한 존재라고 보았다(Kalff, 1966).

1. 치료자와 내담자의 관계

치료자와 내담자 간의 관계에 있어서 칼프는 치료과정 동안에 치료자와 내담자의 사이에는 모자관계에서 보이는 것과 같은 기본적인 신뢰관계가 있어야 한다는 점을 강조하였다. 이러한 관계를 '모자 일체감'이라고 불렀다. 말 그대로 모자 일체감이라는 것은 어머니와 자녀가 같은 느낌을 갖는 것을 의미한다. 어머니와 자녀는 태내에서 한몸으로 있다가 출생하면서 물리적으로 떨어져 있다 하더라도 아이가 배가 고프면 저 멀리 떨어져 있는 엄마의 몸에서 젖이 돈다고 한다. 그만큼 아이와 엄마는 한몸이라는 것인데, 일컬어 모자 일체감이라 할 수 있다.

갓난아이는 어머니의 가슴에 안겨 있을 때 심리적으로 가장 보호받는다는 안정감을 느낀다. 이것은 태아가 모태 속에서 여러 가지 외부 자극으로부터 보호받는 것과 유사하다. 칼프는 내담자 역시 이러한 모성에 안겨 치유되는 점에 주목하였다. 아이와 엄마 간의 일체감, 엄마와 함께 있을 때 아이가 느끼는 심리적 안정감을 내담자가 치료자에게서 느낄 때, 즉 치료자와 내담자 간에 모자 일체감이 형성되면 바로 자유롭고 보호받는 공간이 제공되어 그 안에서 무언가 변형이 일어난다는 것이다. 이른바 심리적 인큐베이터 기능을 통해 내담자는 자신의 내면에 있는 '자기치유력'을 발휘하게 되고, 보다 깊이 있는 자기표현을 전개해 나갈 수 있게 된다고 보았다.

모자일체감은 심리적인 의미로, 어머니에게 보호받는 것 같은 안정된 관계가 형성되면 내담자는 모래상자라는 용기 속에 자기 내면세계의 이미지를 자유롭게 표현할 수 있게 된다는 것이다. 따라서 모래놀이치료에서는 무엇보다도 작품을 만들 때 치료자가 함께 있다는 것이 중요하다. 지켜봐주는 치료자의 존재 자체가 치료의 핵심이다. 같은 내담자라도 어떤 치료자와 함께 모래놀이치료를 하는가에 따라 내담자가 만든 작품의 질이나 과정은 상당히 다르다. 또 어떤 사람이 집에서 혼자 모래상자에 작품을 만드는 것과 내담자로서 치료자 앞에서 작품을 만드는 것에는 상당한 차이가 있다. 혼자서 모래놀이상자를 꾸미는 것은 그렇게 큰 의미가 느껴지지 않기 때문이다. 치료자 앞에서 꾸미기 때문에 의미가 있는 것이다.

이와 같이 어떤 작품이 만들어지는가의 여부는 내담자가 만들고 있는 작품에 대해 치료자가 어떤 이해를 가지고 지켜보는가에 따라 영향을 받는다. 즉, 치료자와 내담자 간의 의식적, 무의식적 상호작용의 결과이다. 이때 바람직한 치료자의 자세는 언제나 수용적인 태도로 작품의 제작과정을 음미하면서 함께 즐기는 것이다. 내담자가 모래장면을 창조해 갈 때 치료자는 출현하는 상징들의 사용과 배치를 목격하고 있는 것이다. 치료자가 상징들의 의미에 조율할 수 있을 때 내담자와 치료자 간에 연결이 생기고, 모–자 단일체가 재형성되면 치유력이 발생하게 된다. 이러한 치유력은 치료자가 모래장면과 내담자에게서 통찰한 것을 언어로 표현하지 않을 때조차도 생겨날 수 있다. 모래놀이치료는 치료자의 무의식과 내담자의 무의식이 만나는 작업이기 때문이다.

요컨대, 모래놀이치료자는 모래놀이치료과정 중 모래상자 안에서 또는 모래놀이치료실에서 일어나고 있는 것들을 내담자를 위해 담아주는 심리적 용기(psychological container)의 역할을 하는 것이 중요하다. 이 때 내담자가 안전하게 자기 내면의 소리를 내도록 보호하고 수용하는 자세가 기본적으로 요구된다. 이러한 자세는 특히 어린 아동에게 중요하다. 왜냐하면 어린이의 자아(ego)는 아직 강하게 발달되지 않아 판단하지 않는 성인의 지지를 필요로 하기 때문이다.

2. 공감적 참여와 이미지의 공유

모래, 모래상자, 상징물, 치료자의 구성요소 중, 치료자의 능력이 가장 중요한데, 내담자가 작품을 만들 동안 치료자가 단지 곁에서 지켜보는 것만으로 내담자가 가지고 있는 문제가 해결되는 것은 아니다. 치료자의 공감이 중요하다. 치료자는 정서적으로 내담자와 함께 모래상자에 들어가 라포를 형성하면서 창조활동에 공감적으로 참여해야 한다. 공감적 참여란 치료자가 내담자의 내면, 내담자가 모래상자에 표현한 세계 속으로 들어가서 그 안에서 함께 느끼고 경험한다는 것이다. 우리 현대인들의 많은 심리적인 고통이 고독감, 고립감, 외로움에서 오는데, 누군가가 나와 함께한다는 것만으로도 내담자는 고립감에서 벗어날 수 있고 엄청난 힘을 얻게 된다. 이러한 치료형태는 언어분석과는 다른 종류의 경험을 주게 된다.

모래놀이치료자는 모래상자 속에 표현된 내담자의 경험과 감정을 이해하면서 그것에 동참하는 것이 중요하다. 더불어, 모래놀이치료는 치료자가 내담자의 작품이라는 이미지 세계에 함께 참여하면서 그 작품을 생동감 있게 느끼도록 하는 것이다. 작품 안으로 한 발 다가가면 시야는 다가간 만큼 열리고, 세계 역시 그만큼 전개된다. 이 때 작품에서 새로운 강물소리를 들을 수 있고, 바람소리도 느낄 수 있을 것이며, 작품 속에 서 있는 치료자 자신을 발견하게 될 것이다.

그러나 치료자가 단지 내담자가 작품을 만드는 곁에 있기만 하면 된다는 생각은 안이한 것이다. 바람직한 치료자의 모습은 작품을 이해할 수 있는 지식을 갖추고 있어야 한다. 많은 이들이 모래놀이치료는 "그냥 모래상자가 있으니까 다른 것들은 부족해도 괜찮아. 모래가 다 알아서 해주는 거야."라고 하지만, 반대로 모래놀이치료자는 사실상 많은 걸 알고 있어야 한다. 모래놀이치료는 우리가 의식적으로 흔히 사용하는 언어가 아닌 '이미지의 세계'이기 때문이다. 이미지는 어떤 제한된 의미가 아니라 광범위하게 열려 있는 세계이다. 따라서 상징들의 의미를 우리가 충분히 많이 알고 있을수록 내담자의 세계를 좀 더 제대로 이해할 수가 있다.

치료자가 상징들의 의미에 조율할 수 있을 때 내담자와 치료자 간에 비로소 연결이 생기고, 공감적 참여가 가능해진다. 치료자가 이미지에 대해서, 또 상징에 대해서 지식이 부족하다면 충분히 내담자의 세계를 이해할 수가 없게 된다. 자신의 빈약한 지식이나 경험에 의존하여 내담자를 만나게 된다면 치료과정은 상당히 어려울 것이다. 치료자가 내담자의 세계에 관해서 더 많이 이해하고 참여하면, 내담자는 힘 있게 더 깊이, 더 안으로 들어갈 수 있게 된다. 신화, 문화, 예술, 인류학, 심지어 종교 등에 대해 해박한 지식을 가지고 있어야 이미지의 세계, 상징의 세계를 이해할 수가 있다. 바람직한 치료자는 끊임없이 이미지에 대한 풍부한 지식을 가질 수 있도록 지식과 경험의 확장을 위하여 부단히 노력해야 할 것이다.

또한, 치료자는 내담자에게 주의 깊은 경청의 태도와 판단하지 않는 행동을 보이는 현존하는 모델이 된다. 따라서 치료자는 판단하지 않는 자세로 내담자의 창조적인 세계를 만드는 과정을 주의 깊게 경청하며 관찰하는 능력을 보여야 한다. 아울러, 치료자는 내담자와 내담자의 모래상자를 결합(bond)시키고 연결(link)시키는 역할을 해야 한다. 치료자는 내담자로 하여금 자신이 만들고 있는 세계나 장면이 무의식에 있는 심리내용 중 어떤 것을 어떻게 나타내는지를 보도록 도와준다. 이를 통해 내담자는 깊은 감정을 느끼고 통찰을 얻으며 내면에 감추어져 있던 것을 구체적으로 볼 수 있는 의식의 차원으로 가져오게 된다. 내담자가 떠오르는 감정과 기억을 경험하고 다룰 때 치료자는 내담자의 도우미와 지지자(helper/supporter)의 역할을 해야 한다.

3. '해석'이 아니고 '감상'을 !

치료자는 내담자 스스로의 자연적인 회복력이 발휘되도록 지켜봐주고 안전한 장소를 제공해주는 사람이다. 내담자는 모래상자라는 안전한 공간 안에서 퇴행을 하고, 심리적 갈등과 경험을 드러내게 된다. 이런 경험의 결과로부터 회복이 일어나며 변형이 일어나는 것이다.

내담자의 자기치유력이 적절히 작동하기 시작하면, 치료자도 그 흐름 속에 자신을 맡기는 것이 중요하다. 그 흐름을 왜곡하거나 파괴하지 않도록 주의해야 한다. 무언가 불필요한 말을 한다거나 질문하는 것도 내담자의 내적인 여행을 방해할 수 있기 때문에 이런 것들도 조심해야 된다. 중요한 것은 내담자가 모래놀이를 하는 동안 치료자도 거기에 함께 존재해야 한다는 것인데, 정확한 순간에 내담자와 함께할 수 있으려면 치료자는 비어 있는 상태로 들어가야 한다. 이를 위해서는 치료자의 준비가 필수적이다. 섣불리 해석해서는 안 되고, 감상하는 자세로 그 자리에 있으면 되는 것이다.

예컨대, 모래상자에 말이 놓여 있다면, "왜 말을 두었습니까?"라고 묻지 않고, "말이 있네요"라며 특별한 설명이나 해석없이 감상을 한다. 그러면 내담자와 치료자는 말을 바라 보면서, "이 말은 나한테 무얼 의미하는 걸까?", "나의 무의식은 이 순간에 나로 하여금 이 말을 통해 무엇을 보도록 여기다 놓게 하였을까?" 생각을 해본다. 그 이미지를 보면서 무의식에서 지혜를 얻고자 고요하게, 진지하게 숙고를 하는 것이다.

내담자가 모래놀이를 할 때 함께한다는 것은 영광스러운 일이다. 모래놀이 회기를 함께하는 경험은 내담자가 자신의 가장 깊고 알지 못하는 영역에 대해서 치료자에게 믿고 맡기는 신성한 작업이다. 모래놀이 회기 중에 치료자는 내담자의 내적 탐험을 방해해서는 안 된다. 모래상자를 꾸미는 동안 말을 하지 말아야 한다는 것으로는 충분하지 않다. 겉으로는 조용하면서 안으로 시끄러운 것은 도움이 안 된다. 치료자는 고요하게 있어야 한다.

모래놀이가 끝난 후 호기심 많은 내담자는 치료자에게 돌아서서 "자, 무엇을 의미하는 건가요?"라고 묻는 경우가 있다. 그러나 모래놀이치료자는 다른 사람의 마음세계를 다 알고 꿰뚫어 볼 수 있는 그런 존재가 아니다. 상징의 세계, 이미지의 세계는 우리가 쉽게 해석할 수 있는 영역이 아니다. 다만 시간이 흐르고 계속 숙고하다 보면 적당한 때에 그 의미를 무의식에서 의식으로 알아차리게 해준다. 따라서 섣불리 상자에 대해서 설명해 준다거나 해석하는 것은 오히려 위험하다. 이 때는 치료자가 곧바로 답을 주거나 해석해주기보다 침묵의 소리를 듣게 하기 위해 내담자로 하여금 내면에 계속해서 주의를 기울이도록 다음과 같이 격려하는 것이 좋다.

> "그것이 우리 안에 살아 있게끔 내버려 둡시다. 성급하게 모래놀이를 분석하려 하지 말아야 합니다. 그것이 무엇인지 우리에게 말하도록 내버려 두면 때가 되어 우리에게 말해줄 것입니다."

모래놀이를 마칠 때, 어떤 내담자는 스스로 분석하기 시작할 것이다. 이런 경우에는 다음과 같이 말할 수 있을 것이다.

> "모래놀이는 우리에게 아주 다양한 방식으로 작용한답니다. 단순히 소품이나 언어적 설명보다는 이미지로 우리 자신의 깊은 부분에서 작용하지요... 우리의 모든 언어와 이성을 넘어 마음속 깊은 곳에서 우리 자신의 일부를 치유합니다. 이를 위해 시간을 줍시다."

7장

모래놀이의 감상과 이해

1절 모래놀이 감상 시 고려사항

Martin Kalff(1993)는 모래놀이의 이해를 위해 다각적인 방법으로 접근하였다. 그리고는 모래놀이치료의 감상과 분석 시 고려해야 할 사항으로 20가지의 지침을 제시하였다(B. A. Turner, 2005).

1. 내담자의 성장사와 외부 환경 : 모래놀이 장면은 내담자가 살아온 삶의 역사에 따라 다른 의미를 내포하고 있으므로, 모래놀이의 의미를 이해하기 위해서는 내담자의 성장사와 환경적 요인 모두가 고려되어야 한다. 실제 삶의 환경에서 기대하는 내용이 모래놀이의 장면에 자주 등장하므로 내담자의 성장과정과 삶의 환경에서의 내용을 기억해 둘 필요가 있다.

2. 회기 내용 : 회기를 진행하는 동안 내담자와 치료자 간의 상호작용뿐만 아니라 내담자가 모래상자에서 드러내는 언어적, 비언어적 표현에 대한 적절함도 고려되어야 한다. 모래상자에 대한 내담자의 생각과 감정적인 반응, 심지어 꿈조차 모래놀이에서 의미 있고 중요한 내용을 제공해준다.

3. 치료자의 감정 : 치료자가 모래놀이에 참여하는 동안 전반적으로 혹은 특정 부분에 대해 느껴지는 감정 반응을 살펴보는 것이 필요하다. 또한, 어떠한 투사가 있는지 알아내기 위해 모래놀이를 경험하기 전의 치료자의 감정과

비교해 보는 것도 필요하다. 모래상자에 대한 치료자의 감정적인 반응과 내담자가 느끼는 정서적 반응을 비교하는 것은 매우 중요한 일이다.

4. 공간 : 모래상자에서 공간의 사용은 모래놀이 분석 시 중요한 정보를 제공해준다. 공간에 나타난 이미지는 무의식적인 활동을 나타내며, 텅 빈 장면들은 우울이나 낮은 에너지를 나타낸다. 어떤 상황에서는 비교적 빈 상자가 내적인 명확함과 냉정함의 표시일 수도 있다. 그러나 일관되게 모래상자의 절반가량 혹은 어느 영역이 텅 비어 있는 것은 위협이 되는 내적 경험 또는 심한 불균형을 표현하지 못함을 나타내는 것일 수 있다.

5. 모래의 선택과 사용 : 모래놀이 과정에서 내담자가 젖은 모래 또는 마른 모래를 선택하고 그에 대해 언급하는 것은 내담자에 대해 의미 있고 중요한 정보를 제공해준다. 마찬가지로 내담자가 모래에 어떻게 접촉하는지 여부도 중요하다. 모래 만지는 것을 머뭇거리거나 내켜하지 않는 것은 삶의 물리적 측면과 관련하여 무의식적인 공포 혹은 문제를 나타내는 것일 수 있다. 모래를 고르게 펴는 것은 감정을 통제하거나 강박적 방어를 하려는 욕구일 수 있다.

6. 피규어의 배열과 모래의 형태 : 모래로 어떤 형상을 만드는지, 또 피규어를 어떻게 배열하는지 관찰하면서 형태의 질과 지배적인 특징을 잘 파악해야 한다. 일반적으로 둥근 모양은 여성적 힘의 우월성 혹은 감정적 특성을 나타낼 수 있고, 기하학적인 모양은 지배적인 남성적 힘과 지적인 가치를 나타낼 수 있다. 어떤 태도로 모래상자를 꾸미는가 역시 내담자에 대한 정보를 제공해준다. 아주 진지한 태도로 주의 깊게 모양을 만들고 배열하는 것은 내담자에게 중요한 작업의 의미를 담고 있으며, 아무렇게나 산발적으로 배치하는 태도는 의지가 없거나 주의력의 부족을 나타낼 수 있다.

7. 색 : 모래장면에 나타난 지배적인 색깔이 무엇이냐도 의미 있는 내용을 시사해 준다. 강렬한 붉은 색은 삶에 대한 열망을 표현한다. 우울증이 있는 사람들의 모래놀이에서 강한 붉은 색은 보상적인 태도로 작용한 것으로 볼 수 있다. 초록색이 지배적으로 나타나는 것은 고요하고 생장적인 내적 태도를 나타내주기도 한다.

8. 모래상자의 푸른 바닥 사용 : 모래상자에서 푸른 바닥은 계획된 특정 구역의 오염되지 않은 곳을 나타내기 위해서나 병원처럼 깨끗한 영역을 나타내기 위해 사용되기도 하지만, 일반적으로는 물을 나타내는 것으로 활용된다. 내담자가 물의 수준으로 어떻게 내려오는가를 관찰하는 것은 중요한 일이다. 만약, 내담자가 모래를 파서 물을 보이는 것을 회피한다면 정신내적으로 너무 깊이 들어가는 것을 두려워하는 것일 수 있다. 또 내담자가 처음부터 물로의 접근을 요구한다면 내담자가 내부의 깊고 양육적인 차원으로 접근하려는 것을 나타내는 것일 수 있다. 푸른 부분이 분명하게 물로 사용되었는지 혹은 그에 대해서 혼란스러운지를 보는 것도 중요하다. 물에 육지 물체가 놓여 있거나 수중 동물과 수송 수단이 육지에 놓이는 것은 구별 능력이 미발달했음을 시사한다.

9. 피규어 : 치료자는 사용된 피규어가 무엇인지, 그것이 어떻게 사용되었는지를 인식하고 있어야 한다. 특정 범주의 피규어를 한정적으로 사용하거나 회피하는 것은 내담자의 모래놀이 과정을 이해하는 데 중요한 정보가 된다. 특정 피규어를 회피하는 것은 방어의 표시일 수 있다. 식물이 출현하거나 혹은 부족한 것은 내담자의 성장, 억압, 희망 혹은 외로움의 경험에 대한 중요 정보를 제공해줄 수 있다.

10. 공간 안에서 피규어의 배치 : 모래상자의 대각선으로 반대편 모퉁이에 사물을 배치하는 것은 두 피규어가 가능한 한 멀리 배치되는 것으로, 해당 영역

의 상징적 의미가 상반된 특성을 나타낼 수 있다.

11. 분화의 수준 : 내담자의 자아발달 수준은 모래놀이 장면의 분화 정도로 파악될 수 있다. 모래장면의 분화 수준은 미분화된 채로 피규어를 상자 안으로 던져 버리는 것에서부터, 아무렇게나 배치하는 것, 어느 편인지 불분명한 전투 장면, 분명한 경계가 있는 잘 구성된 장면에 이르기까지 다양한 분화의 수준을 보여준다. 이를 통해 자아발달의 수준을 가늠해볼 수 있다.

12. 피규어와 장면 요소 간의 관계 : 피규어가 서로 연결되어 있는지, 그들이 어떻게 상호작용하는지에 대해서 주목하는 것은 가치 있는 일이다. 이것은 내담자가 다른 사람과의 관계에서 어떠한 느낌을 갖고 있는지, 내담자의 정신적 측면이 어떻게 연관되었는지를 나타낸다. 피규어 간, 그리고 관련 요소 간 관계 질의 변화는 치유방향을 시사하는 좋은 지표가 된다. 피규어와 장면 요소 간에 관련성이 없거나 수평적인 장면은 심각한 장애의 표시일 수 있다. 예컨대, 다리의 존재는 성격의 어떤 측면으로의 연결과 좀 더 큰 에너지 수준으로의 접근을 나타낼 수 있다. 동일한 요소를 연결하는 다리나 아무렇게나 놓인 다리는 낮은 에너지 혹은 결정 능력의 부족함을 나타내는 것일 수 있다.

13. 개인적 표현 : 내담자가 모래로 얼굴이나 몸의 형상을 만드는 것은 자신의 정체감을 나타내려는 개인적 욕구로 볼 수 있다. 모래상자에서 특별하고 독특한 표현을 하기 위해 자신의 피규어를 만들거나 집에서 가져오기도 한다.

14. 역동적이거나 정적인 특성 : 모래상자에서 움직임 혹은 움직임의 방해 양상은 바로 내담자의 에너지 흐름에 대한 중요한 정보를 제공해 준다. 움직임이 잘 유지되고 있는지, 연결되는지, 자유롭거나 혹은 무질서한지에 대한 고찰은 필수적이다. 움직임이 방해받고 있는 경우에는 차단된 에너지의 출

구가 어떻게 표시되어 있는지를 찾아내는 것이 중요하다. 또한 차단된 체계의 특성을 탐색하는 것도 유용하다. 그것이 안정, 집중과 경계를 요구하는 것인지, 아니면 활동을 방해하고 좌절된 에너지를 나타내는 것인지를 이해할 수 있어야 한다.

15. 모래 사용에 대한 두 가지 차원 : 모래놀이는 3차원적인 작업이지만, 또한 2차원적 그림을 그리는 것과 같은 맥락으로도 모래상자와 피규어를 사용할 수 있다.

16. 의식의 접근 : 모래상자에서 펼쳐지는 장면으로 의식 혹은 무의식의 수준을 볼 수 있다. 의식의 수준은 일상적으로 반복되는 현실 장면의 특성으로 나타난다. 멀리 떨어진 장소와 시간이 함께 존재하는 모래상자 혹은 상상의 장소는 일상의 삶에서 나타나는 평범한 장면보다 의식에서 좀 더 떨어진 장면을 보여준다. 이처럼 모래장면의 내용에 따라 다양한 정신의 수준이 관찰될 수 있다.

17. 상징의 의미 : 상징을 해석하기 위해서는 신화, 상징, 종교, 민담, 꿈 등에 대한 해박한 지식이 요구되지만, 개별 내담자의 사례 특성 안에서 고려되어야 한다. 비록 내담자가 무의식적으로 상징에 대한 집단적 의미를 사용할지라도 특정 상징에 대해 내담자가 지니고 있는 연상과 감정에 더 비중을 두어 살펴보아야 한다. 모든 상징은 극단적으로 부정적인 내용에서부터 극단적으로 긍정적인 내용까지 다양한 의미를 가진다. 어떤 상징이 특정 내담자의 사례와 어떻게 관련되는지를 알아내는 것이 중요하며, 단순히 상징 사전에서 의미를 이끌어 내서는 안 된다.

18. 전체 과정 맥락에서의 해석 : 치료자는 모래상자들의 전후 관계 속에서 각 모래상자를 분석해야 한다.

19. 내적 발달패턴에 따른 해석 : 모래장면에 표현된 피규어와 관련 요소들 간의 관계를 면밀히 분석함으로써 개인의 심리발달 과정을 파악할 수 있다. 자아의 분화, 그림자, 아니마/아니무스의 출현과 같은 모래놀이 과정에 대한 분석을 통해 자아발달단계를 가늠할 수 있다. 노이만(Neuman, 1976)의 의식발달단계는 모래놀이 치료과정에서 발달 지표의 준거로 활용될 수 있다.

20. 내담자와 치료자 간의 관계 : 모래놀이와 그 요소들은 치료자와 내담자의 관계, 전이, 역전이의 지표가 될 수 있다. 내담자와 치료자 간의 의식적, 무의식적 행동과 반응의 복잡한 상호관계가 모래놀이에서 나타나기 때문이다. 자기(Self)의 표현은 치료자가 내담자의 모래놀이 과정을 담아주고 자유롭고 보호된 공간을 제공해 줌으로써 형성된 관계의 자연스러운 결과이다. 피규어들 간의 관계와 배치는 치료자에 대한 내담자의 심리나 관계가 편하거나 어려움을 표현하는 것일 수 있다. 특정 피규어에 대한 내담자의 선택은 의식적이든 무의식적이든 치료자의 특성을 표현한 것일 수 있다.

이상과 같이 Martin Kalff는 모래놀이치료의 이해를 위한 지침을 제시해 줌으로써 모래놀이 내용과 과정을 이해하는 데 유용한 정보를 제공해 주었다. 또한 그는 내담자의 개인적인 역사와 경험에 대한 지식을 바탕으로 작업이 이루어져야 함을 강조하였다.

2절
첫 상자의 의미

Dora Kalff(1988)는 모래놀이치료과정에서 제일 처음 꾸미는 첫 상자에 특별한 관심을 가졌다. 첫 번째 상자는 내담자의 치유를 위한 방향과 자원의 지표일 뿐 아니라, 문제의 지표를 포함하기 때문이다. 칼프는 모래상자에서 가장 먼 거리에 위치하고 있는 대각선 상의 피규어들은 내담자가 전달하고자 하는 갈등으로 볼 수 있는 상반된 극단적 힘을 나타낸다고 보았다. 이러한 양극적 대치가 첫 번째 상자에서 나왔을 때, 이 장면의 상징적 내용은 종종 수행해야 하는 과업을 나타낸다고 하였다. 예를 들어, 첫 상자에서 대각선으로 반대편 위치에 놓여진 피규어들이 모성성 혹은 부성성에 대한 어둡고 밝은 모습을 보인다면, 이는 어머니 혹은 아버지에 대한 원형적인 구성요소의 상처 치유나 변형과 관련이 있는 것이라고 보았다. 또한 칼프(1988)는 첫 번째 모래상자가 치료에 대한 내담자의 감정과 무의식에 대한 내담자의 태도를 나타내는 것임을 강조하였다.

이와 같이 모래놀이 치료과정에서 표현되는 모래상자는 내담자 내면세계의 흐름과 치유의 변화과정을 반영하므로 매 회기 중요한 의미를 담고 있지만, 이 중에서도 특히 내담자가 처음으로 만드는 첫 상자는 좀 더 특별한 의미를 지닌다. 본 절에서는 사례를 토대로 첫 상자의 특별한 의미를 구체적으로 살펴보고자 한다.

1. 앞으로 전개될 사례에 대한 전반적 소개

첫 번째 상자는 마치 연극을 시작할 때 등장인물을 소개하는 출발점에 비유할 수 있다. 앞으로 전개될 이야기, 내면의 자아상, 치유의 주제, 내담자가 지니고 있는 심리적 에너지와 내적 자원 등 사례에 대해 전반적으로 소개하는 내용이 그대로 반영된다.

사례 1 40대 중반 여성의 첫 상자

[그림 7-1] 40대 중반 여성의 첫 상자

[그림 7-1]은 이혼 후 분노와 불안 등의 심리적 고통으로 힘들어하는 40대 중년 여성이 꾸민 첫 상자이다. 양손으로 모래를 주물럭주물럭 하면서 눈으로는 선반을 유심히 살펴보다가 하나의 소품을 가져다 놓고, 또 다시 모래를 주물럭 하면서

선반 위의 소품들을 살펴보다가 또 하나의 소품을 가져다 놓는 반복된 행동을 보이며, 모래상자의 상단 맨 왼쪽부터 순서대로 하나씩 하나씩 소품을 가져다 놓으며 자리를 채워나갔다. 그야말로 무대 뒤에서 등장인물이 한 사람씩 나와 인사를 하고 자리를 잡는 것과 같았다. 소품을 모두 가져다 놓고는 각각의 소품에 대한 설명을 하였다. "어린 시절이 생각나서 유모차를 갖다 놓았고, 악기를 연주하고 싶어서 연주하는 남자를… 어머니가 생각나서 어머니상을… 편히 쉬고 싶어서 침대를… 선물받고 싶어서 선물을… 누구를 찌르고 싶어서 칼 든 남자를… 취하도록 마시고 싶어서 술 마시는 사람을…" 내면의 다양한 자아상과 심리적 문제, 치유의 과제 등을 소개하는 전형적인 첫 상자의 특성을 보여주는 사례이다.

2. 현재의 심리 상태와 치유과정 암시

첫 번째 상자는 현재 내담자의 심적 상태와 앞으로 이루어질 치유의 과정 및 내용을 암시해 준다. 또한 치유과정에서 활용될 수 있는 내담자의 강점과 자원, 에너지의 수준을 보여준다. 이처럼 첫 번째 상자는 내담자의 치유를 위한 방향과 자원의 지표가 된다.

사례 2 50대 중반 여성의 첫 상자

[그림 7-2] 50대 중반 여성의 첫 상자

[그림 7-2]는 50대 중반 여성이 꾸민 첫 상자이다. 이 상자에는 전통집들과 나무들, 우물, 절구질을 하는 여성, 물동이 안고 있는 여성, 아기를 업고 있는 여성 등 다양한 사람들이 등장하였다. 많은 소품들이 놓여졌지만, 공간배치로 볼 때 가운데가 텅 비어 있다. 중심이 휑하게 비어 있는 것으로 보아 심리적 공허감이나 우울감이 내재되어 있을 수 있다. 그런가 하면 상자의 둘레에는 마치 울타리를 친 듯 빼곡히 소품들이 둘러쳐 있다. 외부세계에 대한 불안, 혹은 외부 세계와의 관계에서 어려움을 느끼고 있을 수 있다. 한편, 피규어들이 촘촘히 에워싸고 있는 모래상자의 둘레에서 내담자 바로 앞에 있는 상자 하단의 가운데만 유일하게 열려 있어 무의식으로의 내향화가 예상된다. 모래놀이치료의 과정을 거치면서 텅 비어 있던 중앙 부분에 중심이 되는 무언가가 채워져 불안으로부터 벗어나고 관계에서의 회복이 이루어질 것으로 기대된다.

3. 해결해야 할 문제와 과제 시사

첫 상자는 모래놀이치료를 통해 해결해야 할 문제와 과제를 시사해 준다. 와인립(Weinrib, 2004)은 첫 상자는 좀 더 의식적, 현실적 장면이 될 수 있지만, 그럼에도 현재 지니고 있는 내담자의 문제와 가능한 해결에 대한 방향을 보여준다고 하였다.

사례 3 고교 2학년 남학생의 첫 상자

[그림 7-3] 고교 2학년 남학생의 첫 상자

[그림 7-3]은 초등학교 시절부터 상급생과 또래들로부터 성적 희롱과 왕따를 경험하다가 고등학교 2학년이 되어서는 자신이 성폭력 가해자가 되어 의뢰된 고등학교 남학생이 꾸민 첫 상자이다. 이 상자는 일단 뭔가 어수선하고 많은 피규어들로 꽉 차 있다는 특징을 보인다. 내면에 무언가 꽉 차 있는데, 주제가 너무 다양하다. 통합이 되어 있지 않고 여러 문제가 한꺼번에 쏟아져 나온 모습이다. 기차가

철로에서 궤도 이탈해서 쓰러져 있는데, 그만큼 이 내담자의 내면에는 뭔가 지금 쓰러져 있는 상태, 궤도 이탈된 상태, 뭔가 아수라장이 된 상태를 반영한다. 상자 오른쪽에 즐비하게 놓여 있는 군용무기들, 그리고 왼쪽 편에 상자 밖으로 몸이 반쯤 나가 쓰러져 있는 권투선수와 격투기선수 등은 그야말로 내담자 안에 내재된 어마어마한 분노와 공격성이 조절이 안되고 전복되어 있는 모습을 보여준다.

그런데 여기에 또 다른 두 가지 측면이 있다. 하나는 왼쪽 하단 파티션 뒤에 있는 오줌싸개상이다. 오줌을 싸 키를 뒤집어쓰고 소금을 구하러 다니는 상이 파티션 뒤에 숨어 있다. 즉, 조절되지 못하는 분노와 공격성 뒤의 깊은 무의식 속에 내담자의 수치심이 가려져 있다. 또 하나는 오른쪽 상단의 미끄럼틀 위에 경찰관 아저씨가 서 있다. 이 상자에 펼쳐진 장면의 대부분이 위험한데 다행히도 저 경찰관이 뭔가 상황을 정리하고 통제할 것 같고, 위험상황이 일어나지 않도록 예방도 할 것 같고, 위험상황에서 대처하는 역할을 할 것 같다는 느낌을 받을 수 있다.

이와 같이 [그림 7-3]은 성폭행 가해자로 의뢰된 고교 2학년 남학생이 꾸민 첫 상자로, 내담자의 넘치는 공격성과 궤도를 이탈하고 링 밖으로 나가려는 무너진 조절력, 그리고 남에게 보이고 싶지 않아 내면 깊은 곳에 숨겨둔 수치심, 그래도 나름대로 조절하고 통제하기 위해 존재하는 저 경찰관의 모습 등 내담자의 복잡한 심리상태와 내담자가 해결해야 할 문제가 무엇인지, 앞으로 전개될 치유의 과제와 방향이 어떠한지를 보여주고 있다.

4. 치료자와 내담자의 심리적 첫 만남

내담자가 처음 모래상자를 꾸밀 때 내담자와 치료자 간의 심리적 만남이 시작된다. 첫 번째 상자는 모래놀이를 처음 시작하면서 문이 열리고, 내담자가 미지의 깊은 정신세계로 떠나는 자신의 여행에 동참하도록 치료자를 초대하는 것이다. 즉, 첫 번째 상자는 함께 여행할 영혼들의 첫 만남이고 출발점이라 할 수 있다. 그리고 이러한 만남을 실제로 모래상자에 표현하기도 한다.

사례 4 40대 초반 남성의 첫 상자

[그림 7-4] 40대 초반 남성의 첫 상자

[그림 7-4]는 40대 초반 남성이 꾸민 첫 상자인데, 여기에는 단 두 개의 소품만 놓여져 있다. 알을 품고 있는 닭과, 탁자를 사이에 두고 서로 바라보며 둘이서 무언가 하고 있는 두 도인의 상인데, 무언가 그들만의 세상, 그들만의 게임, 어쩌면 내담자와 치료자만이 알고 있는 세상을 표현한 상이라고 볼 수 있다. 두 영혼이 내적 세계로의 여행을 함께 떠나, 결국 알에서 새로운 생명이 탄생할 것이 기대되는 상자이다.

이와 같이 첫 상자는 특별한 의미를 지닌다. 따라서 모래놀이치료를 진행하는 과정에서 자주 첫 번째 상자로 돌아갈 필요가 있다. 회기를 진행하다가 가끔씩 첫 번째 상자 사진을 보면서 '아, 이 내담자의 문제가 이거였지, 이때 에너지가 이런 상태였지.' '그런데 지금은 현재 이렇게 변화가 되고 있구나. 이렇게 흘러가고 있구나.' 하면서 살펴보는 것은 치료과정에서 매우 중요한 작업이 된다. 첫 상자와 비교해 보면서 현재 내담자가 진행 중인 치유단계를 파악해보는 것, 이것도 치료자가 중간에 수시로 점검해야 할 작업인 것이다. 프리드먼(Friedman, 1994)은 첫 번째 모래상자를 검토하는 것이 내담자에게 특별히 문제되었던 부분을 알게 해주고, 작업의 방향 지표로서 문제와 강점에 주의를 기울일 수 있게 해 준다고 강조하였다. 이처럼 첫 번째 상자는 앞으로 전개될 모래놀이치료의 과정을 시사하고, 예견케 하고, 내담자의 내면세계를 보여주는 상징들로 충만하다.

3절

모래장면의 흐름과 변화 파악하기

첫 회기가 지나고 계속적으로 모래놀이치료가 이뤄지면, 상황이 어떻게 진행되고 변화되고 있는지를 파악하기 위해 중간 중간 첫 상자와 비교하고 또 이전 회기의 장면들과 비교하면서 치료과정을 파악하게 된다. 이 때 모래놀이치료는 두 가지 의사소통체계가 작동된다는 점에서 커다란 장점을 지닌다. 언어를 통한 의사소통뿐 아니라, 모래놀이라는 또 하나의 의사소통 매체를 활용할 수 있다. 즉, 하나는 상자를 꾸민 다음에 함께 이야기를 나누기 때문에 '언어'라는 의사소통 도구가 작동되고, 또 다른 하나는 '모래놀이'를 통한 이미지와 정서를 가지고 의사소통을 하게 된다. 그런데 이 이미지와 정서는 언어보다 더욱 강렬한 의사전달의 수단이 된다. 아울러, 모래놀이치료는 객관적으로 관찰될 수 있는 구체적인 이미지를 제공해줌으로써 모래놀이치료과정이 진행됨에 따라 내담자의 심리상태와 내적 문제가 어떻게 전개되고 변화되어가는지를 직접적으로 보게 해주는 매력도 지니고 있다.

이와 같이 모래놀이치료는 두 가지 통로로 내담자와 치료자 간에 의사소통이 이루어진다. 또한 치유의 과정과 심리적 변환의 단계를 가늠할 수 있는 가시적인 도구를 가지고 있어 치료의 흐름과 변화의 내용을 파악할 때 매우 유용하고 편리하다. 본 절에서는 모래놀이치료의 진행에 따라 나타나는 모래장면의 변화와 흐름의 예를 실제 사례를 가지고 살펴보고자 한다.

사례 5 50대 여성 사례

[그림 7-5] 50대 여성의 첫 상자

[그림 7-5]는 50대 여성이 꾸민 첫 상자이다. 소품이 상자의 왼쪽 가장자리에만 조금 놓여 있고 거의 대부분은 비어 있는 상태이다. 왼쪽 하단에 기타가 세워져 있고, 소파에 앉아 있는 두 사람은 엄마와 딸이라고 하였다. 그 앞에 주전자와 찻잔 등이 있고, 소파 옆으로 나무가 있다. 이것이 첫 번째 상자의 장면이다.

일단 이 상자의 장면을 보면 아직 연주는 하고 있지 않지만 그래도 악기가 놓여 있어서 감성이 살아날 가능성을 볼 수가 있다. 그리고 소파에 엄마와 딸들이 있는데, 아빠는 일부러 놓지 않았다고 하였다. 이 내담자에게는 실제로 남편과 딸들이 있는데, 일부러 아빠를 놓치 않았다는 것은 이 내담자가 해결해야 할 어떤 내면의 남성상, 부정적인 아니무스상의 이슈를 시사한다. 다음으로, 딸들하고 딱 붙어 있는 모습을 봤을 때 아직 딸과 분리가 안 된 모습을 볼 수 있고, 테이블 위에 놓여 있는 주전자와 컵을 보면, '마실 물이 필요한 사람이구나.'를 알 수 있다. 갈증을 느꼈을 때 우리가 먹는 게 물인데, 무언가 갈증을 느낀다는 것은 내 안에 욕구가 있다는 표현이 될 것이다.

이와 같이 〈사례 5〉의 첫 번째 상자에서는 가족콤플렉스가 표현되고, 일방향으로 앉아 있어 상호작용이 없음을 보여준다. 뜨개질하는 자신의 모습은 집중과 내면작업을, 찻잔은 대화와 소통, 관계에 대한 욕구를 상징하며, 갈증은 욕구를 표현하는 중요한 사인이다. 놓여 진 소품은 이것이 전부이고 상자의 많은 부분이 손바닥으로 평평하게 눌려진 채 아무것도 놓여 있지 않고 텅 비어 있다. 에너지가 왼쪽에 조금 있을 뿐 모두 억압되어 있어 의식에서는 에너지가 거의 없이 우울한 상태일 것이다. 이러한 장면을 보면 치료자는 '저 억압된 측면에는 무엇이 내재되어 있을까?' 하고 생각하게 된다. 이제 첫 상자이기 때문에 과연 저 억압된 부분에는 무엇이 있을지, 언제쯤 억압된 내용이 올라오게 될지를 기대하면서 다음 상자를 봐야 한다.

[그림 7-6] 〈사례 5〉의 두 번째 상자

[그림 7-6]은 동일한 내담자가 꾸민 두 번째 상자이다. 이전 상자에서 평평하게 눌려져 있던 영역들에 많은 상징물들이 놓여 있다. 억압되었던 영역에서 많은 것

들이 올라와 있는 모습이다. '저런 것들이 억압되어 있었구나.'라고 눈으로 볼 수 있는 시각적인 자료를 제공해 준다는 것이 모래놀이치료의 엄청난 장점이라고 할 수 있다.

이전 상자와 마찬가지로 모래상자 하단에 소파가 있고 엄마와 딸이 있다. 테이블과 주전자 역시 있다. 기타 대신 이번에는 피아노가 놓여 있다. 그런데 아직 피아노를 연주하는 사람이 없어서 기타와 마찬가지로 '가능성', '무언가 감성이 살아날 가능성은 있구나.'라는 걸 볼 수 있다. 딸의 모습은 얼굴을 가리고 있는 상이다. 무언가 내면에 남들한테 보이고 싶지 않은 측면이라 볼 수 있다. 말로는 딸이라고 했지만, 분석심리학적으로 저 딸은 내 안의 새로운 여성, 젊은 여성을 상징하므로 내 안에 뭔가 가리고 싶은 내면의 특성이 나와 있는 것이다. 여전히 물이 있어서 무언가 욕구가 필요한 상태임을 보여준다.

다음으로, 억압된 곳에서 올라온 상들을 보면 맨 왼쪽에 신전이 있다. 신전은 굉장히 경건한 곳이므로, 내담자가 아주 진지한 마음으로 자신의 내면세계, 정신세계를 숙고하는 의미로 볼 수 있다. 자유의 여신상은 무언가 속박으로부터 벗어나는 것이 필요한 부분일 것이다. 돌진하는 소와 투우사의 상은 조절이 안 되서 돌진하는 내면의 억압된 분노로 볼 수 있다. 하단에는 콜로세움과 피라미드가 있는데, 둘 다 공통적으로 죽음과 관련된 상들이다. 콜로세움은 고대 검투가 열리던 정말 피비린내 나는 죽음, 악의 다툼, 그래서 굉장히 오래된 분노와 투쟁과 죽음을 상징하고, 피라미드 역시 죽음과 관련된다. 피라미드는 죽은 자들이 묻힌 무덤이므로, 죽어 있는 자신의 무언가를 시사한다. 이처럼 분노와 다툼, 죽음 등과 같은 많은 무거운 것들을 누르고 억압하느라 이 내담자의 많은 에너지가 다 소진되었을 것이다. 이 사례는 내담자가 심한 우울감을 호소하던 사례였는데, 많은 부정적 정서를 적절히 해소하지 못한 채 내면으로 억압하고, 그렇게 하는 데 거의 모든 에너지를 쏟느라 현실적인 삶을 살아가기가 힘겹고 우울할 수 밖에 없었을 것이다.

[그림 7-7] 〈사례 5〉의 9회기 상자

[그림 7-7]은 같은 내담자의 9회기 모래상자의 장면이다. 이 모래장면에서 이전 상자와 비교해 변화를 봐야 할 부분은 바로 악기이다. 악기는 음악을 연주하는 것이기 때문에 감성(feeling)을 상징한다. 그런데 그 악기들의 위치가 달라졌음을 볼 수 있다. 앞서 1회기와 2회기 상자에서는 맨 왼쪽 하단, 가장 깊은 무의식 영역에 악기가 있었던데 반해, 이 상자에서는 기타도 오른쪽 상단으로 가고 피아노도 오른쪽 상단, 즉 의식의 자리로 이동을 하였다. 그만큼 의식화의 가능성, 살아날 가능성, 또는 내담자의 감성이 이미 올라왔을 가능성이 높다. 또한 피아노가 이전 회기에서는 조그만 피아노였는데, 지금은 아주 큰 그랜드 피아노로 바뀌었다. 이는 더 큰 음악을 연주해낼 수 있는 더 큰 감정이 일어날 수 있는 가능성을 나타낸다. 그런데 아직 연주자가 없고 빈 의자여서 지금은 활성화되기 이전의 준비가 된 상태인 것이다.

다음으로, 왼쪽 측면에 새장이 있는데, 새장 안의 새는 아직 갇혀 있는 상태이다. 2회기에서 자유의 여신상, 무언가 속박에서부터 벗어나는 이슈가 이 내담자의 내면에 있었는데, 그것이 이 새장의 새로 바뀐 것이다. 문만 열면 나갈 텐데 아직까지는 날지 못하는 상태이다. 피아노도 준비가 되어 있지만 아직까지는 연주가 되지 않는 상태이다. 그래도 1회기, 2회기에 비해서 상당히 많은 것들이 진전된 모습을 볼 수가 있다. 또한 1회기, 2회기에서는 조그만 찻잔과 주전자였지만 지금 여기서는 커다란 식탁과 푸짐한 음식들로 바뀌었다. 앞서는 정말 물 한 모금 먹을 힘밖에 없었는데, 이제는 이렇게 많은 음식을 먹을 만큼, 이 음식들을 놓을 수 있을 만큼의 힘이 생겼음을 보여준다. 즉 '(너무 우울해서) 정말 아무 것도 먹고 싶지 않아.'가 아니라, '이제는 이런 많은 음식을 먹고 싶어.'라는 굉장히 많은 감성과 의욕이 살아나고 그 만큼 힘이 생긴 상자라는 것이다. 그리고 음식이 가득 놓인 식탁에 모여 앉은 사람들은 관계에 대한 욕구와 감정, 양육이 일어나고 있음을 보여준다.

이와 같이 모래놀이치료는 과정의 흐름과 변화의 내용을 눈으로 볼 수 있는 객관적이고 가시적인 자료로 볼 수 있다는 장점이 있다. 그리고 치료자는 이러한 모래놀이치료의 장점을 활용하여 회기가 진행되면서 상징물들이 어떻게 변화되고 있는지 흐름과 변화를 잘 파악하면서 유념해서 모래상자의 장면을 감상하고 이해해야 한다.

IV부

모래놀이치료의 분석

8장

상징과 모래놀이치료

1절

상징의 의미와 기능

상징(symbol)이라는 용어는 어원적으로 살펴보면 '함께하다'는 의미를 가진 그리스어 동사 symballo에서 파생된 symbalon에서 나왔다. symbalon은 원래 도자기나 금속 등 하나로 되어 있는 물건을 두 사람이 헤어질 때 반으로 나누어 가졌다가, 오랜 시간이 흐른 다음 다시 만나서 나누어진 부분을 맞춰 보고 그것이 원래 하나였음을 확인하는 물체였다(김성민, 2003). 이처럼 상징이란 결합을 통해 비로소 어떤 주제와 의미가 통합되어 연상될 수 있는 것으로, 아직 의식에 의해서 파악되지 않은 어떤 복합적인 사실에 대한 최선의 표현물이라 할 수 있다. 상징은 그것을 매개로 하여 다른 것을 알게 하는 작용을 가진 것으로서, 인간에게만 부여된 고도의 정신작용의 하나라고 할 수 있다.

융은 상징이란 알레고리(allegori, 비유)도 아니고, 신호(signal)도 아니며, 대부분 의식을 초월한 내용으로 이루어진 상으로서, 그 본질이 아직 알려져 있지 않았기 때문에 다만 짐작될 수밖에 없는 무의식의 내용을 표현하는 가장 좋은 표현수단이 된다고 하였다. 또한, 원형이 형상화된 것을 상징이라 하였다. 원형이란 시간을 초월해서 보편적으로 존재하는 선험적 행동패턴과 경험패턴인데, 원형이 하나의 상으로 나타난 것이 바로 상징물인 것이다.

모래놀이치료의 선구자 칼프도 "모래놀이과정은 상징적인 언어로 스스로를 표현하기 때문에 종교, 신화, 동화, 문학, 미술에서 표현되는 것과 같은 상징 언어에 대한 깊은 지식이 요구된다"고 하였다. 그러므로 내담자가 표현하는 내면세계를 모래놀이치료자들이 제대로 파악하고 분석하기 위해서는 상징에 대한 이해가 필요하다.

모래놀이치료에서 사용되는 소품을 피규어(figure)라고 하는데, 이 피규어는 바로 상징물이 된다. 모래놀이치료에서는 모래상자에 나타난 이미지를 통해 상징의 세계로 가고, 다시 상징을 통해 원형으로 가게 된다. 모래상자 위에 올려진 상징물들을 보면서 나의 무의식은 이 장면을 통해 나에게 어떤 메시지를 주고 있는가를 곰곰이 숙고하게 된다. 모래놀이치료에서 모래상자는 곧 내담자의 정신세계를 나타내는 것이며, 상자에 펼쳐진 장면과 상징물들을 통해 정신에너지의 흐름과 상태, 원형과 내면의 자아상들을 보게 된다.

상징은 기호(sign)와는 다르다. 기호는 명백히 정의될 수 있는 어떤 대상이 있는 데 반해, 상징은 언어로 표현될 수 없는 내면의 경험 수준을 의미한다. 상징물의 경우에는 같은 상징물이라고 해도 내담자에 따라서 어떤 내담자에게는 상징으로, 또 어떤 내담자에게는 기호로 기능할 수도 있다. 예를 들어, 십자가를 모래상자에 놓았다고 할 때, 어떤 내담자의 경우에는 이 십자가의 상징적인 의미, 즉 영적인 것과 물질적인 것의 신비스러운 교차점이라는 상징으로 활용되었을 수도 있고, 또 어떤 이들에게는 단지 교회와 같은 건물의 의미로 사용되기도 한다. 후자의 경우에는 기호로 사용되는 경우이다. 그렇기 때문에 상징의 의미를 볼 때는 조심스럽게 다루어야 한다. 이것이 단순한 기호인지, 아니면 어떤 함축된 의미를 내포하고 있는 상징인지 조심스럽게 다루어야 된다.

한 예로서, 어떤 아동이 상자를 꾸미는데 젖소 한 마리를 계속 들었다 놓았다 한다. 젖소 한 마리를 가져와 상자에 놓았다가 다시 치우기를 반복하다가 상자 꾸미는 내내 왼손에 그 젖소 한 마리를 들고는 오른손으로 다른 상징물들을 갖다놓았다. 분명히 이 내담자한테 젖소는 다른 상징물보다 마음이 가는 소품인 것이다. 그러면 치료자는 생각하게 된다. 놓지 못 하고 계속 내담자의 손에 쥐어져 있는 저 젖소는 어떤 의미일까? 젖소는 우유를 공급해주는 소이다. 소 하면 우리에게 고기나 우유를 공급해주는 그런 원천일 수도 있지만, 문화인류학적인 상징물로 볼 때 소를 신성시하는 힌두교 신자들에게 소는 우리한테 우유를 공급하는 원천이기보다는 어머니의 상징이다.

어떤 경험을 하고 있는 내담자에게 그것이 어떤 의미를 가지고 있는지를 파악하는 것이 치료자에게는 매우 중요하다. 어떤 이에게는 기호가 되지만 어떤 이에게는 젖소가 생애 초기에 생존을 가능케 하는 젖을 주는 모성상일 수도 있다. 그렇기 때문에 우리는 상징에 대해서 정말 조심스럽고 폭넓게 다가가야 된다. 하나의 상징물, 소품을 보면서도 과연 이것은 무엇을 의미하는가를 곰곰이 살펴봐야 한다. 이와 함께, 어떤 사물에는 보편적인 상징의 의미가 존재한다는 전제를 가지고 치료자 자신에게는 그것이 어떤 의미가 있는지를 생각해보는 것도 중요하다.

따라서 모래놀이과정에서 표현된 상징의 의미를 이해하고 해석하기 위해서는 상징과 관련하여 고려해야 할 사항들이 있으며, 구체적으로 다음과 같다.

- 내담자 및 내담자가 꾸민 모래장면에 대해 특별하게 느껴진 감각이나 감정
- 상징물에 대한 내담자의 연상과 기억
- 모래장면의 전반적 느낌과 특징
- 모래장면과 관련된 신화나 민담

이를 통해 알게 된 내담자의 개인적 역사와 주요 이슈들, 그리고 상징의 보편적 의미들을 통합하여 상징의 의미를 이해하여야 한다. 그렇지 않고 단순히 상징 사전과 같은 일반적 의미에 의존하여 상징을 섣불리 해석한다면 잘못된 해석은 물론, 내담자에 대한 잘못된 이해를 하는 오류를 범할 수 있다. 같은 상징이라 하더라도 내담자에 따라 그 의미가 다를 수 있으므로 내담자의 개인적 경험, 확충, 연상 등을 충분히 들어야 상징의 원형적 의미와 개인적 의미를 이해할 수 있게 된다. 동일한 내담자가 동일한 상징을 사용했다 하더라도 치료회기에 따라 그 의미가 달라질 수도 있다.

상징의 의미를 이해하는 과정을 융은 '확충'이라 하였는데, 이는 연상 방법 이외에 동화, 신화, 의례, 모든 인문과학, 나아가 영화나 문학작품, 역사, 과학적 지식, 현대에 발생한 사건들에까지 확충하여 내포된 공통적인 모티브를 찾아내어 상징

이 의미하는 바를 찾아내는 과정이다. 확충 방법의 타당성은 인류문화유산에 들어 있는 주제가 내담자의 깊은 내면과 일치하고 내면의 깊은 무의식과 연결되었을 때의 정서가 내담자와 치료자에게 깊은 감동을 준다는 것에 있다. 힐(Hill, 2010)은 확충이란 논변적 상징성과 직관적 상징성 간의 간격을 메우는 것이라고 하였다. 즉, 이미지의 즉각성을 비교, 숙고, 개념 등의 수단을 사용하여 언어로 간격을 메우는 것이다. 확충의 목표는 이미지를 개념으로 바꾸는 것이 아니라, 상상을 자극하고 역사적인 메트릭스 안에 근거시키며, 특정한 삶의 맥락에 대해 정서와 상징으로 표현된 의미들을 연결시키는 것이다.

2절
상징의 고찰

모래상자에 놓인 여러 가지 피규어, 즉 상징물들을 통해서 모래장면의 의미를 파악하게 된다. 본 절에서는 먼저 일상생활에서 가장 밀접하게 사용되는 수의 상징에 대해서 살펴보고자 한다. 한편, 동물소품은 자기를 발견할 수 있는 개성화 과정의 중요한 매체로 작용한다. 따라서 모래놀이치료 과정에서 자주 등장하는 대표적 동물인 개구리와 거북의 상징적 의미를 살펴보고자 한다.

1. 수의 상징

사물의 개수를 셀 때 우리는 '수'를 사용한다. 한 개, 두 개, 세 개…, 어떤 행위를 시작할 때도 '하나, 둘, 셋!'이라는 수를 신호로 사용한다. 이처럼 우리의 일상행활에서 '수'는 다양한 용도로 활용되는데, 각각의 수에도 의미가 있다. 아주 옛날 전통사회에서는 부자들이 집의 크기로 자신의 부를 과시하곤 하였다. 99칸짜리 집은 가장 큰 집, 최고 부자의 상징이었다. 왜 100칸이 아니고 99칸일까? 그것은 바로 오래 전부터 수에 대해서 지니고 있는 문화적 신념, 바로 상징적 의미가 있기 때문이다.

모래상자에서도 다양한 수의 형태로 피규어들이 등장한다. 어떤 피규어들은 짝으로 나타나기도 하고, 또 어떤 피규어들은 셋, 넷으로 나타나기도 한다. 그 의미가 무엇인지, 어떠한 역동성이 관련되어 있는지를 좀 더 깊이 이해하기 위해서는 수의 상징에 대해 알 필요가 있다. 그러나 숫자 상징의 의미를 적용할 때는 주제에 대한 충분한 이해가 전제되어야 한다. 또한 상징의 의미를 볼 때는 상징적 특성의 긍정적 측면과 부정적 측면 모두를 고려하는 것이 필요하다. 빛이 있으면 그림자가 있듯, 모든 상징에는 긍정적 의미와 부정적 의미가 함께 내포되어 있다.

수의 상징적 의미를 보면, 다음과 같다.[1)]

구분	의미	긍정적 측면	부정적 측면
1의 원형 : 통일성	하나는 나누어지지 않은 전체 또는 표현의 가능성을 갖는 조화를 가리킨다. 없음에서 있음의 존재, 그리고 하나부터 시작되기 때문에 시작을 의미한다. 모양으로 묘사할 때 하나의 점 또는 모든 가능성을 포함하는 빈 동그라미를 의미한다.	창조성, 안전과 안정감	가로막히고, 고착되고, 좌절된 느낌 ; 무기력하고, 불안정하고, 우울하고, 혼돈된 느낌
2의 원형 : 이원성, 양극화와 분화	둘은 하나에서 둘로 쪼개진 첫 분할이다. 명백하게 존재하는 것의 긴장으로 구성된 이중성이다. 모양으로 볼 때 두 개의 점이 이어지면 선이 되고, 선이 되는 순간 바로 방향을 나타내므로 나아가는 방향, 삶의 흐름을 상징하게 된다.	반추, 반영, 음과 양의 에너지 균형, 긍정과 부정, 전기과 자기장	압도당한 느낌, 저항과 반응, 분열 · 갈등 · 이원성
3의 원형 : 삼위일체, 새로운 통합	셋은 하나와 둘의 합성이다. 존재의 복수성과 관련이 있다. 하나, 둘, 그 다음에 셋부터 다수라는 표현을 쓰므로 다수를 표현한다. 시작–중간–끝, 과거–현재–미래를 가지는 시간을 의미한다. 시작부터 끝을 향해 가는 과정이고, 또 과거에서 현재를 거쳐 미래로 가는 과정이기 때문에 3은 움직임 또는 역동성과 관련된다. 모양으로 나타낼 때 삼각형이다.	표현과 창의성, 목표지향적, 집중, 활동적인, 혁신적인 측면	실패의 감정, '충분히 만족스럽지 않은' 자기의심 혹은 교만으로 가득 찬 팽창된 자아, 참을성이 없는, 자기중심적인, 너무 많거나 혹은 너모 적은 내면의 힘, 야망

1) P. S. Eastwood(2002)의 내용을 참조함.

구분	의미	긍정적 측면	부정적 측면
4의 원형 : 자기실현으로서의 사위일체	넷은 혼돈에서 벗어나 질서를 가져다준다. 물질적 세계는 네 개의 기본적인 점에 의해 정돈되어 있다. 따라서 4는 완전함을 의미하며, 천상의 상태를 묘사한다. 시간은 사계절, 즉 봄–여름–가을–겨울의 흐름에 의해 또는 고대, 중세, 근대, 현대라는 네 개의 시대에 의해 질서 잡혀 있고 정돈되어 있다. 모양으로 볼 때 넷은 사각형이다.	수용되는 느낌, 정렬되며 보편적인 법에 따름, 논리와 감정의 균형, 차별화	안정성 혹은 마무리 동작의 부족, 규범과 구조에 제한된 느낌, 경직성, 과다하게 규율적이거나 구조적으로 됨
5의 원형 : 본질, 자각, 재생	인간의 형태가 머리, 두 개의 팔, 두 개의 다리로 총 다섯 부분으로 묘사될 수 있기에 다섯은 자연적인 사람을 표현하는 숫자이다. 다섯은 꽃과 잎사귀 등의 자연에서 형성되는 형태에서 발견된다. 자연에서 다섯은 성과 생식과 관련이 있다. 모양으로서 다섯은 별이거나 오각형이며, 원기를 회복하게 하는 마법의 힘이 있다고 여겨진다.	의식적으로 다면적인 감각을 사용, 독립과 자유를 획득하기 위한 초기의 적용, 정신의 활용	흩어짐, 너무 많이 하려고 시도함, 감각기능의 손상, 사회규범으로부터의 이탈
6의 원형 : 대극의 합일과 통합	두 개의 셋 또는 세 개의 둘로서 여섯은 영적인 세계와 물질적인 세계의 결합이다. 모양은 서로 얽힌 두 개의 삼각형으로서 또는 육각형으로서, 6은 위에 있는 것이 또한 아래에 있는 것임을 반영한다.	의무 수용, 타인과 공동체에 대한 책임감, 자기수용 및 타인과의 합일, 대극의 통합	이상적인 기준에 의해 자신과 남을 판단함, 기대치와 결과와의 싸움
7의 원형 : 지혜로 가는 입문	일곱은 질서와 완전성을 의미하는 4와 삼위일체를 나타내는 3이 합해진 숫자이므로 신성한 숫자로 간주된다.	정서적인 위험의 감수, 믿음, 명상적, 개방적, 유동적	괴로운 느낌, 배신당한, 외로운 느낌, 예언된 불화, 분리, 불신

구분	의미	긍정적 측면	부정적 측면
8의 원형 : 4의 행운과 길조의 두 배	여덟은 4의 두 배이다. 8은 완전함의 상징인 4가 2개나 있기 때문에 영원을 가리킨다.	개인적인 삶에서의 균형 잡힌 에너지, 물질적인 것뿐만이 아닌 상징적인 의미로 생활함으로써 개인적 현실을 재구성함. 정의, 문제를 다루는 마음과 관련된 지혜, 신뢰, 풍요, 명백함, 세속적, 영향력 있는, 세련된, 정직한	세상에서의 힘에 대한 과장된 견해, 힘과 돈, 성, 지배력 그리고 승인권의 부정적 측면과의 투쟁과 갈등, '자기'인 것처럼 행하는 자아의 남발된 행위, 돈, 권력, 지배 그리고 승인 등의 문제에 몰두함
9의 원형 : 마지막 신성한 수	아홉은 세 개의 3으로 구성, 즉 3-3-3으로 되어 있어 완벽과 관계가 있다. 세 개의 3으로서의 9는 완성을 나타낸다.	지혜, 성실성, 이탈, 겸손, '사라짐', 본보기가 됨, 독립, 연민, 무조건적인 수용	비활동성, 무력증, 폭발적인 감정, 모르는 것과의 투쟁, 애착, 많은 상실감과 고통

한편, 숫자 10은 1+0으로, 곧 1의 상징과 같다. 숫자 99는 9+9=18, 다시 숫자 18은 1+8=9로서, 곧 완성을 나타내는 9의 상징과 같다. 숫자 100은 1+0 + 0=1로, 다시 1의 상징과 같다. 이런 원리로 모든 수는 1~9의 숫자로 변환이 되며, 결국 가장 큰 수는 9가 된다.

2. 개구리의 상징[2)]

개구리는 공룡 탄생 이전부터 존재한 고태적 동물로서 오늘날까지도 우리 곁에 가까이 있으면서 민담과 설화, 신화 및 성경에서 다양한 상징적 의미를 지닌 존재

2) 한미현(2017). '개구리' 상징에 대한 고찰, 모래놀이상담연구. 제13권 제2호의 일부임.

로 등장한다. 뿐만 아니라 물과 육지에 서식하는 양서류로서 동면, 변환적 발달단계와 같은 생태학적 특성 등으로 인간의 정신요소를 상징하는 동물이기도 하다. 따라서 개구리의 생태적 특징 및 여러 나라의 민담이나 설화, 전통문화, 신화 등에서 발견할 수 있는 문화적 신념을 토대로 개구리의 상징적 속성을 살펴본 후, 분석심리학적 관점에서 개구리 상징의 의미를 고찰해보고자 한다.

1) 개구리의 상징적 속성

개구리는 인간의 삶 주변에서 흔히 만날 수 있는 친근한 동물로서 땅과 물 양쪽에서 이중생활을 하는 신기한 존재로, 부여 신화나 주몽 신화에서 보면 다산(多産)의 생산성과 신성(神聖)을 상징하기도 한다. "개구리가 울면 비가 온다." 또는 "개구리가 처마 밑으로 들어오면 장마진다."와 같은 속담은 개구리가 비를 예견할 수 있는 존재라는 신념에서 비롯된 것이다. 이와 같이 개구리는 다양한 문화적 신념을 내포하고 있다. 문화적 신념을 바탕으로 개구리의 상징적 속성을 살펴보면 다음과 같다.

가) 신성(또는 신의 메신저)

개구리는 왕권과 관련된 신성을 상징한다. 주몽신화에 등장하는 동부여의 금와왕은 생김새가 개구리와 같았기 때문에 '금빛 개구리'란 뜻의 금와(金蛙)라는 이름을 가지게 되었다고 한다. 『삼국유사』의 부여신화에서는 부여왕 해부루가 산천에 치성을 드린 후 곤연에서 바위를 들쳐 아이를 얻었는데, 그곳은 바로 개구리가 주로 서식하는 바위 밑이었으며, 그 모습도 개구리 형상이었다고 한다(이민수, 1994). 금빛 개구리 모양의 그 아이가 자라서 후일의 금와왕이 되었다는 우리나라의 전통신화는 고대인들에게 있어 개구리는 하찮은 미물이 아니라 왕에 버금가는 권능을 지닌 특별한 존재, 신성한 동물로 인식되었음을 짐작케 한다.

민담 속에서 개구리는 신선으로 변신하기도 한다. 〈개구리 신선〉이라는 이야기 속에 등장하는 개구리는 신선으로 변하여 하늘로 올라간다. 이 설화에 나오는 개구리는 원래 천상의 인물이었으나 죄를 짓고 지상으로 쫓겨 내려온 인물로 설정되어 있다. 또한 화수분 설화에서 개구리는 인간의 행위를 평가하고 그에 대한 보상이나 벌을 판단하는 능력의 존재로 나타나는바, 이는 개구리를 초월적 능력을 지닌 동물로 신성시하는 신화적 인식이 작용한 결과라고 하겠다.

나) 변환

개구리는 변신을 꾀하는 상서로운 존재로 여겨지고 있다. 알에서 올챙이로 변신했다가 꼬리가 작아지면서 온전한 개구리가 되는 것처럼 개구리는 변화하는 동물이다. 이렇게 자신의 모습을 바꾸는 개구리를 보면서 당시 사람들은 매우 신이한 동물로 생각하고, 변신한다는 특징 때문에 상서로운 동물로 여기게 되었고, 왕과 같이 존귀한 인물의 탄생담을 만드는 데 활용했던 것이다. 개구리를 죽은 사람 무덤의 부장품으로 만들어 넣는 풍속도 많이 행해졌는데, 이는 죽은 사람이 하루 빨리 새로운 변신을 하라는 의미를 내포한다.

우리나라에서 개구리가 예술작품에 등장한 것은 꽤 오래전부터인데, 현재까지 남아 있는 것 중에서 가장 최초의 것은 신라시대의 토우장식항아리이다. 개구리의 형상화는 재생이나 새로운 변화를 통해 변신을 꾀하고자 했던 당대의 민중적인 사고를 반영한다(김종대, 2001). 토우장식항아리가 무덤 속에서 출토되었는데, 이는 곧 사후에 사용하기를 기원하는 의미에서 묻은 것이므로 죽은 사람들이 새로운 변신을 통해 새 삶을 갖기를 기원한다는 의미를 담고 있는 것이다.

다) 예고 또는 예견(豫見)

경칩은 놀랠 경(驚)과 겨울잠을 자는 벌레 칩(蟄)자를 써서 동면하던 개구리가 잠에서 깨어나는 시기로 봄을 예고하는 절기다. 이 날 농촌에서는 산이나 논의 물이 괸 곳을 찾아다니며 몸이 건강해지기를 바라면서 개구리 알을 건져다 먹는다는 속신이 있다. 경칩은 만물이 약동하는 시기로 움츠려 지냈던 겨울이 끝나고 새로운 생명력이 소생하는 봄의 시작을 알리는 절기로서, 개구리는 봄이 오고 있음을 예고하는 상징적 동물로 여겨졌다.

역사적 문헌에서도 개구리는 미래를 알려주는 존재로 등장한다. 『삼국유사』의 선덕왕 관련 기록에 의하면, 개구리가 미래를 예견하는 역할을 하고 있음을 보여준다. 신라의 선덕여왕 때 영묘사의 옥문지에서 겨울인데도 개구리들이 많이 모여들어 3~4일 동안 울어대서 선덕여왕이 이를 보고 백제군이 쳐들어 온 것을 알아차리고 군사를 여근곡에 보내어 잠복하고 있던 백제의 군사를 물리쳤다는 내용이다(이민수, 1994). 여기서는 개구리의 생김새가 분노의 형상을 띠고 있어 변란을 상징한 것으로 취급되었다.

라) 긍정성(유익, 상서로움, 길함)

예로부터 개구리는 재물이나 유익을 가져다주는 상서로운 동물로 여겨졌다. "개구리가 집에 들어오면 복이 들어온다."고 하는 속신도 우리 민족이 개구리를 재복신으로 여겨온 좋은 예다. 〈은혜를 갚는 개구리 이야기〉가 전해지고 있는 것도 개구리를 길한 동물로 여기고 있음을 보여준다.

개구리를 구해주었더니 부자가 되었다는 이야기도 전해온다. 어떤 사람이 먹으려고 개구리를 잡아가는데 불쌍하게 여긴 사람이 개구리를 사서 물가에 풀어주었다. 그랬더니 개구리가 단지를 하나 주더라는 것이다. 개구리가 준 물건은 단순한 물건이 아니라 신통력을 갖고 있는 물건이었다. 쌀을 담으면 더 많은 쌀이 나오고, 돈을 넣으면 더 많은 돈이 생기는 요술단지였다(김복순, 2013). 이처럼 개구리는 은혜를 갚을 줄 아는 동물, 사람들에게 긍정적인 동물로 인식되어 왔음을 보여준다.

마) 양면성

개구리는 초월적인 신성과 예언적 능력을 지니며 유익함을 가져다주는 상서로운 동물로 여겨져 왔으나, 반면 부정적 속성을 상징화하는 동물로 여겨지기도 한다. 구체적으로 보면, 개구리가 인간에게 해로운 존재로 나타날 때도 있으며, 시끄럽기만 하고 이로울 것이 없는 예로 표현되기도 하고, 빈천했던 과거를 잊고 잘난 체하거나 큰 소리치는 못난 사람을 개구리에 비유하기도 한다. 불효자나 몰염치하고 시건방진 사람을 개구리에 빗대어 말하기도 한다. 예를 들어, 어머니의 말을 반대로 따르는 불효자나 천방지축 날뛰는 사람을 청개구리에 비유한다. "호박잎에 청개구리 뛰어오르듯"이라는 속담은 분별없이 행동하는 사람을 욕할 때 사용하는데, 불효자로 상징된 청개구리의 못된 행동을 반영한 것이기도 하다. "청개구리 뱁이다."라는 속담도 그러한 청개구리를 의인화시킨 표현 중 하나다. 이것은 비위가 좋은 사람을 욕할 때나 줏대 없이 행동하는 사람을 비하시킬 때 사용한다(한국문화상징사전편찬위원회, 1992).

또한, 건방지게 행동하는 몰염치한 인간을 말할 때 "개구리 올챙이 적 생각 못한다."라고 한다. 현재와 비교해서 비천한 집안에서 태어났거나 재주가 없었던 시절을 잊어버리고 마구 날뛰는 사람을 빈정거릴 때 사용한다. 이 경우 개구리는 천박하거나 큰 소리만 치는 허풍쟁이 등을 의미하고 있어 나쁜 의미를 지닌 동물로 표현되고 있다. "개구리 낯짝에 찬물 붓기"는 어떤 처사를 당해도 태연한 존재, 즉 낯이 두꺼운 사람들을 비유할 때 사용된다. "어정뜨기는 칠팔월 개구리"라는 표현은 덤벙거리는 사람을 말할 때 쓰고, "우물 안 개구리"는 견식도 좁은 사람이 자신만 잘난 것처럼 행동할 때 사용한다. 이러한 속담들은 개구리를 좋은 의미를 지닌 존재로 여기기보다는 행동이 천박하고 덤벙거리거나 무식한 사람과도 같이 부정적 속성을 지닌 존재로 상징화한다.

2) 개구리 상징의 분석심리학적 의미

가) 무의식의 의식화

분석심리학적 의미에서 개구리의 상징적 의미를 볼 때 제일 먼저 생각할 것은 개구리가 무의식 안에서 의식화되기를 기다리는 어떤 정신적인 내용, 특히 여성적인 것과 관계된 내용을 나타낸다는 것이다. 개구리는 양서류로서 물속에서도 살지만 비가 오면 땅으로 나와 번식하는 생태학적 특성을 지닌다. 이로 인해 개구리는 물이나 비와 관계되는 동물로 인식되어 고대 중국에서는 기우제를 지낼 때 징에 개구리를 그려놓고 징을 울렸다. 베트남에서도 두꺼비는 소나기를 내려 준다고 생각하였고, 마야 문명권에서 두꺼비는 비의 신으로 여겨졌다. 우리나라에서도 청개구리들은 비가 올 때 물가에 있는 어머니 무덤이 떠내려 갈까 봐 요란하게 운다고 하면서 개구리를 물이나 음(陰)의 요소와 결부시켜 생각했다.

이렇게 개구리는 물과 깊은 관련이 있기 때문에 인도에서 개구리는 미분화되고 모호한 물질의 상징이나 우주의 버팀목으로 여겨졌고, 이집트에서는 아직 다 만들어지지 않은 세계에 있는 모호한 힘이나 태초의 물에서 생겨난 피조물로 생각되었다. 그래서 폰 프란츠는 "개구리는 아직까지 수중에서의 삶과 연관되어 있기는 하지만 생명이 모액(母液)에서 벗어나 지상에서 살기 시작하는 진화의 단계를 나타낸다. 양서류들은 물을 떠나서는 존재하거나 번식할 수 없기 때문이다. 상징적으로 말해서 그것은 의식이 무의식으로부터 나오는 순간을 의미하는 것이다."(김성민, 2003)라고 주장하였다. 〈세 개의 깃털〉 이야기에서 두꺼비는 결국 왕이 제시한 세 가지 과제를 훌륭하게 해결했고 나중에 아름다운 신부로 변하여 셋째 아들과 결혼해 왕국을 물려받았다. 사람들이 그 요소들을 의식하지 못할 때 무의식의 신성력은 사람들을 사로잡아 파멸로 이끈다. 무의식이 원형적인 힘에 사로잡혀 고통을 당하거나 심한 경우 정신질환에 걸리는 것이다.

우리 마음속에는 의식화되기를 기다리는 정신요소들이 있으며, 그것들은 의식에 통합되기를 기다리고 있다. 우리가 그것들을 의식하지 않는 한 그것들은 무의식에 남아 끈질기게 의식화되기를 촉구한다. 어머니 무덤이 떠내려 갈까 봐 비만 오면 완강하게 울어대는 청개구리 이야기는 어쩌면 그것을 가리키는 것인지도 모른다. 왜냐하면 그림자는 의식화되지 않는 한 무의식에 완강하게 버티고 남아서 사람들을 괴롭히기 때문이다.

나) 정신적 요소와 변환

개구리로 표상되는 정신적 요소의 내용은 무엇일까? 융이 아니마/아니무스라고 부른 내적 인격으로 볼 수 있을 것이다. 아니마/아니무스는 자아를 정신의 중심인 자기(Self)에게 이끌어가며, 무의식에 감춰진 지혜를 자아(ego)에 전해 주는 정신요소이다. 개구리는 물이나 땅속에 살면서 비가 오면 땅 위로 나와 번식하는데, 이는 아니마/아니무스가 내면 깊은 곳에 있다가 융이 그림자라고 불렀던 무의식의 부정적인 측면들이 의식화될 때 사람들에게 내면적인 상태를 알려주며 정신의 더 깊은 중심으로 이끌어가기 때문이다. 프랑스의 융 학파 드 라 로쉬뜨리는 "민담에서 개구리는 정신의 정신-신체적 기관에서 나오는 아니마/아니무스를 표상하는데, 사람들이 그에게 관심을 가져주기만 하면 두꺼비와 마찬가지로 왕자나 공주로 변환되는 것으로 나온다."(김성민, 2003)고 하였다.

신화에서 용이나 용마 등이 등장한다면, 민담에서는 개구리나 두꺼비 등의 소박한 동물이 등장한다. 이 소박한 동물들은 신성한 동물들을 살짝 비트는 동시에 일반의 통속적인 의미를 함께 수용함으로써 하나의 변용체로 기능한다고 보아야 할 것이다. 〈개구리 왕자〉에서 개구리는 비록 겉모습은 흉하고 볼품없지만, 공주가 원하는 것을 해줄 수 있는 능력과 인간인 공주에게 끈질기게 결혼을 요구하는 자신감을 가지고 있는 이른바 자신의 내적 본질을 숨기고 있는 존재이다. 동시에 남성과 풍요를 연상시키는 통속적 기능도 가지고 있어 건강한 자연성을 내포하고 있는 민담의 특징적인 인물로 합당하다. 겉으로 드러난 모습이 전부가 아니라 얼마든지 훌륭한 모습으로 변할 수 있는 중간적 존재임을 상징하는 것이다. 그렇다고 모든 개구리가 다 왕자가 되는 것이 아니라는 사실도 민담은 우리에게 알려주고 있다. 여러 차례의 난관을 뚫고 인내하는 과정을 거쳐야만 비로소 변환이 이루어질 수 있는 것이다.

3. 거북의 상징[3)]

거북은 개성화 과정을 경험하는 중년기의 내담자들에게서 자주 등장되는 상징물이다. 거북은 물에 살면서 육지 생활도 하는 수륙양생의 습성을 가지고 있으며, 자신에게 맞는 최적의 장소를 적극적으로 찾는다고 한다. 물속에서 교미한 뒤 육

3) ISST(International Scociety for Sandplay Therapy)에 제출한 저자의 논문 'An Analytical Psychological Consideration of the Symbiloc Meanings of the Turtle in Korean Culture with a Focus on Traditional Folktales(2018)'의 일부임(unpublished).

지에서 알을 낳는데, 알을 낳기 위해 자신이 태어난 곳으로 와서 구덩이를 파고 단단한 껍질의 알을 낳은 후, 다시 흙으로 알을 덮고는 떠나간다. 2~3개월의 부화 기간이 지나 알에서 부화된 새끼는 땅을 파고 나와서 바로 물을 향해 간다. 딱딱하고 둥글게 구부러진 등껍질을 가지고 있어서 놀라거나 위험한 상황에 처했을 때 머리, 꼬리, 다리를 등껍질 안으로 집어넣어 자신을 보호한다.

이러한 거북의 생물학적 특성에 기초하여 다양한 상징들이 사회적, 문화적 배경에 따라 광범위하게 인간 생활 전반에 작용하고 있으며, 거북에 대한 상이한 신념을 발달시켰다. 아메리카 원주민에 관한 연구에서 카두토와 부르샤크(Caduto & Bruchac, 1991)는 거북이족 사람들은 행동을 취하기 전에 주의 깊게 생각하는 조심성있고 심사숙고하는 사람이라고 하였다(Gillotti, 2002 재인용). 그런가 하면 멕시코의 아즈텍(Aztecs) 사람들은 단단한 겉과 부드러운 속을 가진 거북은 비겁함과 허풍의 상징이었다고 보았다(김한영, 2005). 거북을 겁이 많고 용기가 없다고 생각하는데, 이는 거북이 위협을 받으면 움츠려드는 면이 있기 때문이다. 또한 등에 집을 짊어지고 다니면서 위험이 닥치면 그 안으로 숨어버리는 거북의 습성으로 인해 집안에 틀어박혀 지내는 소심한 여자를 상징하기도 하였다. 초기 기독교인은 거북이 등딱지로 들어가는 특징을 두고 겸양의 모델로 여겼다(Saunder, 2005). 한편, 한국에서 거북은 용, 봉황, 기린과 더불어 네 마리의 신성한 동물 가운데 하나로 숭배되어 온 동물로서, 육지와 바다를 자유롭게 오가며 속계와 영계를 드나드는 신의 사자로 인식되었다.

거북은 현존하는 파충류 가운데 가장 오래전부터 존재해온 동물이다. 중생대 트라이아스기 후기에 지구상에 출현해 현재에 이르기까지 별다른 외형의 변화 없이 장구한 시간을 인류와 더불어 생존해오고 있으며, 인간과 상당히 특이한 관계를 유지해온 생명체이기도 하다. 뱀, 도마뱀, 악어 등 대부분의 파충류가 인간에게 혐오와 공포의 대상이었던 데 비해 유독 거북만은 유구한 시간 동안 인간과 비교적 우호적인 관계를 유지해오면서, 민담과 설화, 신화 등에서 다양한 상징적 의미를 내포한 존재로 등장한다. 둥근 만다라 형태의 단단한 등껍질을 몸에 지니고 다니며, 수륙양생의 특성을 가지고 있어서 인간의 정신요소를 상징하는 동물이기도

하다.

1) 거북의 상징적 속성

가) 신성(또는 신의 사자)

거북의 생태학적 특징은 물과 뭍에서 동시에 생활한다는 점이다. 물속에서만 생활하는 물고기는 사람들에게 인식이 거의 불가능하고, 바다나 물속은 미지의 세계였다. 그래서 해룡(海龍)이나 용왕과 같은 상상의 존재가 바다를 대표했다. 거북은 대부분의 시간을 물에서 생활하면서도 사람들의 눈에 보이는 동물이다. 거북이 가지고 있는 수륙양용(水陸兩用) 능력은 특별해서 경외의 대상이 되었다. 바로 이런 능력 때문에 사람들은 거북에게 물과 땅을 연결하는 매개자 역할을 부여했다. 〈귀토지설〉에 나오는 거북의 모습은 물과 땅을 연결하는 전형적인 상징이다.

이 설화의 내용은 용왕의 딸이 병들어 죽게 되었는데, 이 병을 고치기 위해서는 육지에 사는 토끼의 간을 구해서 먹어야 나을 수 있다고 한다. 이 말을 들은 용왕은 육지에 가서 토끼의 간을 가져올 사자(使者)를 고르는데, 신하들은 서로 다투기만 할 뿐 결정을 하지 못한다. 이 때 거북이 나서서 스스로 가겠다고 자원하여 용왕의 사명을 띠고 육지로 올라온다. 마침내 육지에서 토끼를 만나 교묘히 꾀어서 등에 태워 용궁으로 돌아오던 중, 내막을 알게 된 토끼는 기지를 발휘해 자신의 간을 볕에 말리려고 육지에 꺼내 놓고 왔다는 거짓말을 한다. 거북이 이 말을 참말로 듣고 토끼를 놓아 주었더니 다시 육지에 돌아온 토끼는 거북의 어리석음을 욕하고는 달아나버려 거북은 토끼를 놓쳐 버리게 된다. 이에 거북이 토끼에게 속은 것을 알고 죽으려던 찰나, 왕을 위한 거북의 충성심이 대단하다고 하여 도인(道人)의 도움으로 선약(仙藥)을 얻을 수 있었다는 이야기이다. 이처럼 거북은 충성스러운 용왕(용궁)의 사자(使者)로 등장하며 신의 뜻을 이행하는 자로 나타난다.

〈가락국기〉에 적혀 있는 수로신화에서도 거북은 신의 뜻을 전달하는 존재로 나타나고 있다. 『삼국유사』 〈가락국기〉에는 〈구지가(龜旨歌)〉라는 노래가 한역되어

수록되어 있는데, 여기서 거북은 가락국의 시조인 수로왕을 드러내게 하는 동물로 등장한다. '구지(龜旨)'는 봉우리의 이름으로, 신의 뜻을 묻기 위한 제의가 행해진 곳이다. 즉, 거북점을 쳐서 신의 뜻을 받드는 곳이라는 의미이다. 〈구지가〉는 우리나라 상대가요 중의 하나로, 『삼국유사』 제2권, 「기이 하」, 〈가락국기〉에 수록되어 있다. 김수로왕의 탄생설화를 설명하는 과정에서 등장하는데, 그 내용은 아래와 같다.

龜何龜何(거북아! 거북아!)
首基現也(누가 우리의 지도자인지 그 조짐을 표시하여라)
若不現也(용왕님이 나타나지 않았으니)
燔灼而喫(너를 구어 신의 뜻을 받으리라)

구지가의 의미는 "거북아! 우리의 지도자가 누구인지 어서 나타내 주어라. 가야를 통치할 왕이 누구인지 아직 알지 못하니 이제 제단을 쌓고 불을 피우고 복골을 지져서 신이 선택을 내리면, 그 뜻을 받들겠다."라는 뜻으로 해석되고 있다(어강석, 2015). 이와 같이 거북을 통해 왕의 도래를 기원한다는 점에서 거북은 신의 뜻을 인간에게 전달하는 신성한 존재로 여겨졌다.

한편, 『삼국유사』 〈수로부인조(水路夫人條)〉에도 〈해가사(海歌詞)〉라는 노래의 가사가 기록되어 있는데, 여기서도 거북은 바다로 납치된 수로부인을 나오도록 하는 매개적 동물로 나타난다. 신라 성덕왕 때 순정공이 강릉태수로 부임해 가는 도중 바다의 용이 나타나 수로부인을 납치해 갔다. 수로부인은 자색이 뛰어난 절세미인이었기 때문에 깊은 산이나 큰 물을 지날 때마다 그곳에 사는 신물들에게 납치당했다고 한다. 그러자 용에게 납치당한 수로부인을 구해내기 위해 아래와 같은 노래를 불렀다고 한다.

거북아 거북아 수로부인을 내놔라
남의 아내 훔친 죄 그 얼마나 크랴

네 만일 거역하고 내놓지 않으면
그물로 잡아서 구워 먹겠다.

거북이 〈구지가〉에서 하늘의 뜻을 전하는 존재였다가 〈해가〉에서 용을 대신하는 사자로 바뀌었다고 할지라도 역시 신의 뜻을 전달하는 주술적 존재로 등장한다. 이런 점에서 거북은 고대 우리 민족에게 신의 사자 또는 주술매개 동물로 인식되었다고 볼 수 있다.

나) 예고(예언)

갑골(胛骨)이라 하여 거북이 점복의 한 상징으로 사용되었다는 것은 이미 잘 알려져 있다. 거북의 등딱지를 불에 태워 그 갈라지는 모양에 따라 점을 치는데, 이를 귀복(龜卜)이라 한다. 고대로부터 귀복은 앞날의 길흉과 운세를 보는 데 사용되었는데, 이는 거북이 미래를 예언한다는 믿음에서 비롯된 것이다. 지금도 거북의 형상을 한 점통을 사용하는 것으로 볼 때 거북이 미래를 예언한다는 믿음은 매우 뿌리 깊다는 것을 알 수 있다.

거북의 예언적 기능을 잘 보여주는 것으로 백제 의자왕 때 일어난 변괴를 들 수 있다. 『삼국사기』에 기록된 의자왕 20년의 사건들은 대개 백제의 멸망을 알리는 불길한 징조였다. 그중에서도 거북의 등에 기록된 내용은 백제의 멸망을 확실하게 보여주는 것이다.

『삼국사기』의 기록에 의하면, 백제 말 의자왕 때에 웬 귀신이 대궐 안에 들어와 "백제가 망한다."라고 크게 소리치고는 땅속으로 들어갔다. 왕이 이상하게 생각해 땅을 파보니 거북이 한 마리가 발견되었는데, 그 등에 "백제는 만월이고, 신라는 달이 새롭다."라고 씌어 있었다. 왕이 무당을 불러 물어보니 "달이 찬 것은 기운다는 뜻이며, 달이 새롭다는 것은 가득 차지 못한 것이니 점점 차게 된다."고 해석했다. 이에 왕이 노해서 무당을 죽였지만, 과연 그 예언대로 백제는 신라에게 멸망했다.

이처럼 거북이는 앞으로 일어날 일을 미리 알고 예고해주는 영험한 동물로 인식되었다.

다) 장수

거북에게 미래 예지 능력이 있는 것은 장수와 관련된다고 한다. 거북은 우리나라에서 십장생의 하나로, 장수를 상징하는 동물로 여겨지고 있다. 거북이 장수하는 것은 특수한 호흡법을 이용하기 때문이라고 한다.

후한 말의 잡기집 『이문기』에는 다음과 같은 이야기가 전해진다. 장광정이라는 인물이 전란으로 피난갈 때에 아직 충분히 걸을 수 없는 어린 여자아이를 마을의 외떨어진 묘지 안에 넣어둔 채로 도망갔다. 3년 후 돌아온 그는 뼈만이라도 묻어주려고 묘에 가보자 여자아이는 아직 살아 있었다. 그 연유를 물어보자 그 아이는 묘지 안의 큰 거북이가 〈신경탄기(伸頸呑氣)〉를 하고 있는 것을 보고는 흉내 내서 살아남은 것이라고 하였다(종교학사전 편찬위원회, 1998).

거북의 수명은 다른 동물보다 길어서 평균 수명은 대략 50~100년으로 추정되며, 척추동물 중에서 가장 오래 산다고 한다. 장수의 비결은 느릿한 생태학적 특성에 있다고 한다. 1분에 한 번 정도 간격으로 호흡하며 매우 느리게 이동하는데, 이러한 느린 숨쉬기와 행동이 건강한 상태를 유지하게 한다는 것이다(김풍등, 2011).

라) 지혜

장수의 상징인 거북은 오래 살기 때문에 지혜로운 자로 묘사된다. 오래 사는 동물인 만큼 인생의 경험이 풍부하다는 점을 보여주는 것이다. 대표적인 이야기로 〈토끼, 늑대, 거북이의 지혜 겨루기〉를 들 수 있다(한국정신문화원, 1991).

토끼, 늑대, 거북이 여행을 가다가 고깃덩어리 하나를 발견했다. 사이좋게 나누어 먹으면 좋으련만 서로 혼자 독차지하려고 다투다가 제일 높은 곳에 올라간 자가 먹기로 했다. 꾀 많은 토끼는 주위를 둘러보고 가장 높은 산을 가리키며, 자기가 저 산꼭대기까지 올랐다고 말했다. 늑대는 자기 등이 하늘에 닿았다고 했다.

그 동안 가만히 있던 거북이 늑대에게 네 등이 닿은 곳이 바로 내 뱃가죽이라고 말해 내기에서 이겼다. 토끼와 늑대는 그 걸로는 안 된다고 우기면서 다시 내기를 하자고 했다. 이번에는 나이가 가장 많은 사람이 고기를 차지하자는 내기였다. 방정맞은 토끼는 자기 나이가 천 살이라고 했고, 늑대는 이 세상이 생겨날 적에 자기드 태어났다고 말했다. 그 말을 듣고 있던 거북은 눈물을 흘리면서 늑대에게 너를 보니 손자 생각이 난다고 말했다. 내 손자는 네가 태어날 때 죽었기 때문이라는 것이다. 이 이야기는 꾀 많은 토끼나 늑대로는 거북의 지혜를 따를 수 없다는 것을 말해준다.

마) 복록

거북이 등장하는 설화를 보면 거북은 자신에게 도움을 준 이에게 은혜를 갚을 줄 아는 상서로운 동물이다. 이제현의 『역옹패설』에서 고려 때 사람 박세통이 큰 거북이가 마을포구로 들어왔을 때 죽을 위기에 처한 거북이를 바다로 살려 보냈다고 한다. 그랬더니 그날 밤 꿈에 노인이 나타나 "내 아이의 생명을 구해준 은덕이 크니, 공과 아들 손자 삼대가 반드시 재상에 오를 것이다."라고 말하고는 사라졌다. 이후 박세통은 거북을 죽음의 위험에서 구해준 은덕으로 아들, 손자까지 3대가 정승이 되었다고 한다.

거북을 살려주고 은혜를 받았다는 이야기는 민간에서도 전승되었다. 한 사람이 베를 팔러 장으로 가는데 이슬비가 살살 내렸다. 가는 도중에 비를 맞고 있던 거북을 보고 '거북이 비를 맞으면 얼마나 추울까' 생각하고는 갖고 있던 베로 거북을 감싸주고는 길을 계속 갔다. 가는 도중에 하늘에서 종이 쪽지 두 개가 떨어졌다. 그 내용을 보니 하나에는 '붙을 부(附)', 다른 하나에는 '나눌 부(部)'가 쓰여 있었다. 이 사람은 그 글귀를 보고 이상스럽게 생각하면서 길을 갔다. 그러던 중 행색으로 보아 과거를 보러가는 듯한 사람을 만났다. 부자인 듯 가마꾼이 서너 명이나 달린 큰 가마를 타고 가고 있었다. 이 사람이 장난삼아 "저 사람에게 붙어라."하고 외쳤더니 몸이 그 사람에게 붙어 버렸다. 과거를 보러 가던 사람은 깜짝 놀라 "달라는 대로 다 줄테니 제발 내 몸에서 떨어지쇼."라고 말했다. 그 사람이 돈을 몽땅 받아들고는 "떨어질 부"하고 말했더니 몸이 똑 떨어졌다. 그래서 받은 돈을 들고 집으로 와서 잘 살았다고 한다(김종대, 2001).

이와 같이 거북은 우리 민족에게 매우 상서로운 동물이다. 신의 뜻을 전달해주는 사자이며, 예언이나 예조적인 행동으로 미래에 일어날 일을 알려주기도 하고, 복을 가져다주는 좋은 속성을 지닌 동물로 알려져 왔다. 특히, 거북이가 장수하는 동물이라는 사실을 바탕으로 십장생의 하나로 정착되었으며, 삶의 경험이 풍부하다는 의미에서 지혜로운 동물로 의인화되기도 했다. 결국, 신의 뜻을 전달하고, 미래를 예언하며, 장수와 지혜의 상징일 뿐 아니라, 구원, 번영, 재물 등의 복록을 내리는 등 인간이 할 수 없는 일을 하는 영험한 능력을 갖춘 신성한 존재로 여겨졌다. 그렇기 때문에 우리 민족은 거북을 잡더라도 그대로 방생했다. 예로부터 거북은 재복과 행운과 신의 뜻을 전달하는 신성한 동물이므로 함부로 건드릴 경우 신의 뜻을 거역하는 사람으로 낙인찍혀 재수 없는 일이 생긴다고 믿었기 때문이다.

3) 거북 상징의 분석심리학적 의미

모래상자 표현에서 동물의 등장은 인간의 무의식에 있는 본능적인 면을 나타낼 뿐 아니라, 우리가 알지 못하는 미지의 정신세계인 무의식을 상징적인 이미지를 통해 드러내는 것이다. 따라서 모래놀이치료에서 등장하는 동물이 상징하는 바가 무엇인지, 인간 무의식의 어떠한 것을 상징적으로 나타내고 있는지, 그 의미를 인식하고 통합해 나가는 것은 매우 중요하다.

거북은 귀갑문(龜甲紋)이라고 불리는 육각형의 독특한 무늬를 등에 지니고 있다. 이 육각형의 무늬는 견고하고 튼튼한 구조로서 마치 만다라와 같이 가장 완전하면서 안정적인 구조라는 의미를 지니고 있으며(김풍등, 2011), 기둥이 되는 4개의 발과 둥근원의 몸통 역시 통합과 균형의 상징을 보여주고 있다. 또한, 힌두교의 우주론에서는 둥근 형태의 배갑(背甲)은 하늘을, 평평한 복갑(腹甲)은 땅을, 거북의 머리는 남근(男根)의 특정한 부분이라 생각해 인간에 해당한다고 여겨 거북은 삼재(三才: 天, 地, 人) 혹은 전 우주를 나타낸다고 보았다. 이처럼 거북은 하늘과 인간, 물과 인간을 연결하는 매개자로서 하늘의 뜻과 가치, 자연의 소리를 인간의 삶 속에 담아내어 하늘의 가치와 사람의 가치가 결합되고 통일을 이루게 하는 통합과 균형, 전체성을 상징한다고 볼 수 있다.

하늘과 땅, 신과 인간을 연결하여 전체성을 이루게 하는 거북의 상징은 고대신화에서 그 원류를 찾아볼 수 있다. 거북은 신을 태워 이동하는 기능을 수행함으로써 바다와 육지를 오가는 존재이자, 지상세계와 바다의 이상향을 연결해주는 존재로 여겨졌다. 거북의 등에 타서 이세계(異世界)로 이동하는 이야기의 대표적 원류는 일본의 고대설화인 『니혼쇼키』의 〈해신궁유행설화(海神宮遊行說話)〉이다(류정선, 2017). 이러한 모티브는 바다에 빠진 이를 거북이 등에 태워 목숨을 구해주는 〈곤자쿠모노가타리슈〉 보은설화에서도 살펴볼 수 있다.

우리나라에서도 거북은 하늘과 땅, 바다와 땅을 연결하는 매개자로 여겨진다. 거북은 장수하는 동물로 학, 사슴과 함께 장생도에 등장하는 동물이다. '장생도'에 나오는 동물들에는 여러 가지 상징이 압축되어 있는데, 특히 누구나 알 수 있는 상징적 보편성을 가지고 있다. '장생도'의 동물은 맹수나 포식자가 아니다. 하늘의 포식자 독수리, 육지의 제왕인 사자나 호랑이, 바다의 맹수인 상어보다 연약하고 존재감이 없다. 그래서 학이나 사슴, 거북을 무서워하는 사람은 없을 것이다. 거북이 장생도에 등장하는 특혜를 누린 것은 순전히 하늘과 땅, 땅과 하늘, 바다와 땅을 연결하는 특성을 가졌기 때문이다. 장생도는 이상세계를 표현한 그림이고, 이상세계는 하늘과 땅, 바다가 어우러지는 세상이다. 이상세계의 주인공은 사람이다. 땅은 인간의 영역이고 삶의 터전이다. 장생도의 동물들은 하늘과 인간, 물과 인간을 연결하는 매개자로서의 역할을 맡고 있다. 하늘의 뜻과 가치, 혹은 자연의 순리를 사람의 삶 속에 담아내는 것이다. 그래야 비로소 인간은 짐승의 상태에서 벗어나 사회적 존재인 사람이 된다. 하늘의 가치와 사람의 가치가 결합되고 통일을 이룰 때 태평성대가 열리는 것이다.

거북은 장수하는 신령스러운 동물로 천지의 비밀을 아는 지혜로움의 상징이 되고, 육지와 바다를 오가는 특성으로 의식과 무의식의 세계를 연결하는 신 또는 신의 사자로 인식되어 왔다. 또한 미래를 예고하고, 잡귀를 쫓고, 무병장수와 복록을 내리는 영험한 능력이 있는 신성한 존재로 여겨져 왔다. 즉, 거북은 영물(靈物), 장수(長壽), 길상(吉祥), 수신(水神), 신의 사자, 인간과 신의 매개자 등을 상징하고 있으며, 이러한 인식은 현재까지 이어져 내려오고 있다. 따라서 신성, 초월적 능력, 전체성이라는 상징적 의미를 내포하는 거북은 인간의 정신세계에서 바로 '자기(Self)'의 상징이라 할 수 있을 것이다.

분석심리학의 창시자인 융은 의식과 무의식의 조화(통합) 속에서 생겨나는 '자기(Self)'의 상징은 다양한 형태로 나타난다고 하였다. 동물모습을 한 상징 형태로도 나타날 수 있는데, 주로 코끼리, 말, 물고기, 뱀, 거북의 이미지를 갖는다고 제시하고 있다(Gillotti, 2002; 장현숙, 2012 재인용).

9장

모래장면의 분석

1절 모래장면의 분석요소

1. 통합성
2. 공간 배치
3. 주제

2절 모래장면 분석의 실제

1. 17세 남학생이 꾸민 모래장면의 분석 실제
2. 40대 초반 여성이 꾸민 모래장면의 분석 실제
3. 30대 중반 여성이 꾸민 모래장면의 분석 실제

1절

모래장면의 분석 요소

본 절에서는 모래장면을 이해하고 그 의미를 파악하는 데 필요한 분석요소들에 대해 살펴보고자 한다. 기본적으로 고려되어야 할 3가지 요소로 통합성, 공간 배치, 주제를 들 수 있다.

1. 통합성

통합성이란 모래상자에 펼쳐진 장면의 내용이 하나의 주제로 연관되어 있는가를 의미한다. 하나의 주제를 향해서 통합이 되면 모래장면을 보고 한눈에 "이 장면은 어떤 주제를 나타내는구나."를 알 수 있다. 그런데 장면의 내용이 이것저것 너무 산만하게 분산되고 제 각각이어서 무엇을 나타내는지 알 수 없을 때 통합되지 못한 장면이라고 할 수 있다.

예컨대 [그림 9-1]의 모래장면을 보면, 가운데 연못이 있고, 그 주변으로 의자들과 그네, 나무들이 있다. 그리고 아이와 엄마의 모습이 보이고, 연못에는 물고기도 있다. 한눈에 '엄마와 아이가 호수가로 나들이 왔구나.' 하는 것을 알 수 있다. 주제를 본다면 편안할 것 같고, 기분 좋을 것 같고, 쉼이 느껴지는 통합된 주제와 장면을 감상할 수가 있다.

또 다른 예로 [그림 9-2]를 보면, 정중앙에 나무가 있고, 그 나무의 정점에 십자가가 있다. 그리고는 나무와 십자가를 중심으로 돌들과 기도하는 사람들, 새싹들이 겹겹이 원의 형태로 에워싸고 있어 중심이 강조되고 있으며, 네 코너에 나무들이 심어져 있어서 생장력과 전체성, 균형을 볼 수 있고, 영적 소망과 신성함의 테마가 느껴진다. 만약에 "이 모래상자의 제목이 뭘까요?"라고 묻는다면 누가 보더라도 쉽게 "기도일 것 같아요."라는 생각이 들 정도로 잘 통합이 되어 있는 상자이다.

[그림 9-1] 통합된 장면의 예-1

[그림 9-2] 통합된 장면의 예-2

반면 [그림 9-3]은 앞에서 봤던 장면들과 많은 차이를 보인다. 일단 여러 가지가 섞여 있다. 상자의 오른쪽 하단에 나룻배가 있고, 그 옆으로 시소와 아기의자, 식탁 등이 놓여 있다. 왼쪽 상단에는 헬리콥터와 미끄럼틀이 있고 그 바로 옆에 침대가 있다. 나룻배는 물 위에 있어야 하는데 땅 위의 물건들 속에 갇혀 있다. 집 안의 아늑한 곳에 위치해야 할 침대는 집 밖의 공항과 놀이터 옆에 놓여 있다. 아무런 경계도 없이 실내와 실외가, 물과 땅이 혼재되어 있다. 왼쪽 하단에는 싱크대와 침대들이 뒤섞여 있어 침실인지, 주방인지 혼란스럽다. 여러 가지가 섞여 있어서 이 모래장면이 무엇을 나타내는 것인지 가늠하기가 쉽지 않다. 통합이 되어 있지 않은 장면이다.

모래장면의 통합성은 바로 정신세계의 통합성을 시사한다. 모래놀이치료에서 모래상자는 곧 내담자의 정신세계(psychic world)를 나타낸다. 모래상자에 펼쳐진 모래장면의 모습을 통해 내담자의 의식과 무의식의 세계를 들여다 볼 수 있다.

[그림 9-3] 통합되지 못한 장면의 예

2. 공간 배치

모래장면의 분석 시 두 번째로 고려해야 할 측면은 공간의 배치와 구조, 형태에 관한 부분들이다. 즉, '상자의 어떤 위치를 활용했는가?', '상징물들을 어디에 배치하였는가?'를 파악해야 한다.

[그림 9-4] 공간배치 장면의 예

[그림 9-4]를 보면, 공간 사용에서 매우 특징적인 모습을 보인다. 상자를 가로 중심선과 세로 중심선을 기준으로 선을 그어 분할하면 사분면으로 나눌 수가 있는데, [그림 9-4]의 경우에는 거의 3/4 가량의 영역은 비어 있고, 왼쪽 하단에만 집중적으로 소품들이 놓여 있다. 모래와의 작업은 하단부에만 만져진 흔적이 남아 있고, 상단부는 건드리지 않은 상태이다.

어떤 공간을 사용하였느냐, 어떤 부분에서 작업하였느냐 하는 것도 내담자의 심리적 작업과 정신활동을 보여주는 의미 있는 정보가 된다. 몇몇 연구자들은 모래상자의 구역이나 영역에 대해 특별한 의미를 부여하여 모래놀이를 분석하고자 시도하였다. 모래상자의 정중앙을 중심으로 수직과 수평으로 구분한 후 공간을 사분면으로 나눠 살펴보는 방법으로, '사분면 이론'이라 한다. 라이세 미누힌(Ryce-Menuhin)은 모래놀이상자의 공간분석을 통해 세 가지 정신 수준(의식, 개인 무의식, 집단 무의식)이 단독으로 혹은 결합하여 모래상자에 투사됨을 발견하였다. 또한 모래상자에서 더 의식적인 정신 자료는 멀리 잘 내다보이는 상자의 먼 오른쪽으로 놓고, 좀 더 무의식적이고 원형적인 자료는 가까운 왼쪽에 놓는 경향이 있음을 관찰하였다. 그러면서 그는 모래상자의 먼 왼쪽 구석에는 아니마/아니무스와 같은 반대 성적인 요소가 있고, 모래상자의 중앙에는 자기(Self) 상징을 배열하고, 가까운 오른쪽 구석에는 가족 관련 상징을 배열한다는 것을 관찰했다.

암만(Ammann)도 모래상자의 수평적 구분과 수직적 구분을 통해 공간의 상징적 의미를 부여했다. 구체적으로, 내담자를 중심으로 모래상자의 먼 쪽 반(윗부분)은 내적 세계의 문제를 나타내고, 나머지 가까운 쪽 반(아랫부분)은 좀 더 무의식적이고 본능적인 부분을 나타낸다고 보았다. 모래상자의 왼쪽 반은 좀 더 무의식적인 것으로, 오른쪽 반은 의식적인 외적 세계에 대한 부분으로 구분하였고, 자아(ego)의 표현은 상자의 중앙에 위치한다고 하였다.

바인버그(Weinberg) 역시 모래장면을 볼 때는 공간의 활용과 상징물의 배치를 고려하여 위치에 따른 상징적 의미를 파악할 필요가 있음을 주장하였다. 즉, 중심, 오른쪽 위와 아래, 왼쪽 위와 아래, 각 모서리로 구분하여 살펴봐야 하며 전체는 정신의 구조와 위치를 나타낸다고 하였다.

학자들의 이러한 의견들을 종합하여 [그림 9-5]와 같은 모래상자 공간의 상징적 의미에 대한 가이드맵이 활용되고 있다.

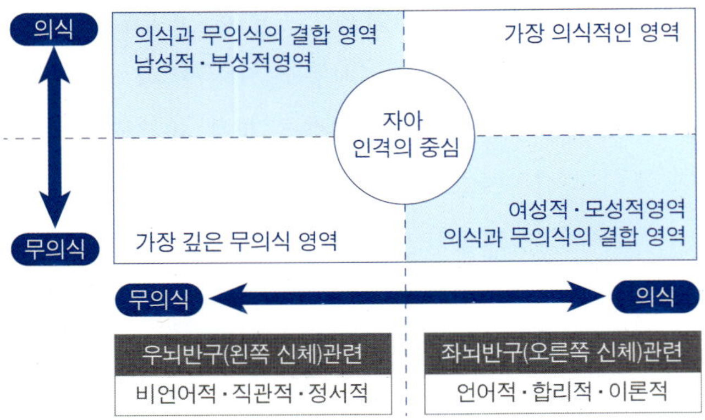

[그림 9-5] 공간의 상징적 해석을 위한 가이드 맵

그러나 Martin Kalff(1993)는 이와 같은 2차원적 조직망이 모래놀이같은 3차원적 매체에 적용 가능한 지에 의심을 나타내며 사분면 이론의 사용에 대해 충고하였다. 상자의 영역이나 정신과정의 파편을 분배하려는 시도는 질적인 것을 양적화하는 것일 수 있다. 방향과 공간의 원형적인 영향은 상징적 과정의 요인으로 작용하지만, 그 의미에 대해 공식적인 분배를 시도하는 것은 문제가 될 수 있다는 것이다. Dora Kalff도 모래상자의 공간 사용에 대한 분석 연구를 했으나, 모래상자 전체가 무의식적이라는 것을 깨닫고는 더 이상 공간 사용에 대한 연구를 하지 않았다.

3. 주제

모래상자의 장면을 분석할 때 꼭 알아야 되는 세 번째 측면은 주제이다. 모래놀이치료 시 모래상자에서는 다양한 장면들이 펼쳐지는데, '이 상자에 펼쳐진 장면이 어떤 주제를 담고 있나?', '어떤 테마의 내적 여정을 담고 있나?'를 살펴보아야 한다. 예컨대, 앞서 보았던 [그림 9-1]은 휴식의 주제로 볼 수 있다. [그림 9-2]에서는 신성함이라는 주제가 담겨 있다.

모래놀이에서 주로 등장하는 모래장면의 주제와 각 주제의 분석심리학적 의미를 살펴보면, 다음과 같다.

1) 입문

입문(initiation)은 새로운 세계, 또는 새로운 발달단계로 들어설 때 행해지는 특정한 의식(ritual)을 의미한다. 특정 문화권에서는 어린이가 성인의 세계에 입문할 때 성인식을 거행하곤 한다. 이 의식에서 입문자가 경험하는 것은 성인에게 요구되는 고통을 견뎌내는 시험을 통과하는 것이다. 입문식이 거행되는 장소는 고통을 이겨내고 새롭게 재탄생이 이루어지는 잉태의 장소라고 볼 수 있다. 입문을 통해 새롭게 탄생하며, 과거의 것은 상징적으로 죽음의 상태에 이르게 된다. 즉, 입문은 새로운 의식의 탄생을 위해 고통과 죽음, 그리고 재탄생의 과정으로 들어가는 시작을 의미한다.

2) 항해 또는 탐험

배를 타고 항해를 하거나, 미지의 낯선 곳으로 여행을 하는 장면들이 자주 등장한다. 영웅의 여정일 수도 있고, 자신의 내면으로의 여행일 수도 있다. 이러한 장면은 치료 초기에 나타나기도 하지만, 어느 정도 회기가 진행된 후에 나타나는 경우도 있다. 여정은 내담자에게 설렘과 기대를 주기도 하지만, 한편으로 어둡고 낯선 곳으로의 두려움을 유발할 수도 있기 때문이다.

어두운 밤바다 여정(dark night sea journey)은 신화에서 종종 등장하는 원형적 모티브로서, 무의식과 융합하는 것이다. 신화적으로 밤바다 여정은 용이나 바다괴물에게 삼킴을 당하는 모티브를 갖고 있다. 영웅은 리비도 움직임의 상징적 요소인데, 영웅이 용에게 완전히 잡아먹히고 용의 배 속으로 사라지는 것은 외부세계로부터 흥미를 완전히 거두어들이는 것을 나타낸다. 해가 뜨는 순간에 새의 도움을 받아 괴물의 배 속으로부터 튀어나오는 것은 발달이 다시 시작됨을 상징한다(Jung, 1960/1981).

3) 신성함

모래놀이치료과정에서 신성함이 느껴지는 장면들이 자주 나타난다. 신성함(numinosity)은 라틴어 'numinosum'에서 파생된 단어로서, 깊은 정서적 공명을 일으키는 경험이다. 모래장면에는 의식적인 것뿐만 아니라 집단무의식의 원형적 이미지들이 나타나기 때문에 '어떤 것 너머의 존재', 신성한 어떤 것에 관한 느낌이나 이미지가 나타난다. 이러한 영적 차원의 신성한 경험은 매우 치유적이다. 대극적 갈등을 연결하고 치유하는 기능을 함으로써 증상을 개선하고 인격의 성숙을 가져다 준다.

4) 중심화

상자의 가운데를 중심으로 모래를 모아 산처럼 쌓아올린다거나 동심원 형태가 나타나는 경우가 종종 있다. 에너지가 중심으로 몰리고 있는 느낌을 주는 집중화는 자기(Self)에게로 에너지가 집중되는 것으로, 새로운 발달을 위해 필요하다. 집중된 자기(Self) 에너지에서 자아(ego)가 발달하게 되는데, 이는 마치 식물의 싹이 대지의 토양을 뚫고 나오는 과정과 유사하다. 한편, 무의식을 의식화하기 위해 또는 무의식에 있는 내용에 직면할 때의 불안을 이기기 위해 자원이나 에너지를 집중시키는 듯한 장면들도 있다.

5) 에너지의 흐름

물의 흐름, 자동차의 흐름, 피규어 배치의 흐름 등 에너지의 흐름으로 보이는 장면들이 있다. 물줄기가 어느 방향으로 흘러가는지, 가다가 막혔는지, 자동차가 원활하게 가고 있는지 혹은 모래 속에 파묻혀 이동할 수 없는지 등의 장면을 통해 에너지의 소통과 흐름의 상태를 알 수 있다. 이상적으로는 의식과 무의식 간에, 자아와 자기 간에, 그 밖의 여러 대극들 간에 에너지의 흐름이 있어야 통합의 방향으로 갈 수 있다.

6) 통제 상태

자유롭지 못하고 통제 당하고 있는 상태의 장면도 종종 등장한다. 감옥에 갇혀 있거나 벽으로 막혀 있는 경우 등, 발달해야 하는 자아가 제지당하고 있거나, 본능적 요소가 발현될 수 없게 막혀 있는 장면들이다. 한편, 긍정적인 통제 장면도 있다. 위험으로부터 보호하기 위해 담장이나 울타리를 치거나 경찰, 무기 등으로 보호하는 경우이다.

7) 죽음

어떤 태도나 신념, 또는 행동패턴이 너무 오래되어 타성에 젖으면 더 이상 새로운 신념, 태도, 행동패턴 등을 만들어 낼 수 없기 때문에 무의식의 에너지와 연결되어 새로워질 필요가 있다. 과거의 낡은 것들은 종종 죽음으로 상징화되며, 모래장면에서 죽음의 위협을 받는 형태로 표현되곤 한다. 이런 의미에서의 죽음은 부정적이기보다 인격의 확장과 발달을 위해 거쳐야 하는 과정을 상징한다고 볼 수 있다.

8) 분노

분노와 관련된 주제가 모래장면에 자주 등장한다. 화산 폭발, 포효하는 맹수, 공격적인 피규어 등으로 표현되곤 한다. 내담자가 의식하고 있는 분노도 있지만, 모래놀이 장면에서의 표현을 통해 억압되었던 분노를 의식하는 경우도 있다. 피규어가 아닌 모래를 손으로 짓이기거나 뿌리는 등의 행동으로도 분노를 표현할 수 있다.

9) 본능

본능은 비자발적인 추동(drive)으로서 본질적으로 사회적 적응이 어려운 에너지이다. 융은 본능은 정신으로부터 고립되어 떨어져 있는 것도 아니며, 실제 삶에서 동떨어져 있는 것도 아니라고 하였다. 모든 정신적 요소는 대극을 이루고 있기 때문에 본능요소의 반대 극에는 영적 특성을 가진 내용이 있다. 이렇듯 본능적인 것과 정신적인 것은 떼어낼 수 없는 불가분의 관계에 있다고 보았다. 따라서 의식성이 지나치게 영적화되어 본능적 토대와 너무 떨어져 있게 되면 정신 안에 있는 자율적 조절과정이 활성화되어 균형을 잡으려는 시도를 하게 된다. 고유한 인격적 측면을 살지 못하는 것, 창조된 그대로의 전인적 모습으로 살지 못하는 것은 인간 본능을 억압하는 것이라고 할 수 있다.

모래장면에서 본능은 동물의 모습으로 표현된다. 이 때 어린 시절의 정신은 자신의 본능적 충동과 외부의 압력을 구분하지 못하여 가장 중요한 관계에 있는 부모를 동물로 상징화하는 경향이 있다. 부모와의 관계가 만족스럽고 긍정적이라면 부모는 순응적인 동물로 묘사되고, 그 반대일 경우 무섭고 두려운 맹수나 괴물로 상징될 가능성이 높다.

10) 싸움과 갈등

모래장면에 표현되는 싸움과 갈등을 자주 목격할 수 있다. 갈등적 싸움이 수개월씩 지속되기도 한다. 갈등은 내적 긴장에 따르는 우유부단, 결정되지 않음의 상태라고 할 수 있다. 융에 의하면 견딜 수 없는 갈등은 삶이 제대로 가고 있다는 증거라고 한다. 갈등이 없는 삶은 반쪽자리 삶이거나 천사에게나 해당되는 초월적인 삶이라는 것이다(Jung, 1973). 갈등은 신경증의 증상이기도 하지만, 그렇다고 갈등 자체가 신경증적이라고는 할 수 없다. 신경증적인 경우는 의식의 정상적 기능을 방해할 때라고 한다. 심지어 어느 정도의 갈등은 필요한데, 대극 간 긴장이 없으면 발달과정이 억제되기 때문이다.

갈등의 해결책은 자기 자신과 외부 상황에 대한 새로운 태도를 가져다주며 평화를 가져올 수 있게 한다. 그러나 대극 간의 갈등과 긴장을 견디기 위해서는 인내와 강력한 자아를 필요로 한다. 그렇지 않으면 절박감 때문에 성급하게 잘못된 결정을 하게 되고, 그러면 더 강력하게 대극이 배열되고 갈등도 더 강력해진다.

모래놀이치료에서 갈등이나 갈등적 싸움을 상징하는 장면으로는 형제 간, 두 나라 또는 두 팀 간의 싸움, 로봇과 동물 또는 인간의 싸움, 불특정 다수 간의 싸움 등 다양하게 나타난다.

11) 휴식과 치유

모래놀이치료과정에서 휴식과 치유의 장면도 자주 나타난다. 정서적, 심리적 문제와 씨름하느라 지쳐 있는 사람들에게 휴식을 갈망하는 원형에너지가 배열된다. 휴식은 치유를 촉진한다. 고요하고 평화로운 해변, 숲 속 등에서 쉬는 장면으로 표현되곤 한다.

12) 대극의 분화와 합일

대극은 본래 하나의 상태였으나 한 극은 의식되고 다른 한 극은 무의식화되기 때문에 자아는 하나만 존재하는 것으로 지각한다. 예컨대, 자아와 그림자는 본래 하나의 상태였으나 성장과정에서 강화되는 것은 의식적 자아의 특성을 이루고, 강화받지 못하는 것은 억압되어 그림자로 무의식화 된 상태인 것이다. 이 때 억압된 것과 의식된 것은 대극을 이루게 된다.

이처럼 대극의 분화는 무의식적 내용들이 한쪽만 의식되고 다른 한쪽은 무의식 상태에 있게 되는 것을 말한다. 자아는 마치 의식적인 극만 존재하는 것으로 지각하지만, 무의식 상태에 남아 있는 내용을 대극으로 갖게 된다. 자아의 관점에서 볼 때, 대극적인 것을 인식한다면 의식이 확장될 수 있다. 의식된 내용뿐 아니라, 무의식에 억압된 부분까지 인격으로 통합하기 위해서는 먼저 그 부분을 인식하고 분화하는 과정을 거치게 된다. 즉, 대극적인 감정, 태도 등의 합일이 일어나기 위해서는 먼저 대극의 분화가 이루어져야 한다. 하나였던 피규어가 다음 회기에서 쌍으로 등장하는 경우가 대표적인 예이다.

대극의 합일은 새로운 가능성의 탄생이라고 볼 수 있다. 대극의 합일은 여러 가지 형태로 모래장면에 상징화될 수 있으며, 그중 대표적인 것이 결혼식이다. 결혼이라는 것은 상징적으로 정신 내면의 결핍된 부분과의 결합, 즉 통합이 필요하다는 것을 상징한다. 대극의 합일은 피규어들 간의 연결 또는 화합 등으로 표현될 수 있고, 정신의 전체성을 상징하는 만다라 또는 자기(Self)를 상징하는 구 모양이나 귀중한 상징물로 나타나기도 한다.

13) 축제, 신성한 의식

축제, 신성한 의식이나 축하의 장면들이 종종 나타난다. 신성한 의식은 개인적으로 의미 있는 입문, 새로운 발달단계로의 진전을 나타낸다고 볼 수 있다.

14) 아기 또는 새로운 생명의 탄생

아기 또는 새로운 생명 탄생의 상징은 무의식 상태에 있는 내용들이 의식화되기 시작하면서 새로운 태도나 관념, 감정 등이 생겨난 것을 의미한다. 새롭게 의식된 내용은 이제 막 생성되어 아직 안정적으로 의식에 통합되지 못한 상태이므로 아기를 키우듯 안정화시키는 양육과정이 필요하다. 과거의 태도, 감정, 생각 등을 새로운 것으로 대체하는 것에 대한 죄책감, 불안 등을 경험할 수 있기 때문이다.

15) 영웅과 보물 획득

영웅은 장애물을 극복하고 목표를 성취하는 것과 관련된 원형적 주제이다. 심리학적으로 보면, 영웅은 무의식으로부터 자아가 분화되고 다시 자기와 연결되는 과정에 있는 개인의 내적 상태를 의미한다. 영웅이 여정을 완수할 때마다 개인은 더욱 성숙한 인격을 발달시키게 된다. 무의식으로의 여정은 고래의 배, 어두운 밤바다로의 여정 등으로 상징화된다. 영웅은 깊은 무의식으로 들어가 소명을 다해야 한다. 어두운 밤바다로 들어가서 보물, 공주, 반지, 생명의 명약 등을 찾아내야 하는데, 이는 심리학적으로 자신의 진정한 감정과 독특한 잠재력을 은유적으로 일컫는 용어이다. 보물 획득은 영웅의 여정 또는 영웅의 모험에서 성공적으로 목적을 달성하는 것을 상징적으로 의미한다(Jung, 1956/1990). 모래놀이치료에서의 보물 획득은 연령에 적합한 발달의 성취, 자아발달, 문제의 완화 또는 해결, 대극의 합일, 관계의 회복, 자아-자기 축의 연결과 그로 인한 문제의 해결 등을 의미할 수 있다.

16) 노현자

노현자(wise old man)는 남성적 영(spirit)이 인격화된 표현이다. 남성의 아니마는 이 노현자의 딸이라고 할 수 있으며, 여성 심리에서 노현자는 아니무스 측면이다. 한편, 남성과 여성 모두에게 공통적인 여성성은 태모(Great Mother)이다. 노현자는 마법사, 의사, 성직자, 교사, 교수, 권위를 가진 인물 등 다양한 모습으로 상징화되어 등장한다.

이상과 같이 모래장면을 분석할 때는 기본적으로 통합성, 공간 배치, 주제 등의 3가지 측면을 고려해야 한다. 즉, 이 상자가 통합되었느냐, 통합되지 못했느냐 하는 통합성의 차원, 공간의 배치와 형태가 어떤 모습인가, 그리고 모래장면에서 담고 있는 주제는 무엇인가를 살펴봐야 된다. 그런가 하면, 모래작업을 할 때 상자에 피규어를 사용할 수 있지만, 피규어를 사용하지 않는 내담자도 있다. 피규어가 없이 모래나 물만으로도 얼마든지 의미 있는 장면의 표현이 가능하므로 반드시 피규어를 사용해야 하는 것은 아니다. 또는 모래를 전혀 만지지 못하거나, 모래

만지는 것을 꺼리는 내담자도 있다. 따라서 모래장면의 의미 이해와 분석을 위해서는 기본적으로 고려해야 할 원칙 이 외에도, 의미 있는 다양한 요소들을 파악하는 것이 필요하다. 추가적으로 고려해야 할 분석요소들은 다음과 같다.

- 모래놀이에 대한 내담자의 태도
- 물의 사용 여부, 피규어의 사용 여부, 모래와의 접촉 여부
- 주로 사용된 피규어의 범주와 내용
- 모래장면의 전반적 분위기
- 공간 사용형태
- 모래장면에 대한 내담자의 반응
- 에너지의 흐름과 방향성
- 모래장면에 대한 이야기 구성 내용
- 모래장면에 대한 치료자의 느낌

2절
모래장면 분석의 실제

모래놀이치료의 가장 큰 장점은 우리가 의식하지 못하는 정신영역인 무의식의 세계를 들여다 볼 수 있다는 것이다. 그것도 눈으로 직접 볼 수 있는 이미지로 보고, 느끼고, 경험할 수 있다. 모래상자를 볼 때는 제일 먼저 모래의 움직임을 본다. 모래를 만졌는지, 모래 속으로 얼마나 깊이, 얼마나 넓게 들어갔는지를 본 후, 전체적인 구조와 소품의 배치를 본다. 그런 다음 각 소품의 세부적인 특징과 테마 등을 살펴보면서 내담자의 의식과 무의식의 세계를 들여다본다.

모래놀이치료에서는 모래상자에 나타난 이미지를 통해 상징의 세계로 가고, 다시 상징을 통해 원형으로 가게 된다. 원형은 시간을 초월하여 보편적으로 존재하는 선험적인 행동패턴, 경험패턴으로, 원형이 형상화된 것이 바로 상징이다. 상자에 등장한 각 상징물들은 내담자 내면의 자아상, 그림자, 아니마와 아니무스, 콤플렉스 등이 상징적으로 표현된 것이라 할 수 있다. 실제적인 이해를 돕기 위해, 사례를 통해 모래장면을 분석하고 모래상자에 나타난 정신세계를 들여다보고자 한다.

1. 17세 남학생이 꾸민 모래장면의 분석 실제

[그림 9-6]은 17세 고 1 남학생이 꾸민 첫 상자이다. 자신감이 부족하고 긴장과 불안이 높아 학교생활에 어려움을 겪고 있는 학생의 사례이다.

상자의 제목은 '시골의 한 마을'이라 하였으며, 상자에 대한 설명은 2명의 농부가 밭에 씨를 뿌리기 위해 밭을 갈고 있고(좌측 상단), 남자 한 명은 강가에 앉아 낚시를 하고 있으며(좌측 하단), 다리 위의 여자아이는 버스를 타야 하는데 늦어서 뛰어가는 중(중앙)이라고 하였다.

[그림 9-6] 17세 남학생이 꾸민 모래상자

먼저 상자의 전체적인 특징을 보면, 좌측 하단 모서리에서 중앙쪽으로 모래를 파내 바닥을 드러내어 물줄기가 나 있다. 좌측 하단은 가장 깊은 무의식의 영역으로, 바로 이 곳으로 물길이 나 있고, 중앙에 있는 물줄기의 한쪽 끝부분에 배 한 척이 아래를 향해 놓여 있다. 무의식으로의 여정이 시작되거나, 시작될 준비가 되어있는 것으로 볼 수 있다.

구조적으로 볼 때는 상자의 윗부분보다 아래쪽에 소품들이 많이 있고, 위쪽에는 비어 있는 부분이 보인다. 상자의 아래쪽은 좀 더 무의식적, 윗부분은 좀 더 의식적인 영역으로 본다.

놓여진 소품들을 상세히 살펴보면, 상자의 정중앙이자 물줄기와 연결된 부분에 배 한 척이 있고, 상자 윗부분에 빨간색 버스가 모래에 파묻혀 있으며, 버스 바로 앞에는 정지 표지판이 놓여 있다. 오른쪽 하단의 집 마당에는 아기 업은 엄마, 소, 알을 낳은 닭둥지가 있다. 왼쪽 하단에는 물레방아가 있고, 상단 오른쪽 코너에는 돌로 만들어진 꽃나무 한 그루가, 상단 왼쪽 코너에는 곳간과 물동이지게가 놓여 있다. 상자 왼편으로 곳간 옆에 벽이 세워져 있고, 물줄기 중간지점에 개구리가 놓여있다.

씨를 뿌리고 밭을 가는 것은 무언가 수확을 위한 시작으로 볼 수 있고, 낚시 또한 깊은 물속에서 무언가를 건져 올리는 것을 나타낸다. 무언가 일궈내고 낚아올리는 무의식적 작업이 기대된다고 할 수 있다.

버스는 집단을 상징하는 것인데, 길도 없이 모래에 파묻혀 있고, 바로 앞에 정지 표지판이 놓여 있는 것으로 볼 때, 정상적으로 운행할 수 없고 멈춘 상태이다. 현재 집단생활, 즉 또래집단이나 사회적 관계에서의 어려움이 시사된다.

다리 위의 여자아이가 늦어서 뛰어가고 있다는 것은 여성성의 지체 또는 관계에서의 문제, 즉 여성적 특질과 관련된 문제를 나타내는 것으로 볼 수 있다.

상자의 오른쪽 하단은 모성영역이 되는데, 이 자리에 집, 아기 업은 엄마, 알을 낳은 닭둥지, 소 등 모성을 상징하는 소품들이 많이 나와 있어 모성에 과도하게 점유된 모습을 보여주고 있다. 한편, 남성영역인 상자의 왼쪽 상단에는 완전한 집이라 할 수 없는 곳간이 놓여 있어 남성성이 거주할 공간이 없고, 대신 농부들이 밭을 일구고 씨를 뿌리는 작업을 하고 있다. 따라서 모성으로부터 분리되어 남성성을 개발하고 확립하는 것이 중요한 심리적 과제임을 보여주고 있다.

중앙의 배는 물 위가 아닌, 물줄기 끝부분의 모래 위에 놓여 있어 아직은 항해가 시작되지 않았고 준비 중으로 볼 수 있다. 앞으로 항해, 즉 내적 여정이 시작될 것 같은데, 중간에 개구리가 물길을 가로막고 있고, 또 물레방아의 물살을 거슬러 올라가야 해서 힘겨운 작업이 될 수 있다. 또한, 왼쪽편에 세워진 벽은 무의식에 대한 방어를 의미하는 것으로, 자기를 들여다보는 데 많은 저항이 있는 것으로 보인다. 그러나 개구리가 민담에서 과제를 잘 넘기면 왕자로 변하듯이, 성공적으로 내적 작업을 완수하면 모성으로부터의 분리, 미발달된 여성성과 남성성의 통합된 발달로 교우관계 및 학교생활에서 적응적 변화를 가져올 수 있을 것으로 기대된다.

이렇듯 모래장면의 분석을 통해 내담자의 현재 상태와 문제, 그리고 앞으로 진행되어야 할 방향과 해결해야 할 심리적 과제 등을 파악할 수 있다.

2. 40대 초반 여성이 꾸민 모래장면의 분석 실제

[그림 9-7]은 40대 초반의 여성이 꾸민 모래상자이다. 한 살경 생모가 가출하여 아빠와 친조모와 함께 살다가 3세경 아빠가 사망한 후 친조모가 양육하였다고 한다. 현재는 동갑내기 남편과 세 자녀가 있는데, 낮은 자존감으로 자기표현에 어려움과 불편감을 느끼고 있는 내담자의 사례이다.

[그림 9-7] 40대 초반 여성이 꾸민 모래상자

상자에 나타난 이미지를 보이는 그대로 보면, 바닥이 드러날 정도로 모래를 많이 만져 작업하였음을 볼 수 있다. 중앙에 어머니의 가슴 또는 자궁을 연상시키는 형태의 둥그런 산을 만들고 그 위에 다시 어머니의 자궁을 상징하는 이글루와 태모원형인 곰이 등에 새끼를 업고 있다. 깊은 무의식 영역인 좌측 하단에도 엄마펭귄과 아기펭귄이 있고, 모성영역에 해당하는 우측 하단에 재생(regeneration)의 상징인 불가사리(starfish)가 놓여 있다. 이를 통해 모성과 관련된 문제가 시사되며 이 영역에서의 치유가 기대되는데, 상자 상단의 배가 물 위에 있지 않고 얼음 위에 정박되어 있어서 움직이기가 쉽지 않아 보인다. 우측상단의 등대도 배의 앞 쪽이 아닌 뒤편에 있고 크기도 너무 작아 배의 항해에 별 도움이 안되는 것으로 보인다.

상자에서 보듯이, 현실세계에서 이 내담자는 낮은 자존감을 호소하고 있지만, 모래상자에 펼쳐진 무의식의 세계에서는 생애초기 충족되지 못한 모성결핍의 문제가 주된 이슈로 표현되고 있다.

모래놀이치료자는 모래상자에 펼쳐진 장면을 통해 내담자의 무의식 세계를 인식할 필요가 있다. 그래야만 내담자의 정신세계를 좇아갈 수 있다. 그렇지만 내담자에게 직접적으로 상자를 해석해주거나 설명해주어서는 안 된다. 그것은 내담자를 무의식으로 몰아가게 함으로써 내담자의 내적 여정을 방해할 수 있기 때문이다. 내담자가 자연스럽게 문제와 관련된 이야기를 표현하게 될 때 치료자는 적절한 언어적 반응을 통해 무의식과 연결해주는 역할을 하여야 한다. 그러면 내담자가 의식하지 못하더라도 내담자의 무의식이 인식을 하여 내적 작업이 활성화된다. 콤플렉스가 꿈을 통해 나타나기도 한다. 이것이 바로 모래놀이치료의 신비한 힘이다. 이러한 치료적 접근이 모래놀이치료사에게 요구되는 본질적인 능력인데, 가장 숙련을 필요로 하는 능력이기도 하다.

3. 30대 중반 여성이 꾸민 모래장면의 분석 실제

[그림 9-8]은 디자인 전공으로 대학을 다니다가 우울증으로 대학을 중퇴하고, 현재 은둔생활을 하고 있는 35세 미혼여성의 첫 번째 상자이다.

먼저 모래상자 정중앙에 둥그렇게 모래를 파내고는, 파란 바닥 위에 피아노를 놓았다. 그런 다음 좌측 상단에는 테이블 및 의자들을 놓고 피아노 뒷편의 상단 중간부분에 2개의 서랍장을 놓은 후, 우측 하단에 주방 조리대, 그리고 그 옆에 냉장고를 놓았다.

[그림 9-8] 30대 중반 여성이 꾸민 모래상자

이 상자를 보고, 제일 먼저 생각할 부분은

"피아노가 왜 집안 다른 곳이 아닌 구멍 안에, 바닥을 드러낸 깊은 물 안에 있을까?"이다.

그것도 가장 중앙에…

즉, 실내를 꾸몄는데,

다른 가구들과 달리
피아노는 왜 모래 위가 아닌,
가운데 구멍을 파고,
물 위에 놓았는가?이다.

모래를 파고 바닥을 드러낸다는 것은
무의식 깊은 곳까지 들어감을 의미한다.
"무의식에 의해 지배받는 게 아닐까?"
"무의식이 전체 삶을 간섭하는 게 아닐까?"
생각해 볼 수도 있다.

피아노는 음악을 연주하는 악기이므로, 감정과 밀접한 관련이 있는 상징이다.
따라서 감정이 무의식 깊은 곳에 가라 앉은 상태로도 생각해 볼 수 있다.
이 경우 깊은 감정매몰 상태에 빠져 있는 내담자에게
감정을 구분하고 다양한 정서들을 낚아 끌어 올려주는 게 필요할 것이다.

중앙의 원은 무언가를 담고 있는 용기와도 같은 중심원으로, 그 주위에 또 하나의 원이 만들어져 겹겹의 원의 형태를 보여주고 있다. 그만큼 강조하는 것으로 볼 수 있다.

그리고 그 뒤편으로 중심을 향해 에워싼 듯한 반원 형태의 구도와 배열은 정신에너지가 중심을 향해 모아지는 느낌을 가져다 준다.

특히, 테이블 의자의 배치가 서로 마주 향하지 않고 중앙에 있는 피아노를 향해 있음을 볼 수 있다.

왼쪽 하단부의 비어 있는 공간은 중앙에 들어간 깊은 무의식의 반영(reflection)으로 볼 수 있다. 즉, 깊은 무의식에 들어가보니 비어 있는…

비어 있다는 것(emptiness)은 한편으론 잠재력을 의미하기도 한다.

앞으로 뭔가 새로 시작될 수 있는…

오른쪽 하단에 있는 주방가구와 가열대는 중요한 의미를 시사해 준다.

주방은 무언가가 만들어지는 곳이다.

특히, 불은 변형을 일으키는 중요한 에너지원이다.

불이 가열되면 변형이 일어날 수 있는데,

치료자가 내담자로 하여금 자신을 보게 하면 내담자는 불을 켤 것이다.

그러나 불이 너무 뜨거우면 내담자는 다시 불을 끌 수 있다.

치료자와 내담자 간 치료적 관계에서 공감과 지지가 기본이지만,

그것만으로는 충분치 않고

치료자는 내담자가 자신을 볼 수 있도록,

그래서 변형을 위한 불을 켤 수 있도록 활성화시켜야 한다.

그러나 치료자가 뭔가 해주려 하면

이 불은 꺼질 것이다.

치료란 자신이 해야 하는 것이고,

치료자가 해주는 게 아니기 때문이다.

치료자는 내담자가 스스로 불을 켜고 변형의 과정을 잘 거쳐나가도록

함께 동행하고 힘을 주는 역할을 하는 것이다.

치료자는 내담자에 대한 공감과 더불어, 치료적인 태도로 내담자를 변화시킨다. 내담자의 증상은 그런 증상을 유발케 한 지금까지의 부정적 환경에서 비롯된 것이므로, 치료자가 다르게 봐주면, 내담자는 지금까지와는 다른 행동을 보이게 될 것이다. 즉, 치료자가 내담자의 많은 자원과 능력, 잠재력을 봐주면 내담자는 자신을 새롭게 보고, 행동을 변화시키게 된다.

그러나 갑자기 하면 물이 끓어 넘칠 수 있으므로

slowly !

gently !

steadily !

해야 한다

이 상자를 통해 볼 때,

성공적인 치료동맹을 통해 긍정적 변형이 일어나면

이 내담자의 경우 많은 결과가 기대된다.

조리대 옆에 냉장고가 있는데,

대개 냉장고 안에는 많은 음식이 꽁꽁 얼어 있거나 차가운 상태로 보관되어 있다.

내담자 안에 있는 차갑고, 꽁꽁 얼어붙은 많은 것들...

많은 상처와... 좌절과... 분노와...

내담자의 예술적 재능도 꽁꽁 얼어 붙어 있을 것이다.

무언가로 만들어지기 위해서는 꺼내서 녹아야 할 것이다.

불이 켜져서 변형이 일어나면 냉장고 안에서 꽁꽁 얼어붙은 채, 차갑게 보관되어 있는 많은 것들이 녹을 것이다.

서랍도 유용한 무언가가 지금은 사용되지 않은 채 켜켜이 접혀서 보관되어 있는 곳인데, 변형이 일어나면 그 안에 있는 것들도 나와서 펼쳐지고 사용될 것이다.

좌측 상단의 테이블과 의자 세트도 누군가 앉아 있으면 유용한 자원이 될 수 있는데 현재는 아무도 앉아 있지 않다.

심한 우울증으로 극단적인 생각까지 했던 내담자의 첫 상자이다.

상자에 나타난 바와 같이 많은 것들이 차갑게 얼어 있거나, 깊숙한 곳에 숨겨 있어 사용되지 못한 채 깊은 우울감에 빠져 있음을 볼 수 있다.

그러나 제일 먼저, 그리고 상자 정중앙 깊은 바닥에 피아노가 자리하고 있음은 이 내담자의 내면 깊은 곳에서 지금까지 해오던 삶에 대한 반복적인 불만의 소리를 내기보다는 이제는 자신의 곡조를 연주해야 함을 알려주는 무의식의 울림과 소리가 아닐까 생각된다.

즉, 자신의 새로운 소리, 자신의 주제, 일컬어 자신의 정체성을 찾는 것이 이 모래상자에서는 중요한 이슈가 된다고 보여진다.

이상과 같이, 모래놀이치료에서 모래상자는 곧 내담자의 정신세계(psychic world)를 나타내는 것으로 본다. 상자 안에 있는 모래의 움직임과 상징물들을 통해 정신에너지(psychic energy)의 흐름과 상태, 그리고 내면세계를 보게 된다. 모래상자를 볼 때에는 모래와의 작업을 먼저 본다. 모래를 만졌는지, 어떻게 또 어느 정도로 만졌는지를 통해 내적 작업의 준비도와 깊이를 보게 된다. 모래를 건드리지 못하면 아직 정신의 표면을 건드리지 못하는 것이 된다. 손가락으로 살짝 건드리거나 눌러보는 것은 의식 밑의 정신세계를 건드려 보는 것이기도 하다. 모래상자의 어느 영역을 만지느냐도 정신의 어떤 영역을 접하는가를 의미하므로 매우 중요하다. 이처럼 모래가 정신세계와의 접촉에 기본적이므로 모래와의 작업을 먼저 보고, 모래를 통해 어떠한 감각과 느낌이 있었을지를 생각해보아야 한다.

10장

모래놀이치료 과정의 분석

1절 모래놀이 주제에 따른 모래놀이치료 과정 분석

1. 모래놀이 주제 분석 시의 고려사항
2. 모래놀이의 주제
3. 모래놀이치료 과정과 모래놀이 주제의 변화

2절 심리발달과정에 따른 모래놀이단계 분석

1. 초기단계: 동식물단계
2. 중기단계: 투쟁단계
3. 말기단계: 집단적응단계

모래놀이치료를 통해 치유와 변환이 일어나고 있는지를 알기 위해서는 모래놀이치료 과정에 대한 고찰이 필요하다. 본장에서는 두 가지 관점으로 모래놀이치료 과정의 분석에 대해 살펴보고자 한다. 하나는 모래놀이 주제의 변화과정에 따른 분석이고, 다른 하나는 심리발달과정에 따른 모래놀이 양상의 변화에 따른 분석이다.

1절

모래놀이 주제에 따른 모래놀이치료 과정 분석

1. 모래놀이 주제 분석 시의 고려사항

모래놀이치료 과정에 특정 공식을 대입하는 것은 불가능하지만, 모래놀이의 주제들을 추적해봄으로써 어떠한 진행을 보이고 있는지, 현재 내담자의 작업이 어디를 향하고 있는 것인지 가늠할 수 있다. 모래놀이의 주제를 파악하기 위해서는 내용주제, 공간주제, 정서주제, 동작주제 등을 모두 고려하여야 한다. 사용된 피규어, 즉 상징물의 내용과 모래장면을 다 꾸미고 난 후 내담자가 한 이야기의 내용('내용 주제'), 공간의 사용과 소품의 배치('공간 주제'), 내담자가 보이는 정서('정서 주제'), 내담자가 작업하면서 보여주는 동작이라든가, 행위('동작 주제') 등을 종합하여 모래놀이의 주제를 확인할 수 있다.

한편, 주제를 구성하는 요소인 상징물의 의미는 단순히 사전적 의미를 대입해서는 안 되고 내담자의 경험을 충분히 들어야만 상징의 원형적 의미와 개인적 의미를 제대로 이해할 수 있게 된다. 같은 상징이라고 하더라도 내담자에 따라서 그 의미가 다를 수 있을 뿐 아니라, 동일한 내담자가 동일한 상징물을 사용했다고 하더라도 회기에 따라서 그 의미가 달라질 수 있다.

한 사례를 예로 들면, 어느 날 내담자가 모래장면을 꾸미면서 아궁이 위에 가마솥이 올려 있는 상징물을 선택해서 올려놓았다. 불 위에서 무언가 만들어지고 있는 가마솥이라는 상징물은 사전적으로 본다면 무언가 그 안에서 변환이 일어나는 그런 상징적 의미를 담고 있다. 그런데 이 내담자는 "가마솥을 보면 어렸을 때, 한 10살쯤인 것 같아요. 그때 기억이 떠올라요. 가마솥 앞에서 나무로 군불을 때고 있고, 가마솥에서 김이 모락모락 나고 있었는데, 어떤 이유인지, 저는 아무 이유도 모르는데 갑자기 아버지가 큰 손으로 제 뺨을 후려쳤어요. 그때 너무나 놀라고, 너무 무섭고, 너무나 속상했어요. 그래서 가마솥을 볼 때마다 그때 그 장면이 떠올라요."라고 이야기하였다. 이러한 맥락에서는 가마솥을 단순히 사전에 나와 있는 상징적 의미로 보기가 어렵다. 이와 같이 내담자가 삶 속에서 어떠한 경험을 했느냐, 상징물이 어떠한 맥락에서 사용되었느냐에 따라 현재 사용된 상징물의 의미가 달라질 수 있다.

그런데 이 내담자는 모래놀이치료과정이 한참 진행되면서 후반부에 가마솥이라는 동일한 상징물에 대해 다른 이야기를 하였다. "지금 여기에서 무언가가 만들어지고 있어요. 밥이 만들어지고 있어요. 아마 맛있는 밥이 될 거예요." 이때 이 가마솥은 과거에 아버지한테 영문도 모르고 맞았던 상처의 주제(Themes of wounding)가 아니라 변환의 주제(Themes of transformation)를 나타내는 상징물이라 할 수 있다. 이렇게 같은 상징물이라고 하더라도, 동일한 내담자가 동일한 상징물을 사용했다고 하더라도 맥락에 따라서 그 의미가 달라질 수가 있다. 따라서 모래놀이 장면의 의미와 주제를 볼 때에는 다양한 요소들을 고려해야 한다.

리 미셀(R. R. Mitchell, 2009)은 모래놀이의 주제 분석 시 고려해야 할 사항들을 다음과 같이 제시하였다.[1)]

- 내담자의 개인적 정보 : 내담자의 연령, 성별, 사회경제적 지위, 인종, 영적 신념, 모래놀이의 동기, 기타 인구학적인 정보

1) 리 미셀(R. R. Mitchell)의 2009년도 한국모래놀이치료학회 초청 강연내용을 참조하였음

- 모래상자 꾸미는 과정 : 모래놀이 시 내담자의 태도(심사숙고하며 또는 즉흥적으로?), 정서(두려워하며 또는 신나서?), 행동(빨리 또는 천천히?) 등의 모래상자 꾸미기 과정
- 장면의 내용 : (사진으로든 스케치이든) 모래상자 장면의 내용을 주의 깊게 따라가고 기록해야 함(사용된 소품과 상징적 의미를 기록; 소품의 배치와 위치 변화, 모래의 움직임, 주제, 단계, 국면들을 포함한 모래상자의 전반적 구성과 내용, 특히 첫 상자에 나타난 내용들)
- 모래놀이 연계성(series) : 어떤 상징물이 계속적으로 사용되는지, 상자에서 그것들의 위치가 어떻게 변화하는지, 주제가 어떻게 발전되고 변화하는지, 장면 구성에서의 변이 등을 포함하여 회기가 진행됨에 따라 모래상자의 장면이 이전 회기와 비교하여 어떻게 진전되는가를 주목
- 모래놀이 이야기(sandplay story) : 모래장면에 대한 내담자의 이야기, 모래장면으로 회상된 과거나 현재의 사건이나 감정, 상징적인 내용, 정서적 함의, 주제 등을 주의 깊게 경청
- 치료자의 개인적 반응 및 전이/역전이 : 치료자가 전이/역전이의 이슈는 물론, 자신의 감정과 사고 반응, 마음에서 올라오는 이미지를 자각할 때 내담자의 모래놀이 과정과 모래장면에 대해 보다 깊은 이해가 가능함. 모래놀이 직후 상자에서 느낀 치료자의 감정을 그대로 적어 놓음. 이 때 치료자의 직관이 필요.

2. 모래놀이의 주제

모래놀이상자에는 다양한 장면이 펼쳐지는데, 거의 모든 장면에서 주제가 발견될 수 있다. 또한, 한 장면에 많은 주제가 포함될 수도 있다. 모래놀이 치료과정에서 표현되는 모래놀이의 주제들은 크게 두 범주로 분류될 수 있다. 하나는 상처

(wounding)를 시사하는 주제이고, 다른 하나는 치유(healing) 또는 변환(transformation)을 나타내는 주제이다. 각 범주에 포함되는 세부 주제들은 다음과 같다(Mitchell, 2009).

1) 상처를 시사하는 주제

- 혼돈/마구잡이(chaotic/haphazard) : 단편적이거나 형태가 없는 배열(예 모래 상자에 내던져진 물체들, 경계나 외부 현실 무시, 소품들이 세심하게 배치되었으나 전반적인 모양이 뒤죽박죽 또는 단절됨)
- 공허(empty) : 소품의 사용이 매우 제한적이거나 또는 에너지와 호기심의 결여로 생명력이 없는 느낌(예 단 하나의 죽은 나무를 구석에 배치해 놓는 등 소품이 아주 적거나 낮은 에너지, 호기심이 없는 상자)
- 단절(split) : 모래장면의 부분들이 분리되어 서로 떨어진 상태(예 강이 가로질러 구역을 둘로 나누거나, 울타리가 쳐져 외부세계와 단절되거나 분리된 상태, 상자 밑에서부터 위로 일렬로 배열된 코끼리들도 상자를 분할하는 것으로 볼 수 있음)
- 갇힘(confined) : 원래는 자유로워야 할 소품들이 어디에 갇혀 있거나 덫에 걸려있는 상태(예 새장에 갇혀 고통받고 있는 새, 노파 주위에 구축된 모래벽)
- 방치(neglented) : 양육과 보살핌을 받지 못하는 방임, 유기된 모습(예 모는 옆방에서 자고 있으면서 아기는 높은 의자에 있는 경우)
- 감춰짐(hidden) : 묻혀 있거나 시야에서 가려진 소품들(예 집 뒤에 숨겨진 총, 나무 아래 모래에 매장된 마녀)
- 쓰러짐(prone) : 원래 서 있어야 하는 소품들이 고의로 넘어져 있거나 쓰러져 있는 상태, 거꾸로 세워지거나 박혀 있는 상태(예 서 있는 임산부가 모래에 거꾸로 박혀진 상태)

- 부상(injured) : 상처가 있거나 상처를 입는 과정에 있는 소품들(예 들것 위에 누워 있는 붕대 감은 남자, 공룡 입안에 있는 카우보이), 장애 또는 다친 사람이 등장하는 모습
- 위협(threatened) : 대처할 능력이 없는 위험상황 또는 위협적인 사건, 무서운 일이 벌어지고 있는 상태나 상황에서 소품이 떨고 있는 상태(예 공격적인 동물에 아동이 둘러 싸여 있는 상태, 작은 아이 주변의 공격적인 동물들)
- 방해(hindered) : 새로운 성장 및 발달 가능성이 지연되거나 방해받는 상태, 장애물로 저지된 모습. 이 주제는 찾아내기 쉽지 않은데 유난히 그런 부분이 눈에 띌 때 찾아내면 됨(예 구석의 총: 아동의 성장이 방해받고 있는 상태)

2) 치유, 전체성, 변환으로의 움직임을 시사하는 주제

- 연결(bridging) : 요소들 간의 연결, 반대편과의 합류(예 땅과 키 큰 나무를 연결하는 사다리, 천사와 악마를 연결하는 다리)
- 여행(journeying) : 길을 따라서 또는 중앙 주위로 움직임(예 기사가 철로를 따라가거나, 원주민이 강을 따라 카누를 타고 내려감)
- 에너지(energy) : 살아 있고, 활력 넘치고, 강렬한 에너지가 보이는 상자(예 생물의 성장이 나타남, 건설장비가 작업 중, 활주로로부터 이륙하는 비행기)
- 심화(going deeper) : 무의식으로 깊이 들어가는 상자, 보다 깊은 차원의 발견(예 모래를 파서 바닥이 드러나고, 보물이 발굴되고, 우물을 파고, 호수가 만들어짐)
- 탄생(birthing) : 새로운 발달의 출현(예 아기가 태어나고, 꽃이 피고, 새가 알을 낳음)
- 양육(nurturing) : 성장과 발달을 지지하기 위해 제공되는 도움이나 양분(예 아기에게 젖먹이는 엄마, 지지적인 가족집단, 환자를 도와주는 간호사, 음식

제공)

- 변화(changed) : 모래나 사물들이 창조적으로 변화되거나 사용됨(예 모래가 큰 다리를 구축하기 위한 형태로 윤곽이 만들어지고, 둥근 달 모양으로 모래산을 쌓아올리거나, 등교길에 주워 온 잔가지들로 집을 지음)
- 영적(spiritual) 요소 : 종교적 영적 상징물들이 나타남. 가령, 초자연적인 존재, 숭배하는 소품이나 신성한 아이템들(예 새로 결혼한 커플을 내려다보는 부처)
- 중심화(centered) : 상자 중앙 부분의 요소들이 대칭적으로 균형 잡혀 있거나 반대편과의 단일화가 일어남(예 결혼한 남녀, 상자 중앙의 만다라)
- 통합(integrated) : 적절히 일치하고, 조직화된 발상들이 전체 상자를 아우름; 표현의 통합(예 전체상자를 하나로 묶어주는 집약된 구성(abstract construction)

3. 모래놀이치료 과정과 모래놀이 주제의 변화

리 미셀(Mitchell, 2009)은 모래놀이의 주제 및 주제를 구성하는 세부요소들의 변화를 살펴봄으로써 모래놀이치료의 과정을 분석하였다. 그 결과, 상처의 주제는 어린 시절의 학대, 트라우마, 질병, 가족원의 상실이나 죽음을 경험한 내담자, 그리고 치료과정 초기 단계에 있는 내담자에게서 주로 나타났다. 치유(변환)의 주제는 건강하고 생애 초기에 경미한 수준의 외상을 경험한 내담자에게서 주로 표현되고, 치료과정 후반기에 나타났다.

모래놀이의 주제는 모래놀이상자에 있는 시각적 이미지 또는 이미지 세트로 표현되는데, 각 모래놀이상자는 여러 주제를 동시에 포함할 수 있다. 즉, 아픈 상처에 대한 주제들, 치유와 관련된 주제 등 하나의 장면에 여러 가지의 주제가 동시에 포함될 수 있다. 그러나 그 수가 어떤 게 더 많고, 적냐하는 것들은 회기에 따라서, 또 장면에 따라서 달라질 수 있다. 모래놀이치료 과정이 진행됨에 따라서 주제의 양상이나 비중도 달라지게 된다. 일반적으로 치유과정에서 표현된 모래놀이의 주제들을 보면, 처음에는 상처 주제의 수가 많았다가 점점 회기가 진행되면서 상처를 나타내는 주제의 수는 적어지고, 갈수록 긍정적인 주제가 늘어난다. 이와 같이 상처의 주제 또는 치유의 주제로 분류되는 세부 요소들의 출현 빈도나 양상은 치료과정이 진전됨에 따라 변화한다. 치료 초기단계에서는 대체로 치유보다 상처의 주제가 더 많이 나타난다. 그러다가 치료과정이 진행됨에 따라 치유와 통합의 주제가 점차적으로 더 많이 나타나게 되고, 결국 상처의 주제 요소들을 능가하게 된다.

이와 같이 모래놀이치료가 진행되면서 상처 및 치유를 나타내는 세부 주제요소들의 표현내용은 발달하고 진화하며, 상자를 구성하는 주제의 수와 비율도 점차 변화된다. 즉, 모래놀이과정이 진전됨에 따라 치유의 주제는 더욱 우세해지고 확장되고 풍부해진다. 또한 보다 현실적이 되고 실생활의 모습과 유사해지며, 단절되거나 균열적이던 테마들은 줄어들고 전체적으로 좀 더 통합된 주제로 변화해 간다. 한편, 상처의 주제는 구성비율이 점차 줄어들고 단순화된다. 출현양상도 변화하여 상처의 주제를 구성하는 요소의 내용은 현실과 멀어지고 긍정적인 방법으로 변화되어 간다.

하나의 모래놀이상자에 여러 개의 주제가 포함될 수 있는데, 모래놀이과정이 전개되는 동안 지배적인 테마는 변화하고 진화된다. 일반적으로 치료회기가 진행될수록 치유의 주제는 더욱 우세해지고, 풍부해지고 확장되며, 보다 현실적이 되어 실생활과 유사해지고, 하나의 장면으로 통합되면서 전체성을 띠게 된다. 반면 상처의 주제는 줄어들고, 작아지고, 단순화되고, 현실에서 멀어지게 되며, 긍정적인 양상으로 변화되어 간다. 따라서 모래놀이치료가 진행되면서 회기별로 각 모래장면에 나타난 모래놀이 주제들의 변화를 파악해 봄으로써 모래놀이치료 과정을 분석할 수 있다. [11장 제1절]에서 실제 사례를 가지고 주제의 변화에 따른 모래놀이치료 과정의 분석을 상세히 살펴보고자 한다.

2절

심리발달과정에 따른 모래놀이단계 분석

아동심리학자인 칼프는 스위스 취리히에 있는 C. G. 융연구소에서 융학파 분석심리학을 공부하고, 이스라엘의 융분석가이자 발달이론가인 에리히 노이만(Erich Neuman)에게 깊은 영향을 받았다. 인간 정신의 발달과정을 분석심리학적 측면에서 기술한 노이만(1973)은 자아의식성이 탄생하기 이전의 정신상태에 대해 꼬리를 입으로 물고 있는 원 모양의 우로보로스로 묘사하였다.

[그림 10-1] 우로보로스

이는 자아의식성 발달 이전의 원시적 자기상태(primordial Self)를 나타내는 것으로, 이 원초적 자기(Self)로부터 개별적 자아(ego)가 태어난다는 것이다. 노이만은 발달의 최초단계인 이 시기를 '어머니와의 초기관계'라고 명명하였는데, 칼프는 이 관계를 '모−아 단일체(mother−child unity)'라고 불렀다. 이 시기는 생후 1세 정도까지로, 아동은 자기와 타인에 대한 인식이 없고, 분리된 신체나 개별성을 지각하지 못한다. 모래놀이에서 모−아 단일체는 어머니와 아기가 결합되어 있는 상으로 나타날 수 있다. 이는 동물적인 어미와 어린 새끼, 혹은 인간의 어머니와 아기의 모습으로 표현될 수 있다.

생후 1년 가까이 되면서 아동은 어머니와 심리적으로 분리되기 시작한다. 노이만은 이 발달단계를 '세상 부모와의 분리'라고 칭하였고, 칼프는 아동이 '어머니와의 관계'를 형성할 수 있는 기간이라고 기술하였다. 이 발달단계 동안 아동의 자각은 외부 세상으로 향하게 된다. 아동의 마음이 더 이상 어머니의 마음안에 포함되어 있지 않기 때문에 세상을 양극화시키기 시작한다. 이러한 양극화는 좋은 것과 나쁜 것이라는 아주 단순한 구분이다. 이러한 양극화 현상과 관련하여 모래놀이 과정에서 심리발달의 두 번째 단계에 새롭게 등장하는 상징물의 특징은 쌍으로 또는 두 집단으로 나타나는 것이다. 길이 두 개의 다른 색깔로 펼쳐질 수도 있고, 두 마리의 동물로 놓여질 수도 있다.

만 2~3세 정도 되면 아동의 마음은 중심성에 대한 자연스러운 과정을 경험한다. 드디어 자기(Self)의 출현이 이루어지는 시기이다. 자기가 아동의 무의식 내에서 공고화되기 시작하고 어머니와는 심리적으로 분리가 된다. 아동은 더욱 독립적이 되고 어머니와의 개인적 관계를 경험하게 된다. 노이만은 이 과정을 '중심화'라고 부르고, 칼프는 이를 '자기의 구성'이라 하였다. 초기 아동기에 출현하는 자기의 경험은 중심의 한 형태인데, 이 시기에 아동들은 자신을 세상의 중심으로 보는 자기중심성을 보인다. 모래놀이에서는 자기(Self) 상징물이 배열된다.

이와 같이 노이만은 심리발달 과정의 초기 세 단계를 제시하였는데, 칼프는 자신의 모래놀이치료 사례들을 통해 노이만이 구성한 발달단계에 따라 모래놀이치료 과정도 변화함을 발견하였다. 처음에는 동물과 식물 위주의 장면으로 뚜렷이 나타나다가, 다음 단계로 전쟁이야기를 보여준다. 이 단계에서는 전반부와 후반부의 양상이 달라진다. 전반부에는 다수의 투쟁을 보이다가, 후반에는 한 명이 강해져 외부의 영향에 맞서 싸우고 대면할 수 있게 된다. 그런 다음 마지막 세번째 단계에서 하나의 인격으로 사회에 받아들여지고 구성원이 된다. 칼프는 이러한 변화의 양상을 동식물단계, 투쟁단계, 집단적응단계라는 3단계로 제시하였다. 각 단계의 특징을 보면, 다음과 같다.

1. 초기단계: 동식물단계(The Animal·Vegetative Phase)

동물 또는 식물이 주로 나타내는 양상을 보인다. 혼돈의 단계(chaos)라고도 부르며 초기에 나타나는 단계이다. 무의식에서 덜 분화된 혼란스러운 자아의 초기 모습을 드러내며 많은 요소들이 무질서하게 표현된다. 소품들을 모두 모래상자에 쏟아 놓거나 마구잡이로 특정한 대상 없이 놀이를 한다. 이처럼 모래놀이치료과정의 초기 단계에서는 아동이 어떤 테마를 가지고 무엇을 만들어 나간다기 보다는 혼돈의 상태처럼 보이고 정신없이 상자 전체에 가득 채우듯이 놀이를 진행하여 흐름을 알 수 없으나, 대체로 동물과 식물을 많이 사용한다.

던다스(Dundas, 1978)에 의하면, 아동 초기의 모래상자는 현재 아동이 인생의 어느 시점에 있는지, 그가 할 수 있는 것은 무엇인지 등을 보여준다고 한다. 이 때의 장면들은 마치 정신의 모든 면들이 드러나는 것처럼 아주 복잡할 수도 있다. 이 때문에 치료자는 안전한 환경을 제공해주어야 하고 아동을 존중해줘야 한다. 또한 메마르고 생명이 없는 장면들이 나타날 수도 있는데, 이것은 침체상태를 의미한다. 이 단계는 정서적 혼란과 아동 삶의 혼돈을 반영하고 구체화한다. 자아(ego)가 의식의 중심으로 자리잡지 못하는 미분화 단계로, 모성적 힘과 무의식에 지배되어 혼돈스럽고, 조절이 안 되는 시기이다.

[그림 10-2]는 모와의 분리불안으로 일상생활에 어려움을 보이고 또래관계를 형성하지 못하여 의뢰된 5세 남아의 첫 번째 모래놀이상자이다. 상자 가득 동물들이

마구잡이로 쏟아져 나온 모습으로 전형적인 동식물단계의 모래놀이를 보여주고 있다.

[그림 10-2] 동식물단계의 모래놀이

2. 중기단계: 투쟁단계(The Fight Phase)

동·식물 단계 다음의 단계는 투쟁(fighting)의 단계로 대결구도를 보이게 된다. 이 단계에서는 파괴가 두드러지게 나타나며 대극을 이루면서 투쟁을 벌인다. 짐승들끼리 싸우고, 로봇이 군인들을 소탕하고, 기사들이 지칠 줄 모르고 서로 시합하는 등 많은 싸움이 나타난다. 움직이는 모든 것은 총에 맞거나 파괴되거나 폭발해 버린다.

이 단계는 진전됨에 따라 놀이의 양상이 달라져 전기와 후기로 나눌 수 있다. 초반에는 양쪽 편이 모두 전멸하여 승자도 없고 모두 죽어 주검이 높은 더미로 쌓인다. 그러다가 중기 이후로 대결이 더욱 격렬해지고 조직화된다. 대결상대도 균형을 이루게 되어 군인 대 군인, 인간 대 인간, 동물 대 동물, 일대일의 대결구도를 보이고, 드디어 투쟁에서 승리한 영웅이 등장하여 힘을 행사하는 장면이 꾸며진다.

이 때 남자 아동들은 대체로 강한 자아를 확립하기 위해 노력하며 투쟁이 외적으로 발산하는 형태를 보인다. 총소리나 폭발소리를 내며 파괴적 놀이를 첨가시키기도 한다. 예컨대, 홍수, 불, 치열한 전쟁 장면들이 나타나고 낡은 형태의 삶은 완전히 파괴된다. 시간이 지나면서 점차 건설적인 장면, 움직임이 많은 장면을 꾸미면서 힘을 건설적으로 발산하게 된다.

반면 여자 아동들은 파괴적 장면을 꾸미기보다는 투쟁을 내재화하는 경향이 있다. 상징물을 통해 자신의 내부에 가두었던 본능적 정체감을 자유롭게 표현함으로써 이 단계를 통과한다. 자기와 동일시되는 인형을 가두거나 악마들이 사는 장소나 낯선 여행자들이 등장하는 장면을 꾸미기도 한다. 이러한 과정이 지나면 마지막 단계인 집단에의 적응 단계(the Phase of Adaptation to the Collective)로 통합해가는 모래상자를 볼 수 있다.

[그림 10-3]과 [그림 10-4]는 [그림 10-2]를 꾸민 아동내담자의 중기 모래상자들로, 앞에서 보았던 동식물단계에서 벗어나 투쟁의 단계로 넘어온 모래놀이의 모습이다. [그림 10-3]은 승자도 패자도 없이 모두가 전멸하며, 군인과 동물, 스파이더맨 등이 뒤섞여 싸우는 투쟁단계 전반부의 모래놀이 모습이다. [그림 10-4]의 회기에서는 큰 공룡과 작은 공룡의 대결이 벌어졌는데 큰 공룡이 일방적으로 당하는 놀이를 하였다. 공룡 대 공룡의 균형 잡힌 대결을 보여주고 작은 공룡의 승리로 새로운 영웅이 탄생하는 투쟁단계 후반부의 모래놀이를 보여주었다.

[그림 10-3] 전기 투쟁단계의 모래놀이

[그림 10-4] 후기 투쟁단계의 모래놀이

3. 말기단계: 집단적응단계(The Phase of Adaptation to the Collective)

마지막 단계는 집단적응단계로 해결단계라고도 한다. 이 단계에 이르면 여아와 남아들 모두 통합된 주제를 반영하는 모래상자를 꾸민다. 모래장면에서는 질서가 회복되고, 자연이나 사람 사이의 균형이 잡히고, 생물체들이 적절한 거처를 찾고, 농작물은 열매를 맺는 것과 같은 질서, 통합, 균형, 전체성 등의 주제를 나타낸다.

이 단계에서 남자 아동들은 건설공사현장이나 트럭, 자동차 등 움직임이 많은 작품을 꾸민다. 동물들은 적절한 곳에서 살고, 마을과 도시와 길들이 균형을 이루며, 추수를 나타내는 장면들이 나타난다. 아동은 실생활에서도 정상적인 적응양상을 보이게 된다.

여자 아동들은 사람과 지역사회를 적절히 연결하고 친밀감을 주는 마을을 꾸민다. 이 단계의 종료시점으로 가면 여자 아동들은 여성성의 상징인 자궁이나 젖가슴의 형태를 나타내기도 하며, 여러 관계 속에서 이루어지는 삶, 지역사회와 자신의 연계성을 이해하기 시작한다. 남아들의 경우에는 남성적 상징물과 여성적 상징물이 함께 등장한다. 던다스에 의하면, 남아들은 모든 단계에서 남성과 여성의 성적 상징을 사용하는 반면, 여아들은 집단적응의 단계나 종료시점에서 많이 사용한다고 하였다.

집단에의 적응(Adaptation to the Collective)단계는 정상적인 일상생활을 보여주는 단계로서, 아동이 외부세계와 관계 맺을 준비가 된 시기이다. 여기서 일상생활이란 학교 가기, 친구관계 등 모든 것이 어머니와의 초기 양육관계에서 벗어나 외부로 향하는 세계관을 보여주는 것을 뜻한다. 이런 모습들이 치료장면에서 나타나면 아동이 세상으로 나가 건강한 삶을 누릴 준비가 되었으며, 치료를 종결해도 좋다는 신호로 받아들여도 무방하다.

종료가 가까워지면 매우 창의적인 장면들을 꾸미고, 아동 스스로 독립되고 온전한 개체로 느끼기 시작한다. 유모어와 여유 있는 모습을 보이기도 한다. 모래상자에서는 완전함과 전체성의 상징적 표현인 원, 네모 등의 이미지가 나타나는데,

이것은 모래놀이치료를 통한 본능적인 힘의 통합을 의미한다(Kalff, 1981). 또한 아동이 치료자와 분리될 준비가 되었음을 보여주는 것이다.

이와 같이 아동의 모래놀이치료는 회기가 진행됨에 따라 심리발달 수준의 단계를 표상하는 모래놀이치료 과정을 거친다. 물론 모든 모래놀이 치료과정이 이러한 단계를 거친다고는 볼 수 없지만 대체로 동물이나 식물의 표현이 먼저 나타나고, 투쟁과 대결의 과정을 거친 후, 일상에 적응해가는 단계가 나타나게 되면서 치료를 종결하게 된다(Bradway, 1979).

[그림 10-5]와 [그림 10-6]은 집단적응단계의 모습을 보여주는 상자들이다. 앞서 살펴본 상자를 꾸민 동일 아동내담자의 상자들로, 모래놀이치료 과정 말기에 나타난 장면들이다. 먼저 [그림 10-5]의 상자를 보면 집들과 마을이 형성되고 꽃과 나무가 세워진 장면으로 변화되면서 집단적응단계에 들어선 모래놀이 모습이다. [그림 10-6]은 본 사례의 종결상자이다. 사다리차로 물건을 들어올리는 놀이행동을 한참 하다가, 빨간 배에 미키를 태우고는 대양을 항해하는 중이라며 공중에서 손으로 배를 잡고 위아래로 움직이며 일렁이는 파도 위를 운행하는 듯한 모습을 행동으로 표현했다. 잠시 후 선반에서 미니마우스를 추가로 가져와 배에 태우고는 미니와 미키가 둘이서 함께 항해한다며 회기를 마쳤다. 이 즈음 이 아동내담자는 어린이집에 새로 등원하기 시작하였는데, 등원 첫날부터 새로운 친구들을 사귀는 적응력을 보였다.

[그림 10-5] 집단적응단계의 모래놀이-1

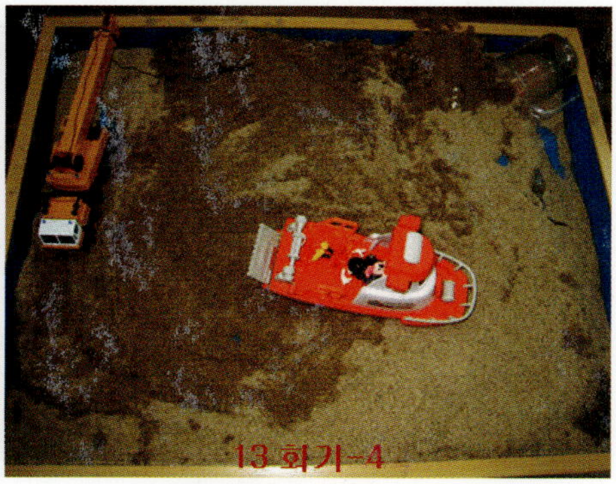

[그림 10-6] 집단적응단계의 모래놀이-2

11장

사례를 통해 본 모래놀이치료의 효과

본 장에서는 모래놀이치료의 효과를 실제 사례를 통해 고찰해보고자 한다. 먼저 10장 1절에서 다루었던 모래놀이 주제 분석을 통한 모래놀이치료 과정과 변화내용을 구체적으로 살펴보고, 다음으로 첫 상자와 마지막 상자의 모래장면을 비교함으로써 모래놀이치료의 효과를 보고자 한다.

1절

모래놀이 주제 분석을 통한 효과 고찰

10장 2절에서 소개된 5세 남아의 사례를 가지고 본 절에서는 모래놀이 주제 분석 측면에서 모래놀이치료 효과를 살펴보고자 한다. 노이만의 심리발달과정에 따라 칼프가 제시한 모래놀이단계 분석에서 초기단계, 중기단계, 말기단계의 전형적인 모습을 보여준 이 사례의 모래놀이과정이 리 미셀(Mitchell, 2009)이 제안한 모래놀이 주제를 중심으로 분석할 때는 어떠한 변화 양상을 보이는지 살펴보고자 한다. 이해를 돕기 위해 간단한 사례 개요를 기술하면, 다음과 같다.

※ 사례 개요

대상 아동은 의뢰 당시 만 5세 3개월 된 남아로서, 6개월 가량의 모래놀이 치료기간을 거쳐 만 5세 9개월에 종결하였다. 1회기에서는 대상 아동에 대한 놀이관찰 및 평가를 위해 놀이치료실에서 진행하였으며, 아동의 선택에 따라 2회기부터 모래놀이치료를 실시하였다. 2회기에 첫 번째 모래상자를 꾸미고, 이후 13회기까지 매 회기 모래놀이치료를 실시하였다. 아동 및 부모의 동의하에 13회기를 마지막 회기로 하여 모래놀이치료를 종결하였다.

10장에 제시된 [그림 10-2], [그림 10-3], [그림 10-4], [그림 10-5], [그림 10-6]의 5개 모래장면을 리 미셀의 주제 분류방법에 따라 분석하였다. 주제 분석을 위해 각 회기에 아동이 보여준 놀이행동을 기술하였으며, 분석 결과는 〈표 11-1〉과 같다.

〈표 11-1〉 모래놀이 주제 분석 결과표 (5세 남아의 모래놀이치료 사례)

회기 [그림]	모래장면	놀이행동	모래놀이 주제		비고[1]
			상처의 주제	치유의 주제	
2회기 [10-2]		여러 마리의 공룡을 한꺼번에 가져와 편가름없이 마구잡이로 서로 공격하며 싸움. 주로 입으로 상대방의 입과 몸통, 꼬리 부분을 물면서 공격하며, 모두 뒤엉켜 싸우다 쓰러졌다를 반복함.	혼돈, 위협, 부상		동식물단계
4회기 [10-3]		아기개구리를 왕개구리 입 속에 넣은 채로 모래 속에 파묻은 후, 큰 공룡 가져와 공격 시작. 왕개구리가 모래에서 나와 큰 공룡 퇴치. 군인들과 헬리콥터 가져오지만 왕개구리에게 제압. 자동차가 나타나 왕개구리 공격하고 완전히 초토화시킴. 모두 전멸.	혼돈, 위협, 부상		투쟁단계 전기
8회기 [10-4]		큰 하이에나를 모래 속에 묻었다가 꺼냄. 큰 공룡 1마리와 작은 공룡 4마리 가져와 큰 공룡 : 작은 공룡들 간에 대결. 큰 공룡이 일방적으로 당하고는 패배. 양 팔을 상자 안에 넣고 모래를 움켜 안았다가 이리저리 쓸어내기를 반복하며 큰 동작으로 놀이	부상, 위협	변화, 에너지	투쟁단계 후기
10회기 [10-5]		모래상자 정중앙에 집을 단단히 두드려 고정시킨 후, 자동차를 가져와 모래 위에 길을 만들며 운행하다가 꼬마 2명을 가져와 놀이. 숲 속의 작은 집과 꽃, 나무를 가져다 놓고, 꽃 속에 꼬마를 넣은 후, 기중기 가져와 모래를 퍼올리다가 옆에 내려놓고는 그 자리에 등대를 놓음. 꽃 속에서 꼬마를 꺼내 올려놓고는 놀이 마침.		변화, 탄생, 통합	집단적응단계
13회기 [10-6]		기중기를 가져와 퍼올리는 놀이를 하다가, 빨간 배 한 척과 미키마우스를 가져와서는 미키를 배에 태우고 항해함. "대양을 항해하는 거예요" 하면서 배를 손으로 잡고는 허공에서 일렁이는 파도 위를 운항하는 동작을 함. 잠시 후 미니마우스를 추가로 가져와서는 함께 배에 태우고 항해를 계속함.		여행, 에너지, 통합, 중심화	종결상자

1) 심리발달과정에 따른 모래놀이 단계

〈표 11-1〉을 보면, 모래놀이치료의 초반에는 상처의 주제가 표현되다가, 중반이 지나면서 변환과 치유의 주제들이 나타나기 시작하였다. 모래 놀이치료과정의 후반에는 상처의 주제는 더 이상 나타나지 않고, 치유의 주제만이 표현되었다. 이러한 주제의 변화 양상을 칼프의 모래놀이단계와 비교해보면, 동식물단계와 투쟁단계 전기까지는 상처의 주제들이 표현되고, 투쟁단계 후기로 오면서 변화와 힘의 주제들이 등장하다가, 집단적응단계에 와서는 상처의 주제는 더 이상 나타나지 않고 치유의 주제만 펼쳐짐을 볼 수 있다.

2절

첫 상자와 마지막 상자의 비교를 통한 효과 고찰

지금까지 모래놀이치료가 무엇이며, 어떠한 특성을 갖고 있으며, 모래놀이를 어떻게 또 무엇을 보아야 하는지를 살펴보았다. 본 절에서는 첫 상자와 마지막 상자의 모래장면을 객관적으로 살펴보고 직접 비교해 보면서 모래놀이치료의 효과를 고찰해보고자 한다. 즉, 모래놀이치료를 처음 시작할 때의 내담자의 정신에너지의 수준, 심적 상태 등이 모래놀이치료를 진행한 후 어떻게 변화되었는지를 보고자 한다. 모래장면을 감상할 때에는 사용된 피규어들의 상징적 의미는 물론, 통합성의 정도, 공간배치, 주제 등을 다각적으로 고려하여야 한다.

• **사례 1.**

이 사례는 50대 중반 여성의 사례이다. 왼쪽 상자는 첫 번째 상자이고, 오른쪽 상자는 마지막 종결상자이다. 일단 공간배치 면으로 볼 때 첫 상자는 가운데가 비어 있다. 상처를 시사하는 주제요소에서 비어 있음(empty)의 주제가 보인다. 가운데가 비어 있다는 것은 중심이 비어 있는 것이므로, 이 내담자는 공허함, 우울, 불안 상태일 수 있다. 또 이 상자는 공간적으로 왼쪽과 오른쪽으로 분리되어 있어 상처의 주제인 단절(splited)의 특성을 보이고 있다. 내용적으로도 각각의 소품들이 연계성 없이 놓여 있어서 무슨 내용을 표현하는지 알 수가 없다. 통합되지 못한 상태인 것이다. 내면에 많은 이야기들이 파편적으로 놓여 있어 우울과 불안이 어디서 오는지 알 수가 없을 것이다.

그에 반해서 오른쪽의 종결상자를 보면 공간적으로 상당히 많이 바뀌었다. 첫 상자에서 텅 비어 있던 중심이 이제는 깊고 동그랗게 파였다. 치유의 주제인 '심화'의 모습으로 바뀌었으며, 그 안에 3척의 배가 중심을 향해 놓여 있다. 그 둘레에도 8명의 천사가 중심으로 향해 있다. 치유의 주제인 중심화(centered)가 되어 있는 모습이다. 다음으로 중앙 하단에 기도하는 남녀의 모습이 보인다. 영적인 요소를 나타내는 치유의 주제이다. 이렇듯 첫 상자에서는 상처를 나타내는 공허, 단절, 파편화 등의 주제가 표현되었던 반면, 마지막 상자에서는 심화, 중심화, 신성함 등 치유의 주제들이 펼쳐져 있다.

• 사례 2

이 상자 역시 50대 중반 여성이 꾸민 사례이다. 앞의 사례와 비교해볼 때 이 상자는 소품의 수가 매우 적다. 첫 상자와 마지막 상자 모두 소품의 수가 매우 적지만 내용면에서는 확연한 차이를 보인다. 먼저 첫 상자를 보면 소품이 왼쪽으로만 치우쳐 있다. 그리고 상자의 상당 부분, 전체 영역의 4분의 3 가량이 비어 있다. 이처럼 첫 번째 상자는 많이 비어있다는 특징, 바로 공허(empty)와 억압(repression)의 특징을 보인다. 그리고 왼쪽 하단에 딸과 엄마가 함께 앉아 있는 모습인데, 이는 모성분리의 문제 또는 애착의 문제를 시사한다고 볼 수 있다. 또한, 테이블 위에 물주전자와 컵이 올라와 있는 것을 볼 때 무언가 물이 필요한, 즉 에너지원인 생명수가 필요한 상자로 보인다.

다음으로 이 사례의 마지막 상자를 보면 역시 소품의 수가 많지는 않다. 그래도 공간배치가 첫 상자와는 많이 다르다. 일단 공간배치가 중앙으로 이동하였고, 형태는 둥그런 원의 모습을 취하고 있다. 바로 만다라의 모습이다. 화려하지 않더라도 이 또한 만다라이다. 비록 소품의 수는 첫 상자와 별 차이가 없지만, 내용면에서는 중심화와 통합의 주제를 보이고 있다. 또한 원의 형태로 놓여 있는 상징물들을 보면 성자상, 성경책, 수녀상, 기도하는 여자들의 모습이다. 모두 신성하고 영적인 주제를 담고 있는 상징물들이다. 이처럼 마지막 상자는 상처의 주제는 사라지고 치유의 주제들로 구성되어 있다.

• 사례 3

이 사례의 상자는 앞서 살펴본 [사례 2]의 장면과는 대조적으로 많은 소품이 등장하였다. 상자의 테두리를 빼곡이 채운 모습이다. 놓여진 소품들도 안정된 집, 알을 품고 있는 닭, 무언가 담겨진 항아리, 주렁주렁 열린 과실수, 우물, 절구 찧는 여자 등 풍성한 느낌을 주는 상자이다. 이 상자의 경우에는 어린 시절에 외상이 심각하지 않은 상자로 보인다. 풍성하고 통합된 장면의 첫 상자를 보여주고 있는데, 그래도 상자의 가운데가 비어 있다. 즉, 중심이 비어 있는 특징을 보인다. 그런가 하면 상자의 테두리에는 마치 울타리처럼 촘촘히 소품들이 늘어서 있다. 외부세계에 대한 방어, 외부세계와의 관계에서 불안이 시사된다. 다만 무의식의 영역인 상자 맨 밑의 중앙부분이 열려 있어, 내면세계로의 여정이 기대되는 상자이다.

한편 마지막 상자를 보면, 첫 상자와 아주 대조가 될 만큼 둘레에 쳐져 있던 방어벽은 사라지고, 첫 상자에서 하단 중앙에 열려 있던 부분으로 진입로가 생기면서 텅 비어 있던 가운데에 중심이 확실치 자리잡고 있는 모습을 보여주고 있다. 이 사례의 경우, 첫 상자를 보면 많은 자원들이 내재되어 있지만 뭔지 모를 공허함이 느껴졌을 수 있다. 그런데 마지막 상자를 보면 내면에 중심이 꽉 잡혀 있는 모습을 볼 수 있다.

• 사례 4

이 상자는 40대 초반 여성의 사례이다. 왼쪽의 첫 상자 모습을 보면, 먼저 3명씩 줄을 맞춰 정사각형으로 놓여진 학동들, 두 손을 모으고 가방 멘 채 다소곳이 서 있는 교복입은 여학생의 모습이 보인다. 매우 경직된 모습이다. 그리고 여학생 옆으로 쓰러져 있는 어머니상이 있는데, 이 상은 내담자가 "쓰러뜨리고 싶어요." 하며 의도적으로 쓰러뜨렸다. 무언가 내면에 어머니에 대한 좋지 않은 기억 또는 마음, 즉 부정적인 모성 콤플렉스를 보여준다. 다음으로 왼쪽 하단으로 4개의 소라가 놓여 있다. 크기순으로 작은 것부터 큰 것의 순으로 놓고는 "성장하는 것 같아요."라고 내담자가 표현하였다. 가장 깊은 무의식 영역에 표면이 거칠은 소라가 놓여 있는 것으로 볼 때 내면 깊은 곳에서 다듬어지지 않은 거친 무언가의 성장이 일어날 것 같은 상자로 보인다. 이와 같이 첫 상자의 장면은 교실과 교복이라는 틀 속에서 매우 경직된, 앞으로 무의식에서의 성장이 필요한, 그리고 부정적인 어머니가 내면의 상처로 남아 있을 것 같은 모습들을 보여주고 있다.

반면 내담자의 마지막 상자를 보면, 소품은 하나도 없고 흙으로만, 단지 모래로만 만들었다. 내담자의 표현은 "무언가 놓으면 오히려 방해될 것 같아요. 이것으로 충분해요."라고 하면서 제목은 '충만'이라고 하였다. 가운데 정중앙에 동그랗게 원이 하나 만들어져 있고 그 원의 주위에 사위, 즉 네 개의 동그란 언덕 같은 것들을 만들었다. 만다라이다. 정중앙을 깊이 파들어가고, 원 주위의 사위는 봉긋이 올라오면서 중심과 균형, 그리고 아래로는 내려가면서 위로는 올라오는 전체성을 보여주는 치유의 장면을 보여주었다. 또한, 거칠었던 4개의 소라가 부드러운 4개의 원으로 바뀐 모습도 볼 수 있다.

• 사례 5

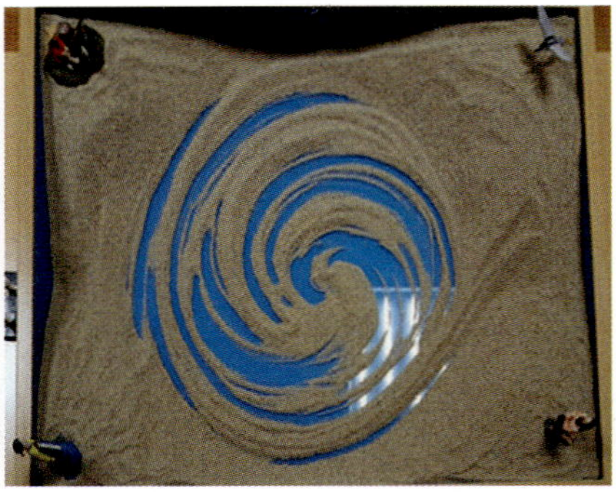

이 상자는 40대 초반 남성의 사례이다. 왼쪽의 첫 상자에 두 개의 소품, 즉 무언가 게임을 하는 두 사람, 그리고 그 옆에 알을 품고 있는 닭이 놓여 있다. 둘만의 무언가 이루어지고 있는 두 사람의 상징은 관계를 상징하며, 보통 치료자와 내담자의 관계를 의미한다. 따라서 앞으로 치료자와 내담자 간의 관계와 작업을 통해 무언가 진행되고, 그 결과 저 알이 부화되어 깨어날 것 같은 변화가 기대되는 첫 상자이다.

그런데 마지막 종결상자를 보면, 모래로 만들어진 멋진 새 한 마리가 상자의 정중앙에 수많은 원의 형태로 자리잡고, 네 귀퉁이에 사위로 새, 어부, 한복입은 여인(논개), 성자가 놓여 있다. 새는 고도의 정신성을 나타내는 상징으로, 첫 상자에 놓여 있던 알이 부화하여 하늘을 나는 새로 변화한 것으로 볼 수 있다.

고기를 낚는 어부는 무의식의 바다에서 진귀한 자원들을 건져올리는 작업을 하고 있으며, 단아함과 용기를 상징하는 여성상(논개)은 아니마가 형상화된 것이며, 우측 하단에는 최고의 영성과 거룩을 상징하는 성자상이 배열되어 있다. 공간 구성면에서도 겹겹이 중심이 강조되고, 완벽한 균형과 통합을 이루는 너무도 아름다운 만다라이다.

지금까지 첫 상자와 마지막 상자의 장면을 비교해 봄으로써 모래놀이치료를 통한 변화와 효과를 살펴보았다. 굳이 설명이 필요없는, 가시적인 이미지로 모래놀이치료의 효과가 신비스럽게 펼쳐진다. 모래놀이치료의 효과는 어디서 오는 것일까? 많은 사람들이 알고 싶어 하는 궁금증이다. 모래놀이치료를 하면 조금씩 조금씩 내담자들의 얼굴에 미소가 깃들고, 자신도 모르게 콧노래를 흥얼거리곤 한다. 그러면서 "웬지 요즘 기분이 좋아요. 무엇 때문이지는 잘 모르겠는데..."라고 한다.

모래놀이치료의 기본 가정은 적절한 조건이 마련된다면 정신(psyche)의 자기치유라는 자율성이 발현된다는 것이다. 모래상자에서 무슨 일이 일어나는가는 삶만큼이나 신비스럽다고 할 수 있다. 모래놀이치료에는 신비한 치료적 힘이 있다. 모래놀이치료는 자기치유의 과정인데, 자기치유란 고치는 게 아니라, 낫는다는 것이다. 왜 낫는지 그 이유를 의식하지 못하기 때문에 '신비하다'는 표현을 쓰게 된다. 의식하지 못하는 이유는 모래놀이치료는 무의식적 작업이기 때문이다. 치유는 무의식 안에 내재된 나의 가장 중심, 진정한 나인 자기(Self) 원형이 활성화되면서 이루어지는 것이다.

융은 신경증이란 자기로부터 너무 멀리 갔을 때, 자기에게로 돌아오라는 메시지라고 하였다. 바로 신경증은 본연의 자기로 돌아올 수 있는 기회라는 것이다. 이렇듯 마음의 고통은 이제껏 외부세계에만 관심을 두어 진정한 자기와 단절되고 자신의 내면세계를 알아차리지 못하는 데서 오는 것이다. 이제는 방향을 돌려 외적 인격을 벗어 던지고, 내 안의 나를 만나러 가야 함을 알려주는 신호이다. 그리고 모래놀이치료는 바로 내 안의 나를 만나러 가는 길을 열어준다. 내면으로 가는 통로를 제공해주는 것이다.

이 때 치료자는 내담자의 자기치유력이 발휘되도록 온전히 내담자를 지켜봐주면서 경이롭고 숭고한 내적 여정의 동행자가 되어 주어야 한다. 그 길을 방해하거나 조급하게 이끌려 해서는 안 된다. 내담자 안에 있는 자기원형의 힘을 믿고 기다려주는 치료자가 되어야 한다. 그러면 내담자는 안으로 들어가면서 그림자를 만나고, 내적 인격을 만나고, 아픈 자리였던 콤플렉스를 만나면서, 알아차리지 못했던 자신의 모습들이 의식화되면서 아주 작았던 의식의 섬이 점점 확대되어 간다. 부분인격, 외적 인격이 아닌 전체로서의 온전한 '나'로 살 수 있게 되는 것이다.

자!
우리 모두
온전한 나로 살기 위하여,
내 안의 나를 만나기 위하여
모래놀이치료와 함께 치유의 여정을 떠나 볼까요?

[부록]

모래놀이치료 과정기록지

<table>
<tr><td>내담자명</td><td></td><td>Session</td><td></td><td>비고</td><td></td></tr>
<tr><td colspan="3">배열 순서(F: / L:)</td><td colspan="3" rowspan="5">(소품 배치도)</td></tr>
<tr><td colspan="3"></td></tr>
<tr><td colspan="3">행동관찰 및 특이 사항</td></tr>
<tr><td colspan="3"></td></tr>
<tr><td colspan="3">제목 :</td></tr>
<tr><td colspan="6">소품 설명 및 언어적 표현</td></tr>
<tr><td colspan="6"></td></tr>
<tr><td colspan="6">기타사항 및 치료자의 느낌</td></tr>
<tr><td colspan="6"></td></tr>
</table>

참고문헌

곽영신. **아동의 모래놀이치료 연구–개인적 특성에 따른 놀이표현 및 태도의 차이분석**. 원광대학교 대학원 박사학위 논문.

권석만(2014). **현대심리치료와 상담이론**. 서울: 학지사.

김경희 · 이명자(2008). 모래놀이치료가 유아의 공격성에 미치는 효과. **모래놀이치료연구 4**, 35–53. 한국모래놀이치료학회.

김광웅 · 유미숙 · 유재령(2008). **놀이치료학**. 서울: 학지사.

김보애(2008). **모래놀이여행**. 서울: 가톨릭출판사.

김보애(2007). **만남의 신비 : 모래놀이치료**. 서울: 가톨릭출판사.

김복순(2013). 화수분 설화에 투영된 기저 의식과 담론 양상. **동아시아고대학**, 제31호.

김성민(2003). **상징의 의미와 꿈에 나타난 개구리 상징**. 한국 크리스찬 융 학회 연구모임.

김유숙(1996). 유치원 아동의 심리치료과정을 통한 모래상자놀이의 치료적 의의. **사회과학논총, 제2집**, 291–305.

김종대 (2001). **33가지 동물로 본 우리문화의 상징체계**. 서울: 다른세상

김태련 · 강우선 · 김도연 · 김은정 · 김현정 · 박랑규 · 방희정 · 신문자 · 신민섭 · 이계원 · 이규미 · 이정숙 · 이종숙 · 장은진 · 조성원 · 조숙자 공역(2009). **모래놀이치료 핸드북**. 서울: 학지사.

김풍등(2011). 바다거북 뭔지 알고 즐기자. Scuba Diver, 제141호 1–2. 서울: 풍등출판사.

김한영(2005). **거북(Tortoise)**. 서울: 도서출판 가람기획.

류정선(2017). 일본고전문학에 나타난 거북이의 양상. **일본연구, 72**, 221–244.

박지연(2008). **우울, 불안과 위축행동을 보이는 유아에 대한 모래놀이치료효과**. 전남대학교 석사학위 논문.

심재환(2001). **생명을 노래하는 개구리**. 서울: 다른세상. 127–128.

야마나카 야스히로 · 김유숙(2005). **모래놀이치료의 본질**. 서울: 학지사.

어강석(2015). 한문학적 관점으로 본 〈구지가〉의 재해석. **정신문화연구, 38**(1), 247–278.

위영희 · 장현숙 · 전숙영 · 진미경 · 한미현 · 한유진 (2016). **아동상담**. 서울: 학지사.

이미숙(2006). 가정환경변화로 인하여 정서. 행동장애 특성을 보이는 아동의 모래놀이사례. **모래놀이치료연구. 2**, 89–118. 한국모래놀이치료학회.

이민수 역(1994). **삼국유사**. 기이 제1, 동부여. 서울: 을유문화사. 71.

이부영(2011). **한국 민담의 심층분석 – 분석심리학적 접근**. 서울: 집문당.

이부영(2002). **그림자**. 파주: 한길사.

이부영(1998/2008). **분석심리학**. 서울: 일조각.

이종주(1995). 동북아시아 와설화의 전승과 의미 체계, **구비문학연구, 3집**, 한국구비문학연구회, 257-258.

이진실(2005). **모래놀이치료가 ADHD아동의 주의력결핍, 과잉행동 충동성에 미치는 효과에 관한 사례 연구**. 영남대 교육대학원 석사학위 논문.

장미경(2017). **분석심리학적 모래놀이치료**. 서울: 학지사.

장정해(2010). 壯族의 蛙說話와 蛙神 崇拜, **중국문화연구, 제17집**, 중국문화연구학회, 86-88.

장현숙(2012). 모래놀이치료에서의 '거북이'의 상징적 의미에 대한 일 고찰. **모래놀이치료연구**, 8(2), 29-47.

정여주(2009). **만다라 그리기**. 서울: 학지사.

종교학사전 편찬위원회 편(1998). **종교학대사전**. 한국사전연구사.

최혜원(2011). **신화와 자연을 통해 본 인간 연구: 거북과 우주의 별로 해석된 나의 작품을 중심으로**. 동덕여대 대학원 석사학위논문.

한국문화상징사전편찬위원회(1992). **한국문화상징사전**. 서울: 동아출판사.

한국정신문화연구원(1991). **한국민속문화대백과사전**. 한국정신문화연구원.

한미현(2018). 모래놀이치료를 통한 심리적 회복 및 자아성장 과정 - 50대 중년기 여성의 사례를 중심으로 -. **모래놀이상담연구, 14**(2), 1-25.

한미현(2018). An Analytical Psychological Consideraton of the Symbolic Meanings of the Turtle in Korean Culture with a Focus on Traditional Folktales. International Society for Sandplay Therapy 자격과정 제출 논문.(미간행)

한미현(2017). '개구리' 상징에 대한 고찰. **모래놀이상담연구, 13**(2), 1-18.

한미현(2011). 자아발달적 관점에서 본 5세 유아의 모래놀이치료 사례 연구 - 모래놀이의 주제 및 심리적 변환과정을 중심으로. **모래놀이치료연구, 7**(1), 1-26.

홍은주·한미현·이향숙·류진아·이상희·홍주란·안순미(2010). **놀이치료-기법과 실제**. 서울: 창지사.

히로나카 마사요시(弘中正美)(2009). 아동의 모래놀이치료와 놀이치료. **한국모래놀이치료학회 제6회 국제모래놀이치료국제학술대회 발표자료**. 서울: 서울시립상담치료센터.

Ammann, R. (1991). *Healing and transformation in sandplay: Creative processes become visible*. La Salle, IL: Open Court.

Bair, D. (2003). *Jung: A biography*. New York: Little, Brown and Company. (정영목 역. 융. 경기도 파주: 열린책들, 2008).

Bowyer, R. L. (1970). *Lowenfeld world technique*. Oxford: Pergamon Press.

Bradwag, K. (1994). *Sandplay is meant for healing Journal of Sanplay, 3*(2), 9-12.

Bradway, K. (1979). Sandplay in the Psychotherapy. *Art Psychotherapy, 6*(2), 85-93.

Carey, L. J. (1999). **모래놀이치료-아동치료와 가족치료**(이정숙·고인숙 역, 2002). 서울: 하나의학사.

Dundas, E. (1978). *Symbols Comealivein the Sand*. Coventure.

Eastwood, P. S. (2002). Nine Windows to Wholeness: Exploring Numbers in Sandplay Therapy. (정정순, 김보애, 정선영 역). **모래놀이치료와 수 상징**. 서울: 학지사.

Eliade, M. (1992). **성과 속**. (이동하 역). 파주: 한길사.

Fontana, D. 최승자 역(1999). **상징의 비밀**. 파주: 문학동네.

Friedman, H. S., & Mitchell, R. R. (1994). Sandplay: past, present and future. New York: Routledge.

Gillotti, S. (2002). The turtle: Symbol of ancient wisdom and new life. *Journal of Sandplay Therapy, 11*(1), 51−61.

Grubbs, G. A. (1995). A comparative analysis of the sandplay process of sexually abused and non-clinical children. *The art in psychotherapy, 22*(5), 429−446.

Hill, J. (2010). *Amplification: Unveiling emergent patterns of meaning*. In Jungian psychoanalysis working in the spirit of C. G. Jung(ed, by Murray Stein). Chicago, IL: Open Court.

Jaffe, A. (1962/2003). (이부영 역). **C. G. Jung의 회상, 꿈, 그리고 사상**(Erinnerungen, Traume, Gedanken von C. G. Jung). 서울: 집문당.

Jung, C. G. (2005). (한국융연구원 C. G. Jung 저자 번역위원회 역). **상징과 리비도**. 서울: 솔출판사

Jung, C. G. (1983). *Types Psychologiques*. Paris: Buchet/Chastel. 469.

Jung, C. G. (1973). *Jung, C. G. letters*, Vol. 1: 1906−1950. Princeton, NJ: Princeton University Press.

Jung, C. G. (1960/1981). *Transcendent function*. In C, G. Jung, The structure and dynamics of the psyche(2nd ed.). CW 8. Bollingen Series XX. Princeton, NJ: Princeton University Press.

Jung, C. G. (1956/1990). The origin of hero. In C. G. Jung, Symbols of transformation(2nd ed.). CW 5. Bollingen Series XX. Princeton. NJ: Princeton University Press.

Jung, C. G. (1984/2002). **원형과 무의식**(Archetype und Unbewusstes). 한국융연구원 C. G. Jung 저작번역서 2권. (한국융연구원 C. G. Jung 저작번역위원회 역). 서울: 솔출판사.

Kalff, D. M. (1966). *Symbolism and child analysis*. unpublished transcription of seminar ay Footlighters' child Gudance Clinic, Hollywood Presbyterian Hospital, Hollywood, CA.

Kalff, D. M. (1980). *Sandplay Therapy: a psychotherapeutic approach to the psyche*. Boston: Sigo Press.

Kalff, D. M. (1981). *Sandplay: A Psycotherapeutic approach to the psyche*. Boston, Massachusetts: Sigo Press.

Kalff, D. M. (1988). *Sandplay in Switzerland. (Seminar notes)*. Zurich: University of California at Santa Cruz.

Kalff, D. M. (2003). *Sandplay: A psychotherapeutic approach to the psyche*. Cloverdale, CA: Temenos Press. (Original work published, 1980)

Kalff, D. M. (2000). 이보섭 역(2012). **도라칼프의 노래놀이 − 융 심리학적 치유법**(Sandplay−A Psychotherapeutic Approach to the Payche, 4ed.). 서울: 학지사.

Kalff, M. (1993). Twenty Points to be Considered in the Interpretation of a Sandplay. *Journal of Sandplay Therapy, 2*(2), 17−35.

Levinson, D. J. (1978). *The seasons of a man's life*. Newyork: Ballatine Books.

Lewis(ed), I. (1977). *Symbols and Sentiments*. New York: Academic Press.

Meslin, M. (1973). *Pour une science des Religions*. Paris: Seuil. 198.

Mitchell, R. R. & H. S. Friedman (2009). Sandplay Themes Expressed in the Healing Process. **한국모래놀이치료학회 제6회 국제모래놀이치료국제학술대회 발표자료**. 서울: 서울시립상담치료센터.

Neumann, E. (1971). *The origins and history of consciousness* (R. F. C. Hull, Trans.). Princeton, NJ: Princeton University Press.

Neumann, E. (1973). *The Child. Structure and Dynamics of the Nascent Personality*. New York: Harper Colophon.

Neumann, E. (1973). *The child: Structure and dynamics of the nascent personality* (R. Manheim, Trans.). New York: Harper & Row.

Partibha, S. E. (2002). **모래놀이치료와 수 상징**. (정정순, 김보애, 정선영 역, 2006). 서울: 학지사.

Ryce−Menuhin, J. (1992). *Jungian Sandplay – The wonderful therapy*. London: Routledge.

Saunder, N. J. (2005). **동물의 영혼**. (강미경 역). 서울: 도서출판 창해.

Selder, F. (2008). Overview of treatment with children, 외상 후 스트레스 장애: 정신, 신체, 기억. **계명대학교 간호과학연구소 국제학술대회 발표자료집**, 99−114, 대구 동산의료원.

Steinhardt, L. F. (2013). *On becoming a Jungian sandplay therapist: The healing spirit of sandplay in nature and in therapy*. London & Philadelpia: Jessica Kingsley Publishers.

Thomson, S. (1992). **설화학 원론**. (윤 승, 최광식 역). 계명문화사.

Turner, B. A. (2005). *The Handbook of Sandplay Therapy*. CA: Temenos Press.

von Franz, M−L. (1979). *La Femme dans les contes de fée, trad. F. St. René Taillandier*. Paris: La Fontaine de Pierre, 48. 142.

von Franz, M−L. (1978). *L'interptretation des contes de fée*, trad. F. St. René Taillandier. Paris: La Fontaine de Pierre.

Weinberg, B. (2014). **모래놀이치료에서의 의미 창조**. 한국임상모래놀이치료학회 2014 국제워크숍 자료집.

Weinrib, E. L. (2004). *The Sandplay therapy process: Images of the self*. Cloverdale, CA: Temenos Press.

Wells, H. G. (1911). *Floor Games: A Father's Account of Play and its Legacy of Healing*. Cloverdale, CA: Temenos Press.

Winnicott, D. W. (1963). **놀이와 현실**. (이재훈 역, 1997). 한국심리치료연구소.

저자 한미현

서울대학교 및 대학원 졸업(문학박사, 아동학 전공)
백석대학교 사회복지학부 교수
백석대학교 보건복지대학원장(심리치료 전공)
백석대학교 아동가족상담클리닉 소장
한국놀이치료학회 제 21대 학회장
한국통합심리치료학회 학회장
한국생애놀이치료학회 초대학회장 역임

* 자격사항
국제모래놀이치료학회(International Society for Sandplay Therapy) 공인 모래놀이치료사
모래놀이치료전문가(한국모래놀이치료학회)
놀이치료교육전문가(한국놀이치료학회)
미술치료교육전문가(한국미술심리치료연구학회)
발달장애치료교육전문가(한국발달장애치료교육학회)
전문 예술심리상담사(한국표현예술심리치료협회)

분석심리학과 모래놀이치료

초판 1쇄 인쇄 2022년 2월 28일
초판 1쇄 발행 2022년 3월 4일

지 은 이 | 한미현
펴 낸 이 | 김기섭
책임편집 | 이현남 · 이광순
펴 낸 곳 | www.changjisa.com
08589 서울시 금천구 가산디지털 1로 83 파트너스타워1차 9층
전화 (02) 719-2211~3
팩스 (02) 701-9386
등 록 | 1977년 4월 28일 · 제1-421호

ISBN 978-89-426-1497-4 (93370)

값 20,000원